「仮面の女神」国宝指定記念編集

仮面の土偶

田中清文

ほおずき書籍

国宝　仮面の女神　中ッ原遺跡（茅野）

国宝　縄文のビーナス　棚畑遺跡（茅野）

月見松遺跡（伊那）

月見松遺跡（伊那）

御殿場遺跡（伊那）

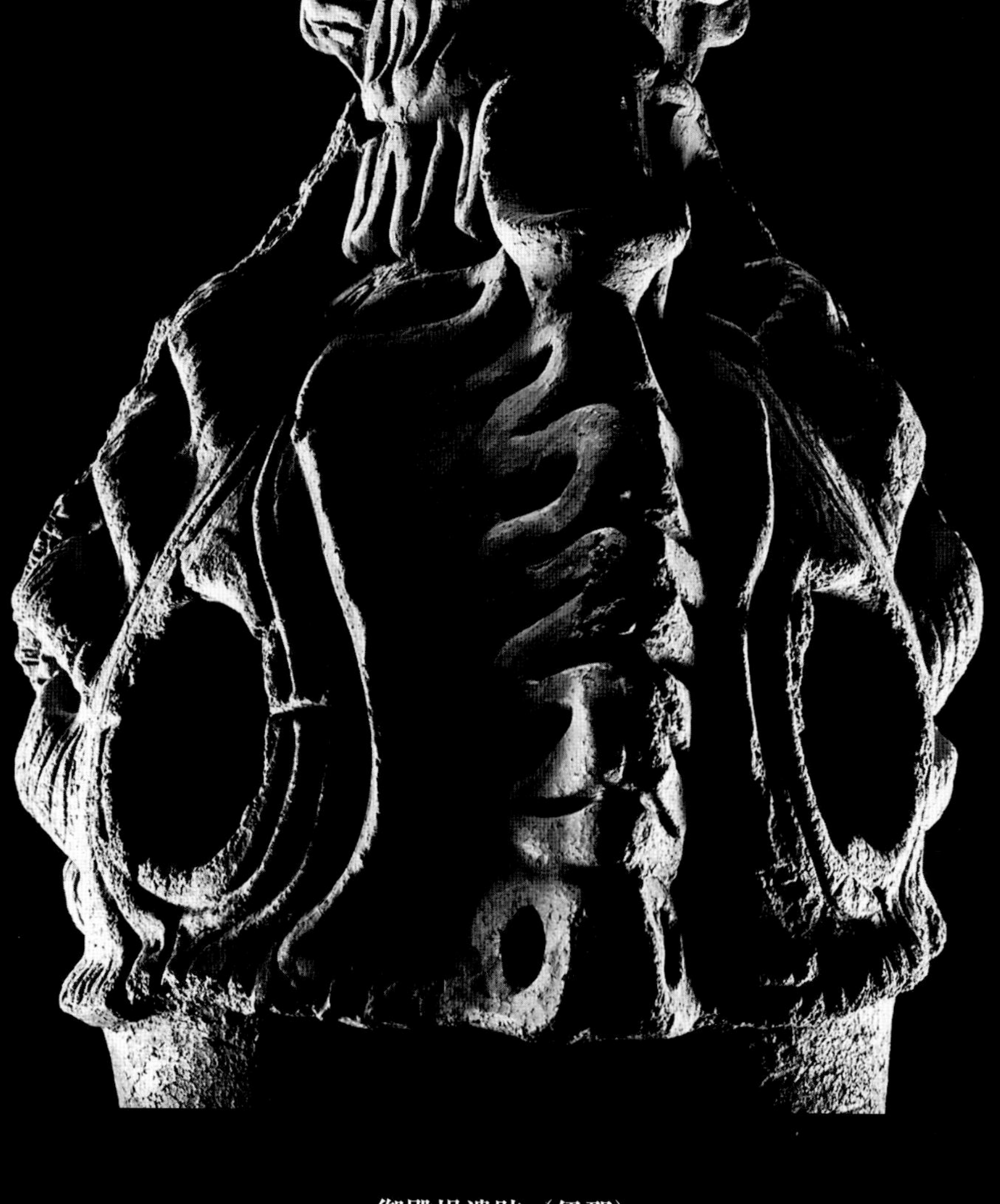

御殿場遺跡（伊那）

藤内遺跡（富士見）

大深山遺跡（川上村）

曽利遺跡（富士見）

穴場遺跡（諏訪市博）

棚畑遺跡（茅野）

笹山遺跡（十日町）

仮面の土偶◆目次

第六章　考古学の旅 ―勝坂式文化圏を訪ねる　*217*

「仮面の女神」国宝指定に寄せて

現代の我々日本人は、「化身」というと「神仏が姿を変えてこの世に現われること」すなわち「神仏の生まれかわり」と認識されよう。事実、辞典にもそう記されている。しかし五千年のはるか昔の縄文人達は、女性シャーマンの化身によって神となった呪術者に、諸々の願い事を祈願したのである。縄文時代は、女性シャーマンが、仮面を装着することにより、神への化身が可能となることができたのである。そのご利益を授かる呪具として、家族単位もしくは単一集落内で創作し祈祷したのが、仮面着装女性シャーマンのミニチュア版の土《ど》偶《ぐう》であった。縄文中期から弥生時代前期まで、この土偶呪術・祭祀は盛行したのである。

縄文時代の彼らは、女性シャーマンを介して神に願い事を祈願したと想定する。このような過程を考え合わせると、「仮面」による「化身」という変幻装置の重要性がクローズアップされるのである。

一方、今回重要文化財から国宝に格上げされた縄文土偶の「仮面の女神」像は、高さ三四cm、重さ二・七kgと大型の造形を示すことにより、前述の小型土偶とは、使用方法や用途が幾分異なるものであったろう。小型土偶での家族単位祭祀行為から、大型土偶による集落単位、もしくは共同体祭祀の呪具としての役割が想定されるのである。

土偶の小型と大型の相違は、祭祀目的の異なりによるものであろう。小型土偶は、家族単位で土偶を操って祭礼を行なったもので、土偶破壊行為の目的は、病気・ケガ等の完治・再生のためであり、土中に散在して隠すことにより呪術が達成すると考えた。大型土偶は出土例から完全形で発掘される事例が多い。仮面の女神像を含む他の国宝土偶も事例にもれず、完全に近い状態で見出されている。土偶の祭祀目的で大事なのは、土中に埋納・埋設することが大切な祭祀であり、「仮面の女神」像は、「土中で生き続ける神」であり死者に寄り添うものであった。

序章

仮面の土偶——土偶の創造原理を考える——

はじめに

縄文時代の遺物の中に、ヒト形をした「土偶《どぐう》」と呼ばれる特異な造形品がある。縄文時代の約一万年の歴史の流れの中にあって、縄文人が必要に応じて創作した文化遺産と思われるが、まだ本来の意義・意味での創造原理を、現代人の我々は知らないのである。考古博物館、または土偶図録を目を皿のようにして食い入っても「黙して語らず」で、縄文人の精神性は理解しがたいのである。それは、現代人の感覚で縄文時代を対比して理解しているからである。縄文の精神に立ち戻って考えなければ、答えは出ないのである。縄文時代に身を置いたことのない我々に、それを求めるのは無理な相談だが、彼らが残した遺跡の遺構・遺物に、より多く触れること以外に、問題を解決する道はないのである。

土偶を一例に挙げるならば、土偶は何故「仮面」を装着しているのか。縄文人を写し取った単なるヒト形ではないからであろう。初期の土偶を見ても、首から上の顔がなく、しかも足も腕もないトルソー型土偶であって、一切の表情が現されていないのである。神秘的であり、謎に充ちているからこそ、土偶の魅力に引かれるのである。

では一体縄文人は、何がためにヒト形を作り、何の祈りを土偶に託したのであろう。病気・ケガの全快を願ってか。安産を祈願してのものか。それとも生活の安定を祈願したものかなど、目的が幾つもあったとされる。なお、土偶は破壊して埋納・埋設されたとするが、その実行者は、どのような立場の人物であったのか。謎は深まるばかりである。実体を現さない不思議な土偶。難問を現代の我々に突き付けているようですらある。土偶は、その真理を暴かれないように「仮面」まで装着して姿を隠そうとする。仮面下に何が現れるのか。

土偶の真理を解明するには、何としても仮面を剥がさなければ真実は見えてこない。「仮面の土偶」の謎に迫りたい。

土偶原理の諸説

持論を展開する前に、明治時代より研究されてきた諸説について、概観してみたいと思う。

縄文時代の遺物の中にあって、縄文人の精神性を表す遺品として、多くの諸説・諸論が発表されている。

まず「土偶はすべて女性像である」とする江坂輝彌氏の学説から検討してみよう。『日本の土偶』（六興出版、一九九〇年）の「土偶の起源」の中で、次のように解説している。

「後期旧石器時代、ヨーロッパ地方からシベリア地方にかけての広範地域で、象牙、骨、粘土などを用いて女性像が作られている」として「土偶のルーツ」を先に述べ、続いて、「縄文時代の土偶も、この流れを受けた、女性をかたどったものと考えてもよいのではなかろうか」と記して、土偶は女性像であると強調している。しかし、近年に至って、土偶資料が蓄積される段階においては、稀に男性シャーマンをかたどった男性像もあり、一概に言えないことも分かってきた。北海道で唯一の国宝に指定された、函館市著保内野遺跡出土の中空土偶（高さ四一・五㎝の縄文後期土偶）は、アゴの部分に髭の表現が見られることと、ヘソの回りのギャランドゥ表現は、明らかに「男性土偶」を象徴している。

一方、小林達雄氏は別の観点から土偶を考察している。

「縄文時代中期の世界観―土偶の履歴書―」の中で次のように論述している。

「土偶は、縄文人が意識した目に見ることのできないナニモノカ（精霊の一種）であり、その存在が確かなものとして個人を超えて、集団、さらにより広域の社会的存在として認知されるにつれ、概念として社会に定着するに至ったものと思われる」

「その概念にかかわる観念が次第に明瞭化し、縄文人との関係に発展してゆく。その過程で可視化したものが、現在我々が目にすることのできる土偶である」

大変難しい論理展開を示しているのだが、要は次のごとく理解した。「縄文人が何らかの目的のために、目に見ることのできない精霊を、ドグウ（土偶）という形を借りて創造した。それが縄文社会に定着し、発展した造形品が土偶である」ということだろう。小林氏はさらに続けて、研究者に注意を促している。

「土偶がヒトの写しでないことを断固貫くためには取るべき重要かつ必然的な手法であった。そうした縄文人の意図を一顧だにせず、真意に逆らって、ヒトガタや女性に見立てるのは、研究者が自分の論理空間から安易にイメージする世界像を単純に投影しているせいである」と。

小林達雄氏の指摘は、土偶が示す縄文人の精神性の内なる重要部分を端的に言い表しているであろう。

次に昭和五十八年（一九八三）に山梨県立考古博物館で開催された第一回特別展『土偶』展の図録に

掲載された四氏の「土偶とは何か」の問題提起に対して、その返答として記録されたものである。およそ二〇年前の土偶に対する見方、考え方を記述している。

第一回特別展『土偶』一千の女神が語る縄文時代の祈りとくらし
山梨県立考古博物館　昭和五十八年収録「土偶とは何か」より

㈠　江坂輝彌（考古学）慶応義塾大学教授

日本の縄文土器文化の時代、今からおよそ一万年ぐらい昔から、二千数百年前までの間、北は北海道から南は九州の鹿児島県下まで、粘土を素焼にした女性塑像が作られた。胸部の乳房、腰から尻への輪郭など巧みに女性の姿を表現したものもあるが、中性的なものもある。しかし縄文土偶には明らかに男性を示すと思われるものはほとんどない。出土する土偶はほとんど、いくつかに分断破壊されたものである。

男性を表現したと思われる土偶
北海道函館市・著保内野遺跡出土　国宝「土偶」（所蔵・写真提供：函館市）

完存品がほとんどない。ここに用途を考究する鍵がかくされているのではないか。

(二) 永峯光一（考古学）国学院大学講師

縄文土偶は、縄文人の呪術信仰にまつわる塑像で、女性のもつ妊娠出産の能力から連想した多様な繁殖への願望を、多彩な姿態に託しているのが本質である。乳房と腹のみを意識した造形から系統的に発達し、中期からは精製の大形像も現れるが、一方で常に、掌にはいる程度の粗製小形像が盛んに使われている。まつりのある時に捨てられ毀れてしまうのだが、中には、畏怖の対象となる、例えば精霊像とか死者像などもあったと考える。

(三) 水野正好（考古学）奈良大学教授

縄文時代、女性は土偶――女神像を作り、まつり、壊《こわ》ち、各地に播いた。年ごとのまつりである。女神は少女でも老姿でもなく、産む力溢れる成女――母の姿をとる。女性の畑作世界に息づく神である。死した冬の大地に産む力みなぎる女神の身体を播く、その力に感染して大地は甦り緑したたる世界を創り出す。春も緑も「土偶の子」である。生と死、春と冬の正しい輪廻の根源として、また縄文社会の豊饒の基盤として土偶は生きたのである。

(四) 吉田敦彦（比較神話学）学習院大学教授

土偶はなぜ、壊れて出土するのだろうか。日本神話には、オホゲツヒメという女神が殺され、死体のいろいろな部分から五穀などが発生したという話がある。土偶をわざわざ壊すことによって、縄文時代の人びとは、女神を殺しその身体から作物を生み出させようとしていたのだろうか。もしそうなら、土偶が造られ壊された時代にはすでに、作物の栽培が、当時の人びとの生活にとって、かなり重要な意味を持っていたことになる。縄文時代の全体を、狩猟と採集の文化段階だったとする見方には、大きな修正が加えられねばならぬことになるわけだ。

この四名の研究者の解答は、ほぼ土偶原理に相応するものである。解答のうち㈠㈡については、私の分類では、「仮面土偶」についての製作に関わると考えられるものである。㈢㈣については「地母神土偶」についての創作原理に対応するものと考えられる。土偶には両者の創造原理の上に表現されていると私は考えている。したがって、土偶は㈠～㈣すべての原理が含まれたうえに、多くの目的に対処されて作られているのである。

第一章
仮面の女神の誕生

仮面の女神
（所蔵・写真提供：茅野市尖石縄文考古館）

「尖石」への道

私が初めて行った考古学の旅は、尖石《とがりいし》遺跡への日帰り見学の旅であった。今ではどのようにして目的地に辿り着いたか記憶にないが、とにかく初めての試みであり楽しい尖石行であったことが思い出される。

「尖石」への旅の思い出で印象に残るのは、幾度となく訪れた季節が、いつも六月初旬頃に咲くニセアカシアの白い花房と、強烈な甘い香りである。そして、どこからか鳴くカッコウと山鳩の合唱であった。遠くに見える八ヶ岳の峰々。広く青空の下に続く畑道に見るニセアカシアの樹林は、今も鮮明に残る私の縄文の故郷《ふるさと》であった。なお、目的地にあった埴輪家屋のような尖石考古博物館と、出土品の数々を笑顔で説明してくださった宮坂英弌《みやさかふさかず》先生の印象である。額に刻まれた深い小ジワが物語る「尖石」での調査の執念と労苦を知ったのは後々のことであった。

少年期に拾い集めた郷土の考古資料を、写真に写して資料集としたものを、宮坂先生に見てもらおうと尖石考古博物館に出向いたのであった。宮坂先生は、表採資料のうちでも「石錘《せきすい》」に興味を示され、伊那谷の天竜川流域における石のおもり（石錘）について、諏訪湖とその周辺の石錘との違いについて解説してくださったことを思いだす。今思うに、単なる遺物収集から考古学研究として私の学問への最初であったのだろう。昭和三十八年（一九六三）頃であったと思う。

一　考古学への扉

私の考古学との出合いは、今から五〇年以上前の小学生の時代まで遡る。たしか小学四年生の時であったと思う。国語の教科書の中に『上の原遺跡』というタイトルの付いた原始時代遺跡の物語が綴られていて、少年達が原始・古代の世界へと、夢を膨らますような粗筋であったと記憶している（実際は内容が少し異なるかもしれない）。

石錘（辻沢南遺跡第55号住出土）
（写真提供：駒ヶ根市教育委員会）

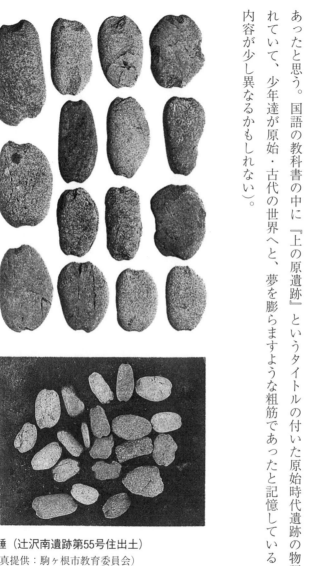

隣にK君という大きな目をした友達がいた。K君は、中央アルプス山麓にある一農家の長男であった。国語の授業の後、家の前の畑から土器のカケラがたくさん出たから見せてくれるという。

放課後、彼の案内で現地へと出向いた。山裾の水田は秋の取り入れも済み、稲の刈り取られた稲株が寂しそうに列をなしている。

海抜七五〇mの位置には、桑の木が小さな畑に植えられている。この辺は養蚕農家が多いらしく、黒土中に白い砂が交じり痩せた土壌であるために、長い間、畑地として利用され、蚕のための桑の葉を栽培してきた。

大正年間以来続いてきた養蚕は、昭和三十年代に入ると、手間の掛かる養蚕よりも少し楽な水稲に切り替える農家がみられた。反対に、山の傾斜地を開墾して桑の苗木を植栽し、より養蚕に力を入れる農家もあった。昭和三十年代は「所得倍増」に各農家は必死の時代であった。K君の家では、秋蚕《あきご》の終わった冬期に田普請《たぶしん》をして水田に転換する工事を一家総出で行なった。

この工事の際に大量に出土したのが、前述した土器と石器である。地下一mもの土木工事のため、動かされた土砂の中に縄文時代住居址内に埋蔵されていた遺物が、すべて地上に露出されたのである。

唐草文土器
（写真提供：駒ヶ根市教育委員会）

Ｋ君の家の縁側に並べられた土器・石器類は夥しい量である。短冊形の打製石斧、黒曜石の破片、縄の文様のある土器片など様々である。中でも特に関心を持ったのは渦巻文様のある土器片であった。くねくねと土器表面に渦巻く文様に目を見張った。同一文様を施した数十片の渦巻文土器片は一番枚数が多く、割れ目を見ただけで何枚か繋がるのが目で追うだけで確認される。

この土器片が、伊那谷の縄文時代遺物の中でも最も数が多い「唐草文土器《からくさもんどき》」と知ったのは、表面採集を本格的に始めた中学生になってからであった。

Ｋ君は、帰り際に縁側に並べてあった渦巻文土器片を一つポケットの中に入れてくれた。唐草文土器は、私が考古学へと興味を持ち、考古学という学問への扉を開いた最初に出合った縄文式土器であった。

私の考古学熱は、次第にヒートアップして、中央アルプス山脈東麓一帯は、縄文中期遺物を採集するフィールドとなった。大城林・八幡原・北方・富士山遺跡は、その後に始まる農業構造改善事業にて行なった文化財記録保存の名目のもとに、すべて消滅したのである。なお、昭和四十五年（一九七〇）から開始された農業構造改善事業は、丸山南・南原・原垣外・日向坂遺跡を新たに発見・発掘して多大な成果を上げている。しかし、縄文集落とその景観は、二度と戻らない状態に破壊されてしまったのである。

少年達の遊びの一つに「土器拾い」があった。戦後の遊具のない時代に、好奇心に満ちた子供らの絶好の遊びであり、戦後生まれの世代には覚えのある人も多いはず。そんな考古少年の羨望の地が、平出遺跡であり「尖石遺跡」であった。学校による社会科見学で行った平出遺跡見学が感動となって、前記した尖石への一人旅となったのであった。わずか十年前まで日本の歴史は、神話による「神ノ国」であって、皇国史観による歴史観が戦前・戦中の歴史教育であった。日本の歴史は、敗戦によりガラリと変わったのである。国語の教科書に原始・古代の物語が掲載されるなど、昭和二十年以前の人々には夢のような話である。だが、そんな時代に黙々と大地を掘るアマチュア考古学者の宮坂英弌先生がいた。地域の人々に縄文土器をムジナ・クダギツネの巣と呼び、不吉な行為をする奇人とみられながら、遺跡発掘を続けたのである。

今回、本書『仮面の土偶』執筆にあたり、宮坂先生の業績を書こうと思い立ったのは、二点の国宝土偶を所蔵する尖石縄文考古館の礎を成したのは、後の考古学者「宮坂英弌」という一人の学研の賜であり、先生のたゆまぬ努力がなければ尖石は少し変わっていたと思うからだ。長野県考古学会初代会長の考古学研究の半生を辿ってみたい。

二　考古学者「宮坂英弌」先生の業績

長野県茅野市の尖石遺跡（国の特別史跡）の発掘と保存に半生を掛けた考古学者「宮坂英弌《みやさかふさかず》」（一八八七年〜一九七五年）は、最晩年の県考古学会初代会長に就任までの三十年間以上を戦中・戦後の激動の最中にもかかわらず発掘を推進した。一般民衆でも生活が大変な時代に、考古学研究に没頭したのである。

明治二十年（一八八七）生まれの宮坂先生は、大正から昭和初期までは、俳句をたしなむ平凡な小学校の先生であった。そんな人生をガラリと変えたのは、昭和四年（一九二九）に諏訪地方の考古学踏査にやって来た伏見宮博英殿下の発掘に協力した時からである。伏見宮殿下が「尖石」に調査行の的を決めたのには理由があった。宮坂先生が生まれる一〇年前に先輩教師であった小平小平治先生が、尖石周辺の土器を東京帝大人類学教室に持ち込み、広く認知されていたからである。農家の地主が掘り上げた土器を見るのではなく、自らが掘り当てる土器発見の感動と衝撃。宮坂先生は、この時から考古学の魅力のとりこになった。

それから三年後の昭和七年に、尖石発掘の成果をまとめた「顔面把手発掘手記」なる処女論文が『信濃考古学会』という学会誌に掲載された。続いて尖石における発掘の体験から得た炉の変化よりみる論考が『考古学』第七巻第一〇号に発表され、次第に発掘調査の重要性が認識されるに至ったのである。八ヶ岳西麓域の裾野は、火山灰台地であって、人頭大岩石は、自然には存在しないはずと考えた宮坂先生は、人為的に運ばれて方形に囲まれた炉の跡を狙ったのである。この頃、学界の研究が進み、炉を中心とした縄文時代の竪穴住居の一部の施設であることが分かると、次は尖石での「縄文村の全体像」を究明したいと考えるのは道理であって、尖石の発掘はますます拍車がかかっていったのである。

宮坂先生が、戦地に赴かなかったのには理由があった。長野県考古学界のもう一人の考古学者「藤森栄一」先生が、昭和十七年の暮に「赤紙《あかがみ》」（召集令状）をもらっている。この時の年齢が三一歳であり、この頃の宮坂先生は五五歳の高齢を迎えていた。藤森先生とは二廻りも離れていたため、戦場へは行かずに済んだのである。藤森先生がボルネオで死闘を繰り返していた頃、宮坂先生もまた尖石発掘で、格闘していたのである。そして敗戦となった。

昭和二十年（一九四五）八月に太平洋戦争は終わった。尖石が学会から注目されだしたのは、昭和十四年に八幡一郎・酒詰仲男、二人による東大の技術指導が最初であった。翌年には尖石で第一号の住居跡を丸ごと発掘したのである。なお、昭和十七年には茅野市の上之段遺跡とともに尖石は史跡指定を受けたのであった。このような事情によって埋蔵文化財保護法のもとに手を付けられなくなった。そこで尖石の谷の一つ北側の「与助尾根《よすけおね》」を掘ることとなり考古学関係の人、地元の住民や学生の協力により、与助尾根遺跡の全竪穴二八戸を掘り出したのである。これにより尖石はいよいよ重要遺跡となって、昭和二十七年には縄文時代の遺跡として、初めて特別史跡の指定を受けたのであった。平出遺跡は古墳・奈良・平安時代史跡、登呂遺跡は弥生時代史跡、その上代に縄文時代の尖石特別史跡が加わるのである。

こうして、宮坂先生が戦前・戦中・戦後を通して行なった尖石での発掘及び研究が、日本の文化遺産として広く認められることとなり、「特別史跡」認定となったのであった。戦後の風潮に後押しされたのも事実であろう。

宮坂英弌先生が手がけた尖石遺跡発掘の業績の陰に隠れている重要な仕事に「遺物の私設展示公開」

がある。

発掘によって出土した代表的な土器を、自宅の縁側に並べて訪問客に見せていたという。その後の昭和二十六年頃には、馬小屋を改造して「尖石館」を作り土器を展示公開したとされる。これはなかなかできないことであり、この宮坂先生の行動が、豊平村の行政を動かして、昭和三十年に地元の南大塩地籍に「尖石考古博物館」が開館し、待望の展示公開が始まったのである。ただこの地は、遺跡と離れていて便利でないことや、見学者が増え諸々の問題（駐車場・トイレ等）が発生したため、昭和五十四年には現在地に移設された。そして「縄文のビーナス」が出土し国宝に指定されたのを期に「尖石縄文考古館」と改名、リニューアルオープンし現在に至っている。

このような考古館による展示公開の歴史は、宮坂先生による文化財保護、普及公開の先覚的な行動により道筋が開かれたといっても過言ではないと思う。

昭和三十七年に長野県考古学会が設立されて、宮坂先生は初代会長に就任された。昭和三十九年春までの二年間、学会運営に携わり、その後は、『尖石』（学生社版）を出版するなどして、昭和五十年に八九歳の生涯を終えている。

仮面の女神の発掘

平成十二年（二〇〇〇）八月二十三日、長野県茅野市の中ッ原《なかっぱら》遺跡から、大型で造形的に優れている

「仮面《かめん》の女神《めがみ》」が発掘された。これより一四年経過した平成二十六年三月、この土偶が国の重要文化財から国宝への答申が文化庁に出され、待ちに待った結果が八月二十一日に官報告示され、正式に国宝指定となった。茅野市尖石縄文考古館は、昇格なった国宝土偶が出土してちょうど一四年目の二十三日、ギャラリートークを開催した。翌日の信濃毎日新聞は「国宝・仮面の女神魅力を語る」のタイトルにて報道している。

発掘補助員として調査に参加し、仮面の女神を遺跡より発見した柳平年子さんは、その時の発見の経緯を語っている。

「発見する前日の二十一日夜に夢を見た。盛り上がった土の中に玉手箱を埋める場面に立ち会い『中身を見せて』と言った」

秘話を紹介し、そして発見時の心情を「恐ろしくて、血の気が引く思いだった」と振り返ってその時の感情を克明に述べている。感動の一瞬であった。

では、中ッ原遺跡とその発掘の成果をみてみよう。

中ッ原遺跡は、八ヶ岳の西麓、標高九五〇mの台地上に所在する。発掘は平成十一〜十三年（一九九九〜二〇〇一）の三年をかけて実施された。調査の結果、縄文時代中期の前葉から縄文後期前葉まで連続して営まれた集落遺跡であることが確認された。

土偶が出土した縄文後期の集落構成をみると、中ッ原台地の西方先端付近からは、縄文後期初頭の住居群からなる集落跡がみられ、台地東方には縄文後期の墓域とみられる土坑群が存在し、これらを囲む形で住居跡群がみられた。

仮面の女神は、台地東方地域にあった土坑第七〇号のうち、土坑内に掘り込んだ不整円形の小穴（長径五〇cm）の内部より出土している。左腕の先を土坑の底に、土偶の右側を上面にして真横に寝かされた状態で埋納されていた。このような状態の中で注目されたのは、破損していた右脚の不自然さであった。出土していた向きでは胴部と脚部は接合しないことが分かり、意図的に破壊の後に元の位置に復したと考えられている。なお、献上用の浅鉢なども隣の墓坑から出土していて、何らかの祭祀を伴う墓坑であろう。

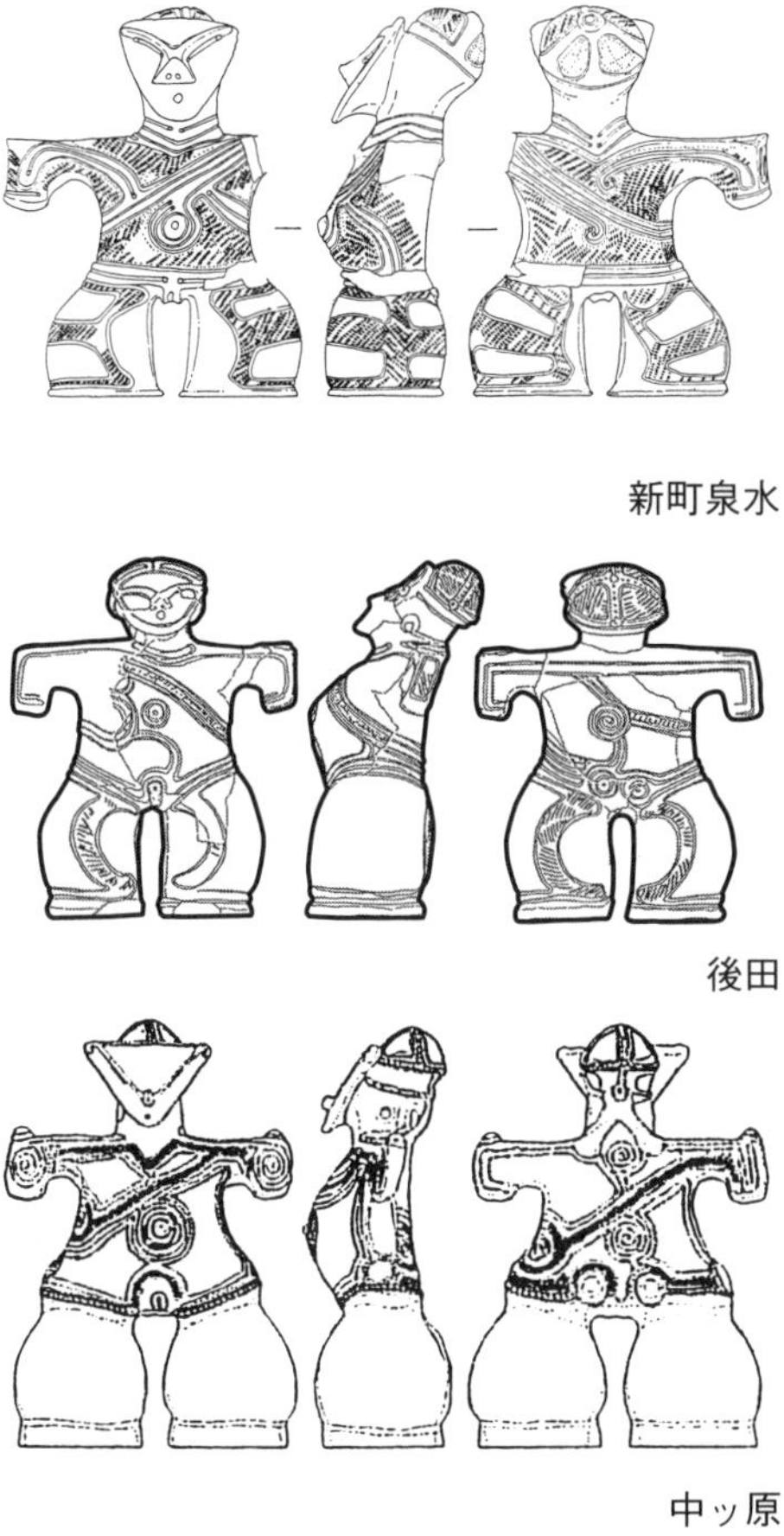

仮面土偶の変遷（新町泉水→後田→中ッ原）
（所蔵・図提供：辰野町教育委員会（新町泉水）、尖石縄文考古館（中ッ原））

この土偶は、高さ三四cm、幅

二三・六cm、最大厚一〇・二cm、重量二・七kgという縄文時代の土偶の中では最大クラスの立像土偶である。特徴としては、土偶内部は中空に製作され、顔面には「仮面」を装着しているように表現している。こうした造形的に優れた特徴と、出土状態を明確に捉えることができることから「仮面の女神」は、縄文時代の代表的な出土品であるとして国宝に指定された。

なお仮面の女神の出土状況が、一目で分かる再現を、茅野市中ッ原縄文公園にて見ることができる。土偶見学鑑賞と合わせて現地にて見学をおすすめする。

次に土偶造形の細部について検討してみよう。

尖石縄文考古館で開催される「土偶を作る実習」で仮面の女神は、縄文のビーナスと並んで製作が大変難しいと、挑戦した人々からの声である。実物を見てチャレンジしたいと思わせる魅力を秘めていることと、一見して、単純化された造形のため挑戦してみようと思わす気軽さがあるからだろうか。しかし結果はことごとく失敗に終わるのである。難題の一つは土偶の内部が中空に造形されていることで、これがうまくいかない理由の一つであった。

何故わざわざ中空に作る必要があったのか。それには相応の理由があるはずである。答えの一つに「土偶に魂を込めるため」とする学説がある。たしかに大型土偶にはしばしば中空土偶の類例がみられるのである。果たして正しい解釈であろうか。私は別の観点から中空の意味合いを考え、土偶製作過程の中に解明のヒントがあるとする。

勝坂式文化圏の土偶の中に「円錐中空土偶」と呼称する土鈴と同じように音が鳴る土偶がある。この土偶は、比較的小型に類する土偶であって、中空は音を発する必要からの造形であった。仮に、土偶に魂を込めるとするならば、音を鳴らす機能が伴わなくとも、小型土偶にもっと中空事例があるはずなのだが、そうではない。

私は中空にする必要性に「焼成《しょうせい》」の問題が絡んでいると考えている。大型土偶を中身が粘土の塊のまで焼き上げた場合、亀裂・ヒビ割れ等が生じ、うまく仕上がらないのではないかと思う。中空にすることによって、焼成の問題を解消しているのではないか。

仮面の女神の首に横孔が開けられているが、この穴は頭頂部の孔（後田例・新町泉水例共に孔がある）とともに、焼成に配慮したためのものであろう。

仮面の女神が発掘される以前から、辰野町新町泉水より少し小型ではあるが同じ仮面の女神像が出土していた。なおまた、仮面の女神が出土して、注目されるようになると、韮崎市の後田遺跡からも出土例などあることが判明し、三点共通する仮面装着土偶の仲間であった。ほかに茅野市大桜遺跡から首欠損（一三・〇㎝）も出土しているが、新町泉水遺跡例より更に小振りの同類土偶がみられる。

私は、この仮面の女神像の繊細な胴部文様を見るたびに、茨城県江戸崎町椎塚貝塚より出土の美しい沈線文で飾られた注口土器を思い描く。土偶と注口土器との用途の違いはあれども、縄文後期の人々の巧みな工芸的素質を見る思いがするのである。

ここで仮面の女神に関する二つの問題点を指摘したい。

その一つは、三点の仮面の女神像に共通する腹部の形状から、いずれも妊娠表現であるとされるが、果たしてそうか。筆者は「仮面」の装着土偶を「仮面土偶」として分類し、シャーマンの神への化身の姿と捉えていて、女性シャーマンが、みな妊娠姿ではおかしいと考えている。再点検、再考を必要とすると提言したい。仮面装着土偶は、妊婦ではなく、女性シャーマンの神への化身の姿である。


前述の四角い胴部と二本の脚部の接点に「女陰」が表現されている。安定感と重量感を持たせるために脚部は誇張しているが、申し訳なさそうに、控え目に女性の象徴を表現しているのである。女陰は仮面の女神像三点ともに施文されているのだが、従来は、この土偶の性別を判断させる「記号」的なものと捉えていた。だが、本当はもっと重要な意味があるのではと、思考するようになった。

二つ目の問題に、この女陰表現について考えてみたい。


『古事記』に、天宇受売命《あめのうずめのみこと》の奇行が記述されている。

一場面は、天照大御神の天《あま》の石屋戸《いわやど》開きの場面に登場し、全身ほぼヌードの姿にて舞踊して、石屋《いわや》にお隠れになった天照大御神を、外に引き出そうとした。

逆さまにした桶を踏み鳴らし、神がかりして、胸乳を露《あらわ》にし、服の紐を陰部まで押し下げた。すると高天原がどよめき、八百万《やおよろず》の神々がどっと笑った。――――

次の「天孫降臨《てんそんこうりん》」の際に天之八衢《あめのやちまた》で猿田毘古神と対面した時のこと。天宇受売命は、下半を露にして猿田毘古と問答をするのである。このような天宇受売命の行状は、特殊な能力を秘めた巫女の姿と重ねられて、縄文の女性シャーマンと相通ずるものがあると思うのである。

私は、この二つの場面に天宇受売命と仮面の女神の共通項をみたのである。両腕を広げ、女陰を露にして僻邪《へきじゃ》の力を示すことにより、邪悪な力を阻止する姿にみえる。

このように、仮面の女神像は、仮面を装着し神へ化身した女性シャーマン像とみる。

縄文中期前半にみる長野県中野市の姥ヶ沢遺跡や、後葉にみる松本市の葦原遺跡、富士見町の坂上遺跡の所謂「バンザイ土偶」の両腕を横に広げた表現は、喜びの姿ではなく、悪霊を阻止する姿にみえるがいかがであろう。

バンザイ土偶の仲間たち

1　姥ヶ沢遺跡（長野県中野市）出土・縄文中期中葉（所蔵・写真提供：中野市教育委員会）　2　坂上遺跡（長野県富士見町）出土・縄文中期後葉（所蔵・写真提供：井戸尻考古館）

両腕の表現は、喜びの姿ではなく、土偶そのものが結界の意味を示す。

これら縄文土偶の三点は、いずれも行儀よくパンツを着用しているが、仮面の女神の三体は、いずれも女陰を露に表現して「僻邪《へきじゃ》・邪視《じゃし》」の力の強化を図っている。

土坑七〇号「仮面の女神」埋納再現

仮面の女神像の創作意図を解読したところで、中ッ原遺跡の土坑七〇号における仮面の女神の埋納理由を推理してみよう。環状に形成された東集落の中央部に埋葬された九四号、五九号、七〇号土坑の三墓の土坑墓は、形状からこの集落における重要人物（指導的立場にある人物）の家族墓と思わせるものがある。そして、埋葬の順番を同時に示している。頭を西方に向け、整然と並んだ土坑九四号と五九号は、土坑の大きさにより七〇号の父・母墓と見られる。頭部の上部に置かれた浅鉢の文様により新旧の時間差はあまりなく、土坑九四号の父墓に対して五九号の母墓のいずれかが先に埋葬され、その間に息子の遺体を埋葬したのだろう。浅鉢土器の埋納品について考えられることは、父・母共に一生を全うしたことによる奉納の品とみる。一方の七〇号出土の仮面の女神土偶は、異状の埋葬形態を思わせるものがある。埋葬遺体の生前の姿がよみがえってくるようだ。何らかの事故が元で早世したのではないか。

エジプトの若きツタンカーメン王は、戦闘用二輪車の事故による足のケガが元で早世したといわれる。七〇号土坑の人物も、足のケガが原因で破傷風にかかり早世したものと推察する。遺体頭部横に埋設した女神像をいったん取り出し、その場で足の全快を願う祈祷のため右脚を破壊して再び埋設・埋納したと考える。その場の祈祷は、女性シャーマンが行なったものであって、七〇号土坑の遺体を最後のシャーマンの墓とは考えてはいない。様々な解釈があってもよいと思うが、私は中ッ原集落の縄文後期の住人が、指導者と崇める家族二代の墓地と推理する。

死に際し、彼《あ》の世に行って困らぬよう女神像に右脚の負荷を願ったのだろうか。

「仮面」について考える

「土偶が仮面を被っている」。今回、国宝に指定された中ッ原遺跡出土の「仮面の女神」は、私の土偶研究に確信に触れる思いに至らせた土偶である。造形が優れていることも貴重であるが「仮面装着」の確実性は、どの土偶よりも確かであったからである。前々から縄文中期後葉の土偶の中に、仮面装着らしき造形がみられ、土偶には仮面が必須アイテムと見当を付けていたからで、そのモヤモヤとした気分を、一瞬にして晴らしてくれたのである。

仮面は、女性シャーマンが、神に化身するためのもの、「土偶の大半は仮面装着の女性シャーマン像である」との見解は、土偶真理・論理の結語である。

仮面は、縄文時代以降、弥生時代より二千年も後の現代までも、それぞれの神事や民俗芸能など、登場人物の顔面に被して変身し、仮面の人格神、登場人物にと、自由自在に変化《へんげ》できるのである。身近なものでは、子供のウルトラマン・仮面ライダーなどの遊びは「へ〜んしん」の掛け声一つで、怪獣や怪人から人々を守るのである。

縄文土偶は、形状・形態から大きく二分することができる。それは、縄文中期以前と以後の大分別からなろう。

縄文草創期、早期、前期中葉までは、どの土偶にも頭部らしき突起状の表現はあっても、顔面は表現されてはいない。だが重要なのは、胸部の乳房表現から「女性」を意識して表現していることは間違いない。

一方、中期以降に至っては、顔面表現（大半は仮面か）が見られ、中期初頭から勝坂式文化圏の中葉では、大地の精霊を表現したであろう「地母神」像としての顔面が表現されている。

近年、滋賀県東近江市の相谷熊原《あいたにくまはら》遺跡より、縄文草創期後半（約一万一〇〇〇年前頃）の小さな土偶（三・一cm）が、竪穴住居跡の埋土から出土した。なお、三重県松阪市の粥見井尻《かゆみいじり》出土の六・八cmの小型土偶も、同時期の所産とされる。

早期に至っては、千葉県船橋市の小室上台より極小の二・〇cmの土偶が出土していて、いずれも手の中に収まる小型土偶で共通している。これら発生期の土偶も、女性をかたどる形状か

小室上台遺跡（千葉県船橋市）出土ヴァイオリン形土偶（写真提供：船橋市飛ノ台史跡公園博物館）

ら考えられる基本理念「守護する・身代わる」など、偉大なる母性の力を持つ女神の「お守り土偶」であろう。

土偶は、まず個人の護身用として発生したのだろう。

次に、仮面の女神の少し前に盛行した「ハート形土偶」について観察し検討してみよう。分類上では、仮面の女神土偶は、ハート形土偶の系譜上にあるとされる。

一　ハート形土偶は仮面のみの頭部表現

ハート形土偶の頭部形状をみると、この土偶は仮面そのものを頭部としていることが分かるうえ、とてもユニークな土偶である。土偶側面と背面からみると、胸部から伸びた首を、関節として仮面を直接つないでいる。

考古出版物、図版等でおなじみの群馬県郷原例は、完成度からみても、ハート形土偶の最盛期の土偶であって、ハート形土偶の美を如何なく発揮している（図参照）。

全体像が確認できる初期のものとして、福島県荒小路例が参考となろう。次に終末期についてみてみよう。

仙台市太白区の大野田遺跡から、全体に胴長化がみられるハート形土偶が出土している。ほとんどの土偶が頭部欠損のため仮面装着が判断できないが、唯一顔面残存の土偶より推察するに、胸部から伸びた把手状の首に、ハート形の仮面を表現している。他の首欠損土偶の頭部は、恐らく、大野田遺跡から

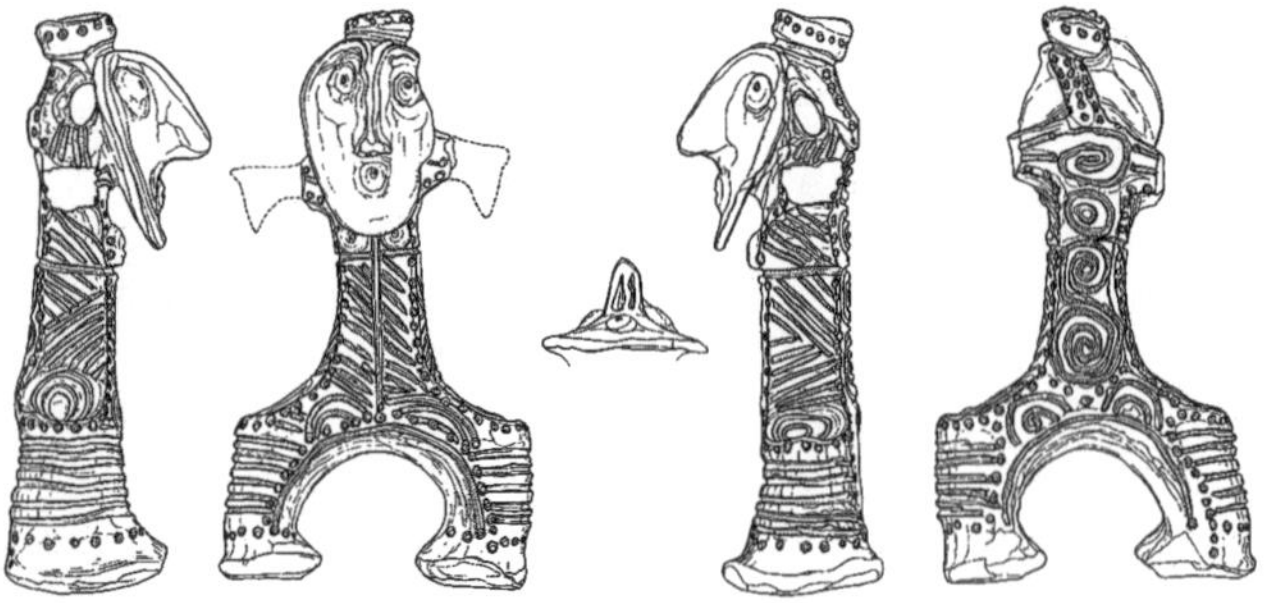

福島県　荒小路遺跡出土（図提供：福島県文化財センター白河館）

群馬県　郷原遺跡出土
（写真提供：東吾妻町教育委員会）

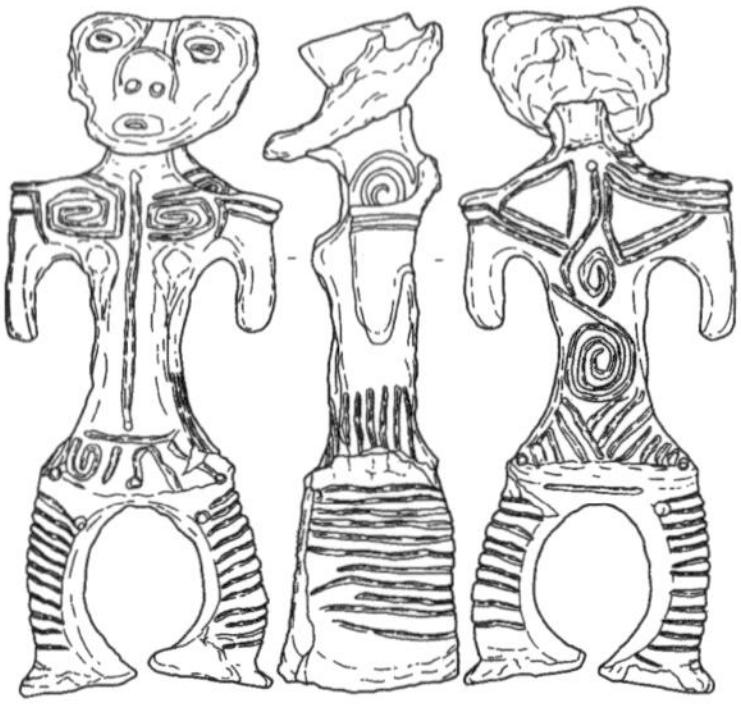

福島県　柴原Ａ遺跡出土
（図提供：福島県文化財センター白河館）

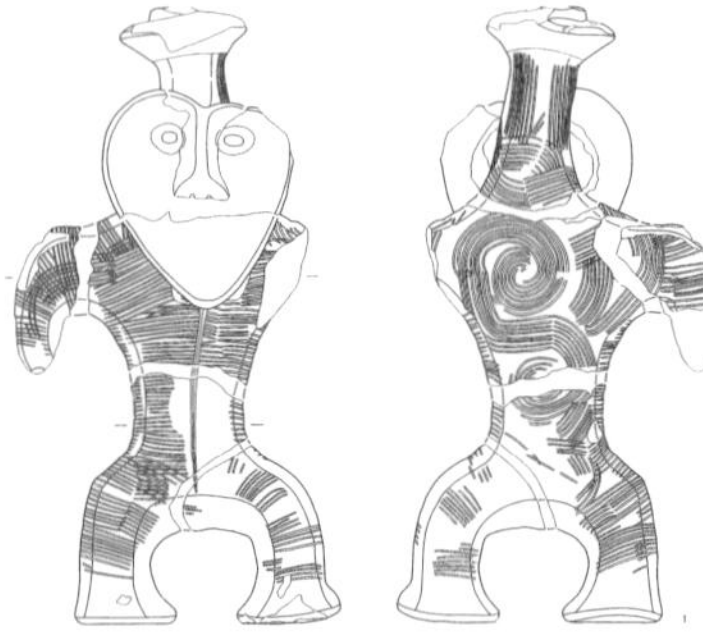

宮城県　大野田遺跡出土
（図：仙台市教育委員会所蔵）

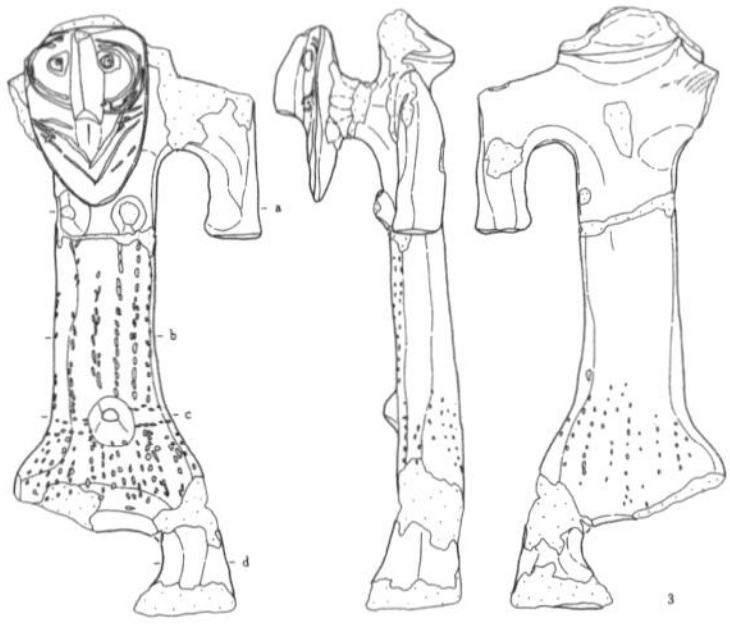

宮城県　伊古田遺跡出土
（図：仙台市教育委員会所蔵）

ハート形土偶の変遷

南西六〇〇ｍに位置する伊古田遺跡の事例のように、円筒状頸部より突出した仮面を付ける。
これらハート形土偶は、福島県の阿武隈山麓一帯に発生の核がみられ、次第に北関東、及び東北北部へと広がりをみせている。中でも特徴的なことは、仮面の頭部側面に二個一対の小孔が見られることである。この小穴に紐を通して「操り人形」のような動作をする呪術が想定されるのである。その操り人は、シャーマンになり代わって司祭する母親の姿が見えてくるが、いかがであろうか。

二　山形土偶は踊るポーズを表現

この土偶は、土偶研究の中でも最後までよく分からない土偶であった。しかし、近年に至って造形の何たるかが判断できるようになってきたのである。その三点について順次、解説してみよう。

その一は、山形土偶は腕の表現から「踊るポーズ」を表現しているのである。バンザイ土偶のような腕を横にのばして悪霊を阻止する姿勢でなく、たとえて言えば、茶の間の人気者、ザ・ドリフターズのメンバーが踊った「ひげダンス」の腕の姿（腕を下げ手の甲を上に向けて開く）とよく似ているのである。そんな姿から、シャーマンが特別な精神状態に次第になってゆくトランス状態を示しているのである。踊るポーズは、トランス状態に入ってゆく一つの動作であったのだ。

その二は、山形土偶の命名のもととなった三角形頭部と、顔面の不定形、不明確さは何が原因しているのか。その答えを導き出したのは、土偶頭部裏側に表現された円形の張り出し形状にあった。これは三角形の頭巾を頭からスッポリ被ったためにできた後頭部の張り出しとみたのである。三角形の土偶頭部の造形は、アンギンなどの織物を袋形にした頭巾の先端部であろう。従来の板製・土製仮面の常識では、山形土偶の創作意図は解明されない。

ところで肝心の顔面の造作については、どのような表現方法をとっているのであろう。次に出土土偶の顔面の造形細部を観察、検討してみよう。

その三、山形土偶は、三角形頭巾を頭から被った状態を示していることが判断された。では顔面は描いたものなのか、それとも他の何らかの方法で表現したものか。

土偶には、目と鼻と口は立体で表現されているから、絵に描いた方法でないことは分かる。ではどんな方法で顔面を造形しているのだろう。

実は茨城県の椎塚・福田貝塚の実測図を調べていて気づいたことがあった。目・鼻・口の部位が、部分土製品を装着した顔面表現ではないのかと考えたのである。特に口の表現が皆、類似の型をしていて、岩手県北上市にある八天遺跡出土の組合せ土製品のうち「口の土製品」が、列点文の表現など瓜二つである。恐らく三角形頭巾のベースに目・鼻・口の土製品を取り付けたと推定される。これが事実であるとすると、岩手県を中心とする東北北部出土の「組合せ土製品」の仮面の発生は、この山形土偶が発生の始まりであるかもしれない。

以上、茨城・千葉県などの太平洋側の貝塚地帯に主体を持つ山形土偶は、女性シャーマンが祭祀の際に三角形頭巾を頭から被り、化身したと考えたい。なおこの土偶の独特の体形から「ひげダンス土偶」と愛称で呼びたいものだ。

三　ミミズク土偶は化身後の女神の姿

顔の目・口を三つの丸で、耳（耳栓）を二つの丸の合計五個の円で表現している土偶である。土偶命名者は、ミミズク・フクロウを連想したのだろう。しかし、縄文人はミミズクと無関係の「女神像の姿」を表現しているのだ。小見出しに「化身後の女神」としたのは、今までの土偶は、女性シャーマンが仮面を装着した女神の姿であったのに、この土偶は一足飛びに縄文人が思い描いた理想の神の姿なのである。この土偶は、シャーマンの変身の跡がまったく見られないのである。なおまた特別な地位、または役割を担う女性の象徴である耳飾りの表現は誇張しているのに、乳房表現はないか、もしくは目立たなくしているのである。これは、ミミズク土偶に特徴的な肩から下がる「乳房隆帯パット」により、乳房はパット内に包まれている結果であろう。

角状に突き出た頭部、耳に付けられた耳飾りや、肩―乳房隆帯パットなど、土偶に表現されたそれぞれ身体を飾る風俗衣裳は、そのまま土偶の造形に表現されている。

ミミズク土偶の成立については、山形土偶の造形の一部に辿ることができそうである。耳飾りの表出や、肩―乳房隆帯パットの初期形状などから、山形土偶から少なからず影響を受けていると考えられる

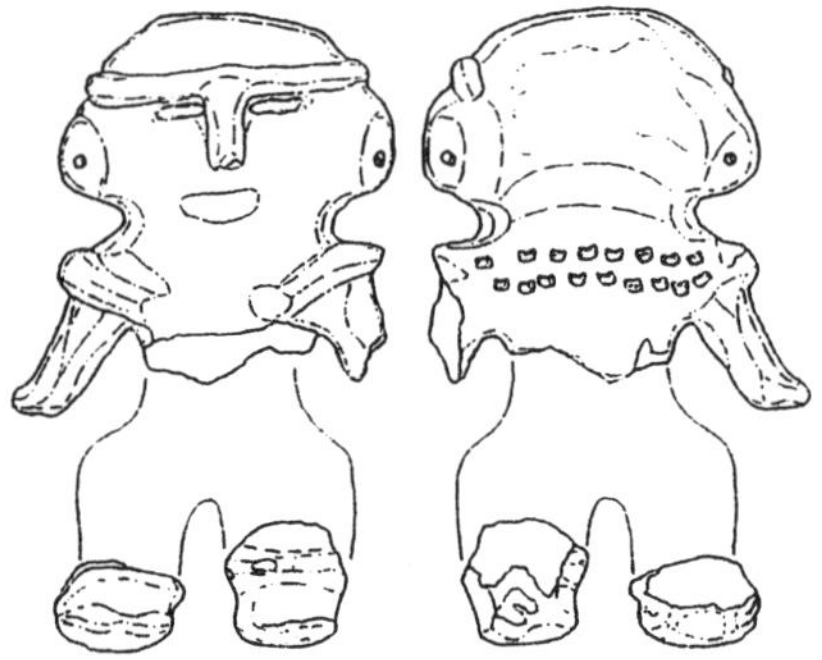

八剣遺跡出土土偶（栃木県教育委員会）

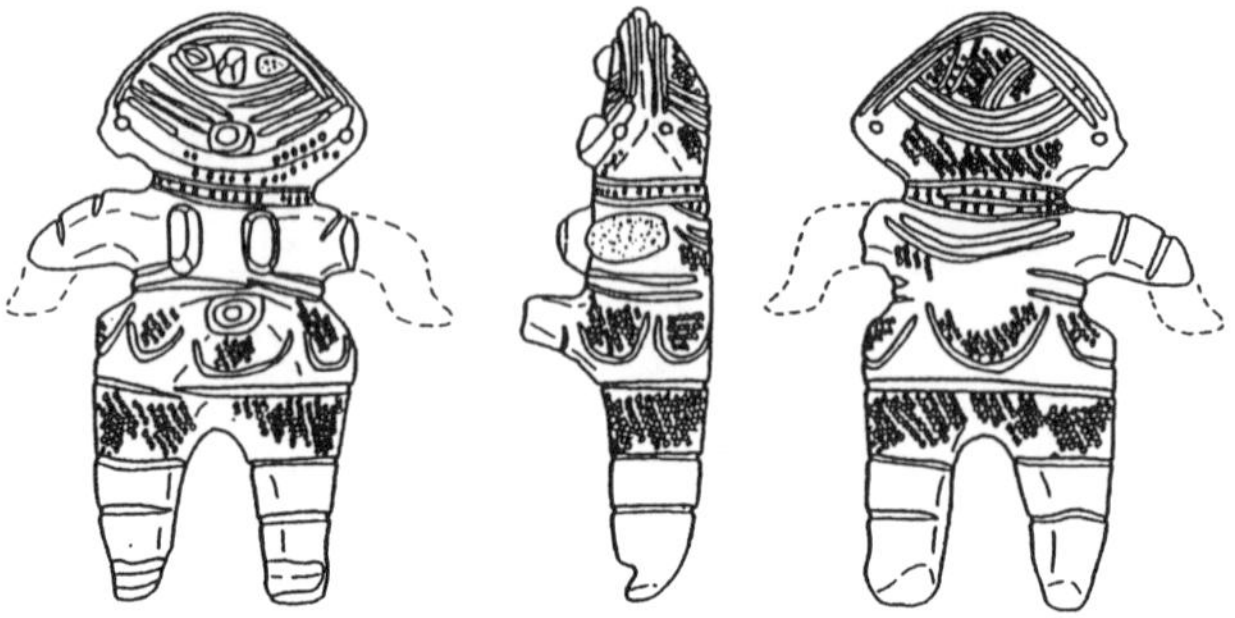

内野第１遺跡出土土偶　上半身は山形土偶、下半身はミミズク土偶の特徴を示す

（千葉市埋蔵文化財調査センター所蔵）

ミミズク土偶の二形態土偶

滝馬室出土土偶

（鴻巣市教育委員会提供）

のである。ミミズク土偶は、異形から万能の力を秘めた土偶と捉えたい。

縄文晩期の部分仮面の事例

仮面土偶の変遷を辿る時、仮面の造形が複雑から単純化へと進展し、縄文晩期に至っては、顔の中心である目・鼻・口の部位を隠す「部分仮面」となり、より省略化へと移行している。そして、鼻・口・耳を粘土細工によって造形する「組合せ型仮面」となることが、土面や土偶の顔から推量されるのである。

縄文中期の木製板状仮面の存在は、遺跡から出土例が現在のところまったくない。だが中期土偶の仮面着装例から確実にあったと私は思う。女性シャーマンが神への化身の際に使用する必須アイテムなのだ。原木の板から顔面を彫り出す作業は容易ではないだろう。しかし、あ

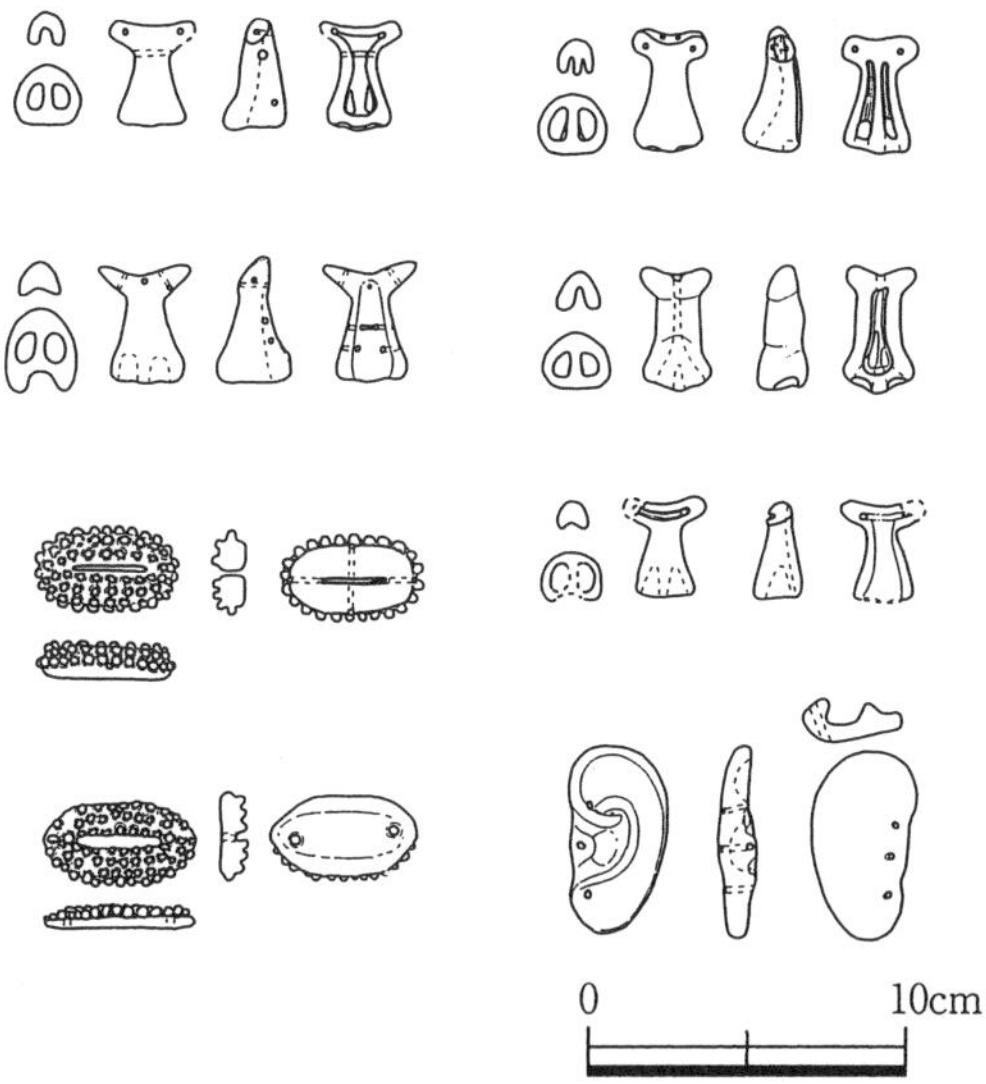

仮面の組合せ土製品（岩手県八天遺跡）
（図提供：北上市教育委員会）

のヒスイの原石から小玉、丸玉、大珠を整形し、しかも穿孔する技術をもってすれば、板製仮面の製作など無理なことではないといえよう。このような木製仮面の製作労力を軽減する方法として、土製組合せ型仮面の誕生が想定される。そして、仮面はシャーマンが代々受け継ぐものであったと思われる。

萪内《しだない》遺跡出土の三角形部分仮面

岩手県盛岡市の萪内遺跡から約二四cmある土偶頭部が出土した。これは土面のようにみえるが、実は土偶の頭部であることが分かっている。全体像を想定すると一mを超す超大型土偶であった可能性がある。従来にない大きさも注目されるが、もっと重要なことをこの土偶が示していた。坊主頭の下に、両耳と口との三点を

部分仮面を装着した土偶頭部（岩手県盛岡市萪内遺跡出土）
（写真提供：岩手県立博物館）

三角形部分仮面を装着した男性土偶（北海道函館市著保内野遺跡出土）
（所蔵・写真提供：函館市）

結ぶ部分仮面が見てとれる。縦横の沈線の中に綾杉文が見える。これは織物を表現しているのだろうか。細い切れ長の目は、眠っているのか、死人のデスマスクにも見えてくる。ただ鼻と口は、部分土製品を部分三角のベースに取り付けた風に見える。口下のアゴの部分には、一八個の穴が穿たれており、ここにヒゲを植え込めば高齢の男性シャーマンの姿が浮かび上がってくる。

男性シャーマンといえば、北海道函館市の著保内野遺跡出土の大形「中空土偶」(国宝)も、男性シャーマン像とみられる土偶であって、顔面の造形から萪内例と同じく、土製部分（目・鼻・口）を取り付けた土偶と解する。

東北地方にみる蹲踞姿勢の土偶

屈み込んで腕を組む、または合掌する姿の「蹲踞姿勢《そんきょしせい》の土偶」が、東北各地より出土している。そのうちの一点が、国宝指定になった青森県八戸市の風張１遺跡出土の「国宝・合掌土偶」である。何かに向かって一心に祈る合掌形の土偶である。今も昔も変わらない祈願するこの土偶を見る時、縄文人がグッと身近に感じられるのである。なお、膝を曲げ屈み込んだ姿勢から蹲踞土偶とも呼ばれている。

合掌土偶は、顔面に土製部品（目・鼻・口）を取り付けた部分仮面とみられる。体部には明瞭に表現された衣裳も造形されていて、国宝指定にも納得する優れた土偶造形である。これとよく似た蹲踞土偶が、青森県田子町野面平遺跡からも出土している。同時期の所産であろう。

青森県八戸市風張１遺跡出土「国宝・合掌土偶」（所蔵・写真提供：八戸市）

しゃがむ土偶　福島県上岡遺跡出土
（所蔵・写真提供：福島市教育委員会）
部分パーツの仮面を付けた蹲踞姿勢の土偶

福島県福島市の上岡遺跡出土例は、後期の山形土偶の系譜上にある蹲踞姿勢をみせる土偶で、顔面は、前記二例と同じく顔面に土製部品を取り付けた仮面土偶とみる。

蹲踞姿勢は、神への従順を示す姿であり、女性シャーマンが呪術の際にみせる祈願姿勢と捉えられようか。

遮光器土偶は何に由来する造形か

遮光《しゃこう》器《き》土《ど》偶《ぐう》は、明治時代に坪井正五郎によってエスキモーの遮光器と、東北地方晩期土偶の眼部の遮光器状の類似性が指摘されたのが最初であった。白雪の光反射を遮るために目に装着したとされる。こ

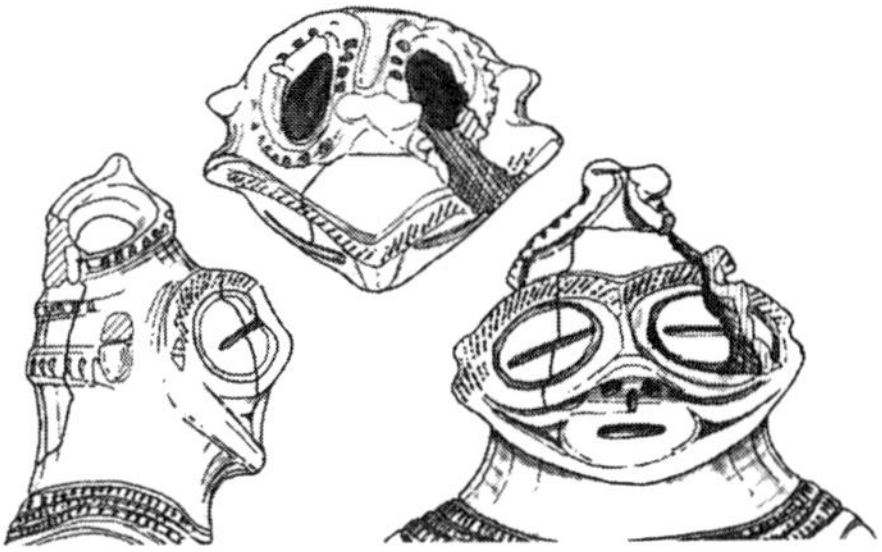

青森県宇鉄遺跡の土偶（部分）（安孫子1997）

れら遮光器状造形がみられる土偶が「遮光器土偶」の総称である。

近年になり、異様ともとれる眼部表現は、目を次第に誇張していった結果であって、遮光器とは何ら関係なしとする論考が主流となってきている。だが、果たして誇張などとして片付けてよい問題であろうか。

仮面装着土偶は、縄文中期以降には、複雑からより単純形へと変遷をみる時、目を隠す、または覆うだけで化身できるとすれば、シャーマンが遮光器を変化《へんげ》の道具として使用したと考えられるのだ。そんな見方を端的に示した記述が、安孫子昭二氏の対談の言葉から分かる。

第Ⅴ章座談会「土偶研究と縄文社会」の中で、土偶研究の歴史の黎明期の評価について、坪井正五郎の業績について発言している。以下に内容を記してみよう。

わたしは以前、青森県宇鉄遺跡の遮光器土偶を調べた時に、坪井正五郎の『ロンドン通信』に掲載された遮光器土偶のことなどを参考にしたことがあります。宇鉄土偶の目は、一面では遮光器に良く似ているのですが、耳もちゃんと在るし、鼻の表現がとてもリアルなのです。つまり実体は、素顔を隠すためのマスクというかゴーグルをした仮面土偶の一種なのですね。わたしは宇鉄の土偶を遮光器土偶のはじまりに置いて、それが次第にデフォルメされて遮光器土偶になったと考えています。

以上が、安孫子氏が考える「遮光器土偶」への視点であり、坪井正五郎の観察眼の正しさを証明し、補強する論考であった。遮光器土偶は、当時の東北地方の人々が、シャーマンが化身するアイテムとして「遮光器」を実際に着眼した姿を造形したのである。そしてそれは、仮面を、より単素化したものが遮光器の使用であったのである。

土偶は、時には仮面を装着し神への化身の一歩手前の姿であったり、すでに化身した女神像の姿であったりと、様々な姿で登場しているのがご理解いただけたと思う。

引用・参考文献

藤森栄一『信濃の美篶』学生社　一九七〇年
藤森栄一『縄文の八ヶ岳』学生社　一九七三年
長野県文化財保護協会『文化財信濃』第四一巻第一号　茅野市尖石縄文考古館　二〇一四年
竹田恒泰『現代語古事記』学研　二〇一一年
三上徹也『縄文土偶ガイドブック』新泉社　二〇一四年
「土偶とその情報」研究会『関東地方後期の土偶』山形土偶の終焉まで　一九九五年
阿部芳郎編『土偶と縄文社会』雄山閣　二〇一二年

第二章　縄文のビーナス誕生

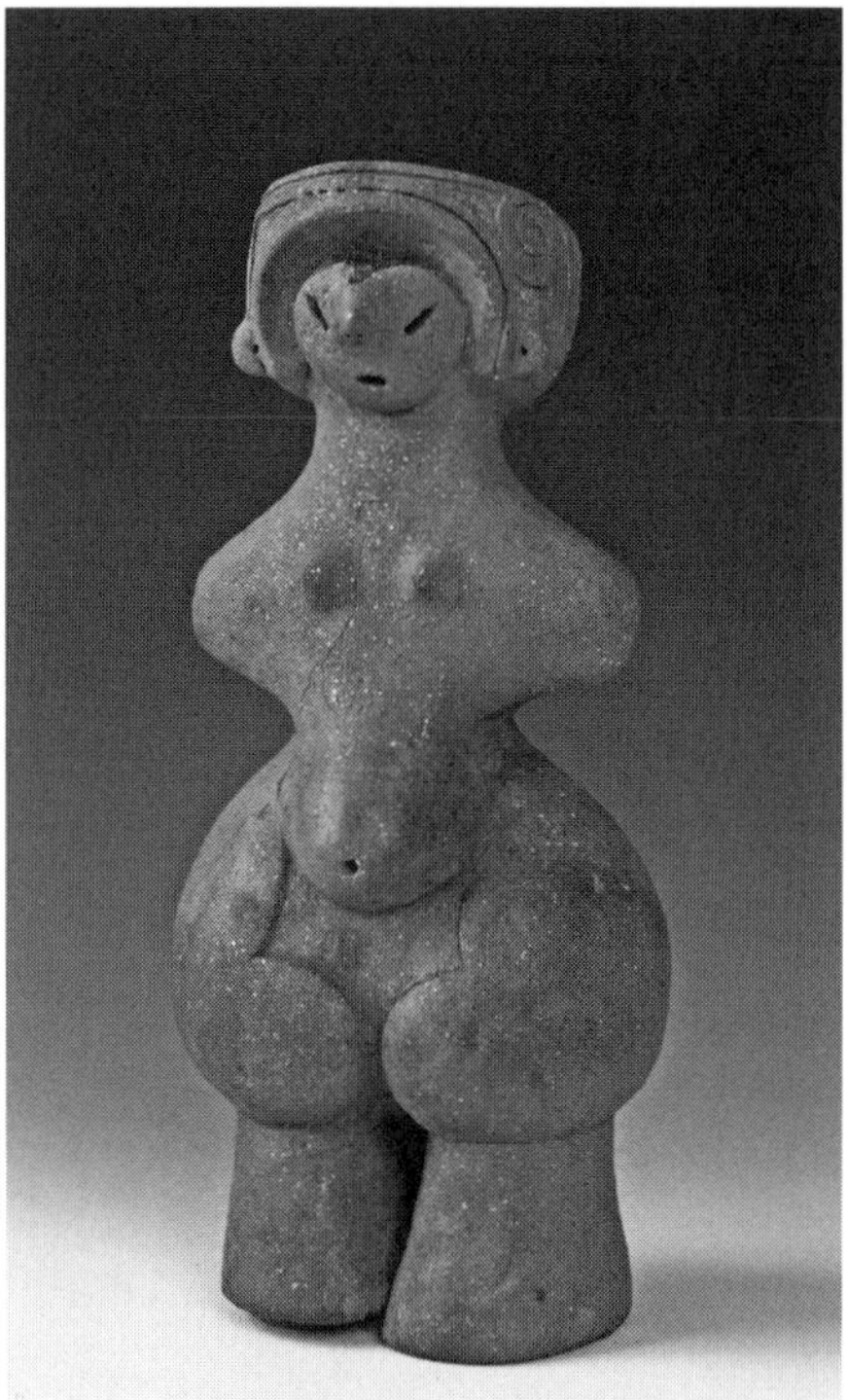

縄文のビーナス
（所蔵・写真提供：茅野市尖石縄文考古館）

「縄文のビーナス」誕生の経過を探る

一　愛称の名付け親は「戸沢充則」先生

明治大学学長をなされた戸沢充則先生は、長野県岡谷市のお生まれで、少年期には藤森栄一先生のもとで考古学を学んだお一人でした。明治大学教授に就任された後は、長野県考古学会と中央の学会との太いパイプ役となり、良き指導者・相談役の役割を担われた。残念ながら平成二十四年（二〇一二）の四月九日に七九歳にて逝去されてしまわれたが、生前、地域研究実践者として各方面にて活躍なされ、長野県考古学会にも多大な業績を残されている。その一つが尖石縄文考古館に収蔵展示されている茅野市棚畑遺跡出土の「縄文のビーナス」を世に出されたことであり、土偶としては国宝第一号となった縄文土偶である。愛称で呼ぼうと提唱されたのが戸沢先生であった。この呼び名により考古学が身近に感じられたのも事実であり、一躍注目の的になった。土偶を一見して感ずるのは、縄文成人女性像であろう(事実とは異なる)ということである。そして土坑より掘り出された美しい裸体像である。そう、ビーナス誕生の瞬間である。戸沢先生は旧石器研究専攻の考古学者である。とっさに「旧石器ビーナス」が頭にヒラめいたのであろう。旧石器文化と対峙する形で「縄文のビーナス」が発想されたものと推察するのである。国宝縄文のビーナスは、各地で開催される土偶展で人気者となった。その大きな理由に、土偶造形の素晴らしさは無論のこと、愛称によるイメージ創出も大きな意味があったものと思う。

「縄文王国」「井戸尻文化」と、八ヶ岳西南麓に栄えた縄文中期文化を総称する呼称も、戸沢考古学のイメージ戦略として有効的で、日本の縄文文化を広くアピールするものとなった。だが、これらの文化に内在する研究はこれからが本番で、研究の途上にあるといえるだろう。

縄文のビーナス土偶の考古学本来の正しい位置づけはまだなされていないと考えている。愛称でなく、土偶本来の型式のまとまりを追求し、型式名を検討しようと思う。

二　土偶下腹部の「対称弧刻文《たいしょうここくもん》」について

縄文のビーナス誕生の経過を探るのに大事なのは、まずこの土偶の特徴を把握することである。そして次の三つの項目について問題を検討することにある。

㈠　縄文のビーナスは、勝坂式《かつさかしき》文化圏内にて誕生している。五領ヶ台式との関連性はあるのかないのか。

㈡　縄文のビーナスの顔面は、顔面把手の顔と同じである。どの時点にて顔面把手から分離して土偶が成立するのか。また同時期の成立はありえるのか。

㈢　縄文のビーナスの下腹部に施文されている「対称弧刻文」が誕生の鍵を握っていると考える。この文様が他の土偶とを識別するメルク・マールである。

私は、㈢の「対称弧刻文」が縄文のビーナスの誕生時期を決定するのに重要なキーポイントであると考える。

戸沢先生命名の「縄文のビーナス」は愛称であった。型式名が確立されていない現状では仕方のないことであって、早々に型式名を探り出さねばならない。そこで考えたのが縄文のビーナスの下腹部に陰刻された対称弧刻文を、型式名を考える一つの土偶グループとして考え、問題解決の取っかかりとした。なお、㈡に提示した顔面把手の顔との類似性も、縄文のビーナス誕生への経過に重要である。

顔面把手付土器は、縄文中期初頭の五領ヶ台式期に萌芽が認められ、勝坂式期になって確立する。井戸尻編年では九兵衛尾根式期に発生し、狢沢～新道式期に完成する。これらの土器編年、文化内容を追求すると、顔面把手の創出は、「地母神」をイメージしたと考えた。したがって、同じ顔を持つ縄文のビーナスも、棚畑遺跡の縄文人達は、「地母神像」として創造し、祭祀を行なったものと考えている。他の土偶とは異なる地母神を具現したものとしたい。仮面土偶にみる縄文シャーマンを偶像化したものとは違うと考えると、自ずと誕生の経過を読み取ることができるのである。縄文のビーナスを含む同類土偶が示す対称弧刻文が、「地母神土偶」という土偶グループを把握することができるのである。

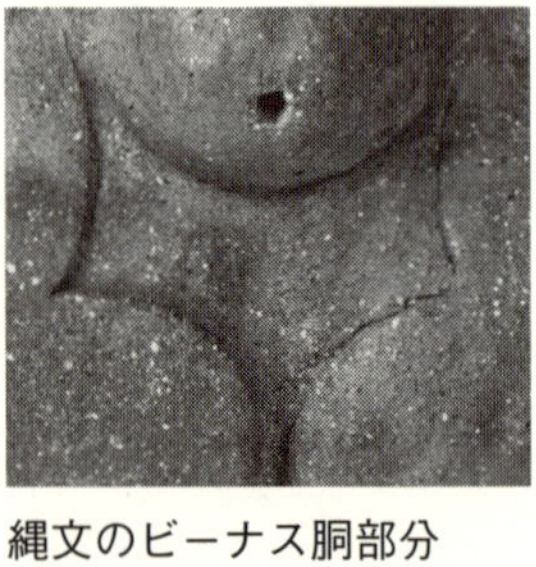
縄文のビーナス胴部分
（所蔵・写真提供：茅野市尖石縄文考古館）

（一）　対称弧刻文は何を表現しているのか

この文様は、下腹部に施文しているところから、「縄文パンツ」を表していると想定される。このパンツ状の表現をした土偶胴部が宮城県迫町糠塚貝塚より出土している。江坂輝彌氏は著書『日本の土偶』の東北南部の板状土偶の項中で次のように論じている（下の写真参照）。

「四列の刺突文を囲むM字状の文様帯は、腰にパンツ状の衣類をつけた状態を表しているものと思われる。このような植物繊維製の衣類が当時かなり普及していたのではなかろうか」

すなわち植物繊維でつくられた縄文パンツを想定している。この土偶は、板状土偶であり、縄文前期末から中期初頭に位置づけられる土偶で、縄文のビーナスにも見られる対称弧刻文も「M字状」の輪郭から構成していることに注目したい。

宮城県（旧）迫町糠塚貝塚出土〈江坂輝彌著『日本の土偶』（六興出版）より〉

土偶にみられる文化圏（地域差）の違いや、時期の異なりによって縄文パンツの意匠表現が違うが、勝坂式文化圏の土偶の特徴として「対称弧刻文」を捉えることができる。なお、当時の風俗・衣裳としても興味ある課題である。

（二）「対称弧刻文」施文土偶と勝坂式文化

勝坂式土器は、縄文中期中葉に繁栄した土器であり、縄文文化が花開いた豪華な文様を施文した土器群で、それらを総称して「勝坂式文化」という。神奈川県相模原市勝坂遺跡を標式として命名された。関東平野から甲府盆地、八ヶ岳西南麓域から諏訪盆地へ。岡谷市からは北の松本平へ、南へは伊那谷の上伊那方面へと、勝坂式土器文化の痕跡を辿ることができる。これら領域を中心として北関東や、長野県全域にも波及しているが、その中心部は、考古学用語で総括された「富士眉月弧《ふじまゆづきこ》」の領域が、勝坂式文化圏の主体部と考えられる。

この勝坂式文化は、各地から出土する遺構・遺物から縄文時代の一大繁栄期とされ、縄文式土器の豪華さはもとより、特異の顔面把手付土器、有孔鍔付土器、顔面付釣手土器、そして、縄文のビーナスに代表される「対称弧刻文」陰刻の土偶も、新たに加わる土偶型式の一つに認定されよう。筆者が命名する「地母神土偶」を、勝坂式文化を特徴づける一要素とすることができるのである。

（三）　対称弧刻文の二系列分類と三種変遷

勝坂式文化圏内における「対称弧刻文」陰刻の土偶を分類すると、次に図示する地母神土偶の変遷図にみるように、三種の形態変化と二系列分類を行うことができる。縄文ビーナス誕生にかかわる大変重要な視点であり、対称弧刻文二系列分類を検討してみる。

図示する一系列目は、縄文ビーナスに見られる対称弧刻文の基本型となる「M字形陰刻文」より解説したい。

対称弧刻文の成立は、まずこのM字形陰刻文が、九兵衛尾根期末に出現し、中期中葉の藤内Ⅱ期まで存続すると考えられる。出現期に関しては、山梨県笛吹市桂野遺跡から完形土偶が出土し、頭部形状から「かっぱ形土偶」の分類に入るものとして「みさかっぱ」の愛称で呼ばれている土偶で、中期初頭に位置づけられている。この土偶には未だM字形陰刻文は見られない。したがって、早くとも五領ヶ台式（九兵衛尾根期）末期以降が発生期と捉えられよう。かっぱ形の頭部は、下腹部陰刻のM字形文の出現

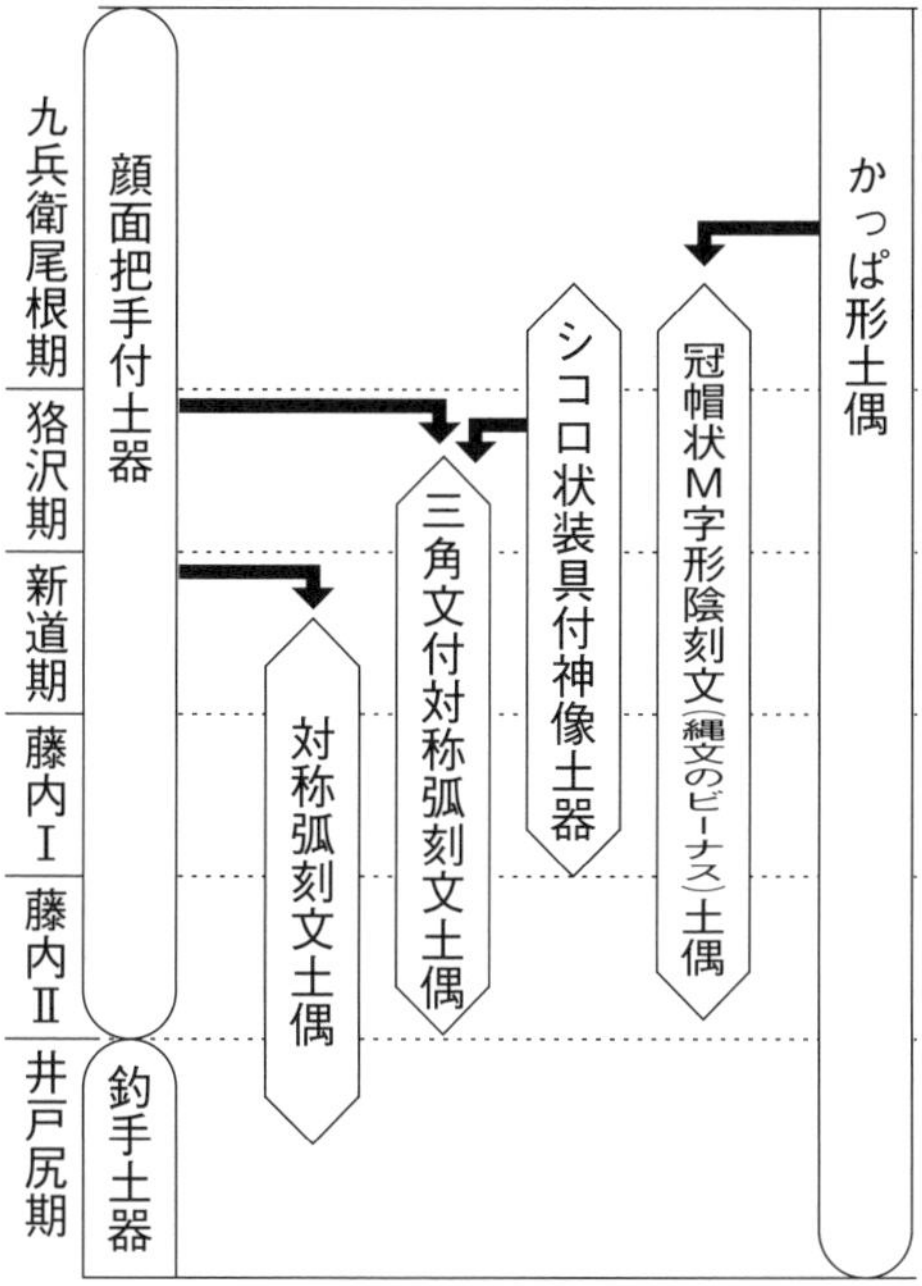

地母神土偶の変遷（対称弧刻文土偶）
矢印は影響を受けた土偶・土器を示す。

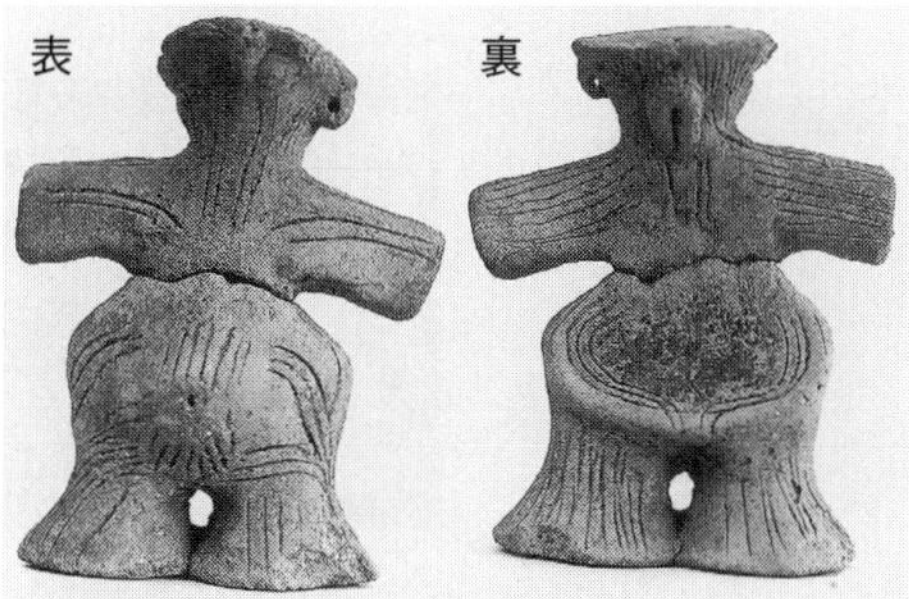

山梨県笛吹市桂野遺跡出土土偶（みさかっぱ）
中期初頭（笛吹市教育委員会所蔵）

第Ⅰ段階　九兵衛尾根式末期

1　宮之上遺跡
（所蔵・写真提供：甲州市教育委員会）

2　宮之上遺跡
（所蔵・写真提供：甲州市教育委員会）

3　宮之上遺跡
（所蔵・写真提供：甲州市教育委員会）

第Ⅱ段階　狢沢式期

4　宮之上遺跡
（所蔵・写真提供：甲州市教育委員会）

5　寺所第2遺跡
（所蔵・写真提供：北杜市教育委員会）

6　宮之上遺跡
（所蔵・写真提供：甲州市教育委員会）

第Ⅲ段階　新道式期

7　鋳物師屋遺跡
（所蔵・写真提供：南アルプス市教育委員会）

8　宮之上遺跡
（所蔵・写真提供：甲州市教育委員会）

9　寺所第2遺跡
（所蔵・写真提供：北杜市教育委員会）

冠帽状頭部土偶　縄文のビーナス誕生への変遷過程（M字形陰刻文土偶の顔）

1

2

3

4

冠帽状頭部土偶　対称弧刻文土偶の仲間　M字形陰刻文（山梨県釈迦堂遺跡群出土）
（写真提供：釈迦堂遺跡博物館）

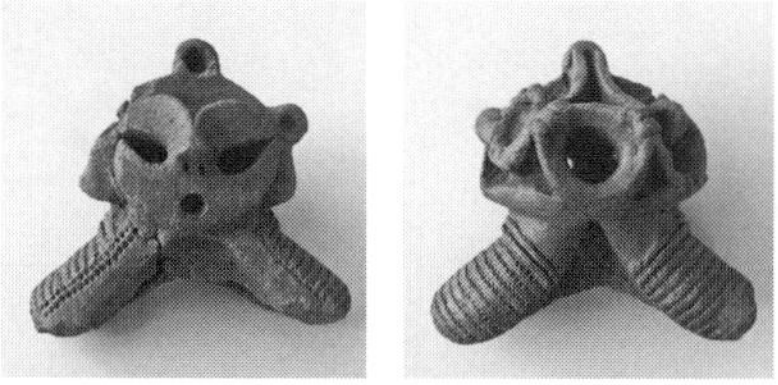

東京都藤の台遺跡出土人面装飾
（所蔵・写真提供：町田市教育委員会）

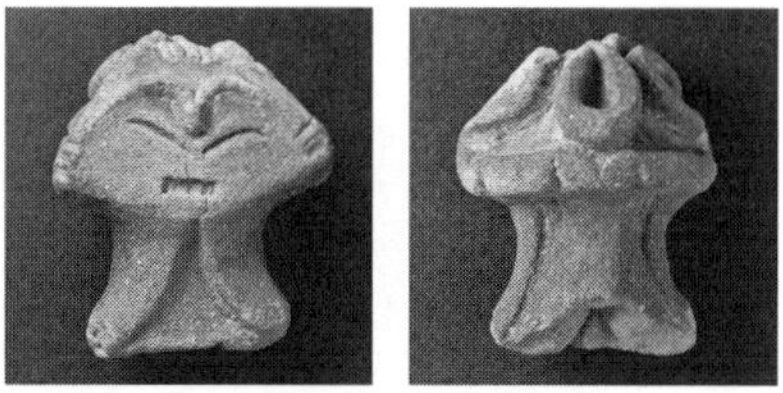

山梨県東原Ｂ遺跡出土人面装飾
（所蔵・写真提供：北杜市教育委員会）

山梨県中溝遺跡出土土偶
（所蔵：都留市教育委員会
写真提供：山梨県立考古博物館）

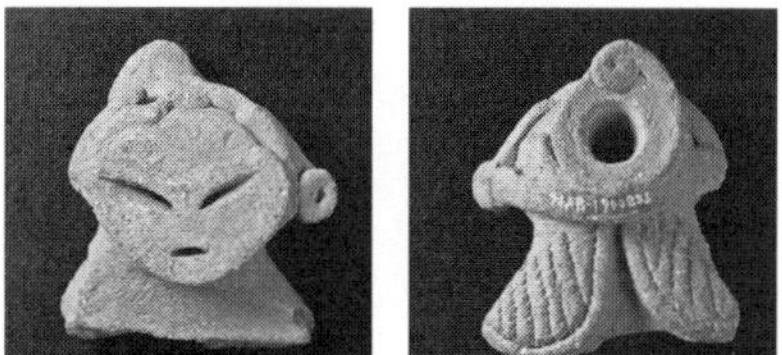

山梨県実原Ａ遺跡出土人面装飾
（所蔵・写真提供：北杜市教育委員会）

シコロ状装具を付けた頭部円形中空文土偶

と時を同じくして、「冠帽状頭部《かんぼうじょうとうぶ》」となり、縄文のビーナスと同じフォルムとなったと考える。M字形陰刻文は、冠帽状頭部土偶のみに見られると思われるのである。

二系列目は、いわゆる対称弧刻文そのものである。こちらは施文形から二分類の変化が認められる文様である。この土偶の顔部は、顔面把手付土器の顔面を成すものであり、頭部については、純然たる顔面把手そのものを表現するものと、もう一方は、初期形状に見られる「シコロ状装具」を装着した「黒駒の土偶」に代表される頭部円形中空文からなっている。この土偶の目はナッツ形の鋭い眼形がなされていて山梨県南アルプス市鋳物師屋遺跡出土例に見られる。対称弧刻文の下部に三角形の文様表現が付加されているもので、この二例をもって対称弧刻文の二種に分別される。土偶の出土例では、頭部と胴部とが分離した出土が多いことで不明な点が多々あり、即断はできないが、現段階では下部に三角形文があるほうが一期古いとみている。そして複雑形からより単純形へと変遷すると考えている。

以上、対称弧刻文の三種分類からも分かるように、発生期がそれぞれ異なるが、同時期に存在する期間があることも認められる。これが集落間の違いにも関係しているものなのかは、今後の研究課題であろう。発生順に列記すると、M字形陰刻文→三角文付対称弧刻文→対称弧刻文のみ、となる変遷過程を示している。

三　縄文のビーナス誕生諸説（製作時期と埋設目的）

昭和六十一年（一九八六）九月八日、茅野市棚畑遺跡より掘り出された「縄文のビーナス」は、工業

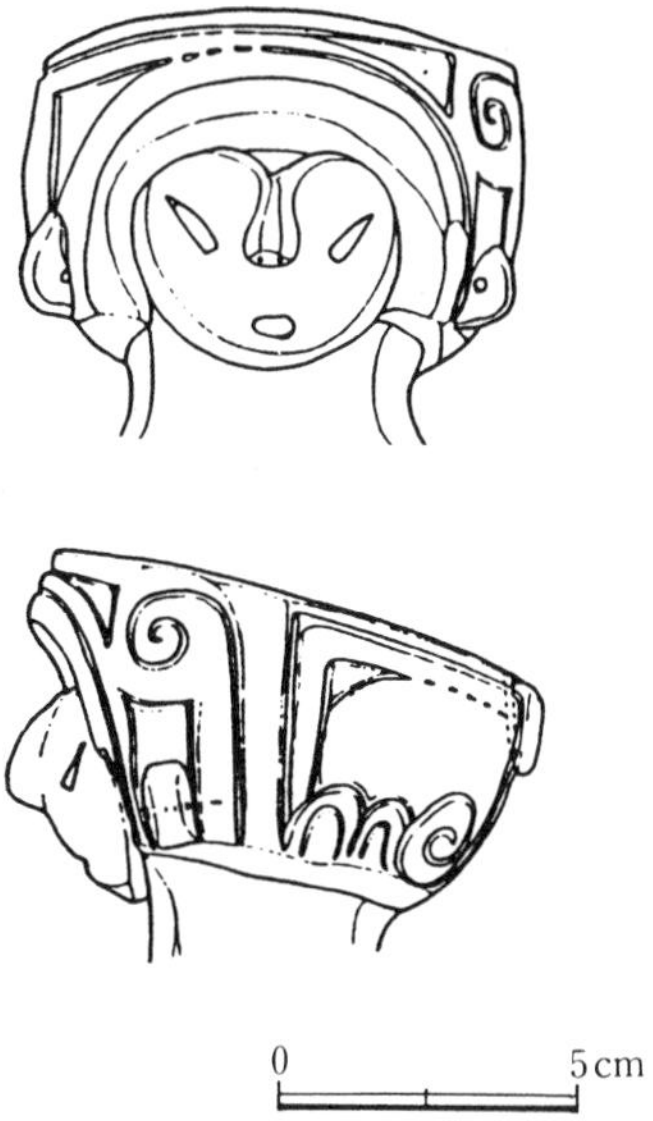

土偶の冠帽図
棚畑遺跡の土偶頭部（縄文のビーナス）（図提供：茅野市教育委員会）

団地造成のための緊急発掘調査の折に、南環状集落の中心広場中央部に当たる、第五〇〇号土坑より出土した土偶であった。

発掘調査後、調査担当者の間で、土器編年に照らし合わせて井戸尻式期を含めた縄文中期前半期とする見方が大半であった。この見解は、頭部の冠帽状の文様に「玉抱き三叉文」の特徴ある施文より、縄文中期前半期であろうとの観点であった。

縄文のビーナス発掘から一二年後の平成十年（一九九八）に至り、『土偶研究の地平―「土偶とその情報」研究論集(2)』の論考の中で、四人の研究者が縄文ビーナスの作られた時期について論述されている。製作の古い順に論者の論点をみてみよう。研究者それぞれが重要とする観点からの論考であって参考となる。私は、土偶の形態観察は無論重要と考えるが、棚畑遺跡の集落構造と各時期における住居変遷の中に答えがあると推理する。まずは各論者らの主眼とする部分を列記してみよう。

縄文ビーナスの誕生時期〜古い順から〜

一　山梨県立考古博物館の研究員である今福利恵氏は、中部高地の縄文中期初頭における立像土偶の成立過程と変遷を、型式学の検討から導き出している。その結果は五領ヶ台式期（九兵衛尾根式）の最終段階だと推理した。

二　山梨県内の中期前半の土偶を論じた櫛原功一氏は腹部下の対称弧刻文や腕部張り出しの形態的特徴を論じ、さらに冠帽状頭部側面の文様などを加味して、中期初頭の五領ヶ台式末から中葉の狢沢式（古）段階の所産であると推定。

三　國學院大学講師の谷口康浩氏は、中部・関東圏の立像土偶の型式と系統から推考し、冠頭側面の文様を重要な視点となし論述した。五領ヶ台Ⅱc式期ないしは狢沢式期であると推定している。

四　塩尻市立平出博物館長の小林康男氏は、長野県内の中期土偶の時期的、地域的形態を論ずる中で、中期中葉の狢沢～藤内期と論じ、慎重な考えにより幅広いスパンの中で論及している。

記載のように縄文のビーナスの形態観察から推理した論考は、中期初頭末から中葉の狢沢式期に製作時期を当てる論者が多いことが分かる。一方、形態観察とともに棚畑遺跡の集落繁栄時期とも連動した考えを示した元尖石縄文考古館長の鵜飼幸雄氏は、「中期中葉Ⅰ期の狢沢式期が最も妥当な年代観であろう」と『国宝土偶「縄文ビーナス」の誕生』（新泉社）の中で論述している。重要な指摘であろう。

平成二十五年十月に開催された日本考古学協会長野大会の研究発表資料集『文化の十字路信州』に「縄文農耕論の周辺」を寄稿した桐原健先生は、縄文ビーナスの誕生は、「土偶の立像形態からは井戸尻Ⅰ期の所産とする方が妥当である」としている。なお「土偶を葬った者は南環井戸尻期五軒のうち一〇〇号住居住民とされる」として縄文ビーナスの埋設時期にも言及し、推察・論述している。

以上、筆者の知るうちで六氏の推論を記してみたのであるが、縄文中期初頭末から井戸尻Ⅰ期（中期前半期）の中で、果たしてどの時期が縄文ビーナスの製作時期であるのであろう。考古学では、研究者それぞれの観点の違いから、六通りの推考が提示されているのである。縄文ビーナスの誕生から埋設時期の確定は、棚畑遺跡の集落構造解明に、大きく関係してくるのである。

四　集落構成と住居変遷から探る誕生時期

前文で記述したごとく、縄文のビーナスの祖形は五領ヶ台式末期にはすでに造形されていることを詳述した。

立像土偶の成立過程と変遷、縄文ビーナスの形態的な特徴などから検討した四氏の「狢沢式期」製作誕生の可能性も無視はできないと思う。しかし、鵜飼幸雄氏が指摘している「棚畑遺跡の集落繁栄時期とも連動した考え」は、縄文ビーナス誕生に深く関わる重要な指摘であり問題であると考えるのである。鵜飼氏は集落の繁栄時期をもとに、一一軒の住居址群からなる北環状集落より構成された狢沢式期が、縄文ビーナスの製作時期と考えておられる。しかし、縄文のビーナス誕生への変遷過程を見る時、冠帽状頭部土偶図に示すごとく、狢沢式期では形状の途上にあって、新道式以降になって初めて段階的に完成に近づくと思うのである。46頁の冠帽状頭部土偶写真№８の山梨県宮之上遺跡例が、形態変遷を端的に示している。

いくら美的・造形的センスに溢れる縄文人たりとて、狢沢式期における造形段階では、棚畑遺跡土坑五〇〇号出土のような、完成された土偶造形はとても不可能と思われる。では、いったいどの時点でビーナスは誕生したのだろう。

そこで、棚畑遺跡の集落構成について考えてみよう。

棚畑遺跡の集落は、中央広場を囲む北環状と南環状の二つの集落構成を成している。これは集落人員の増大によって隣接する南側の

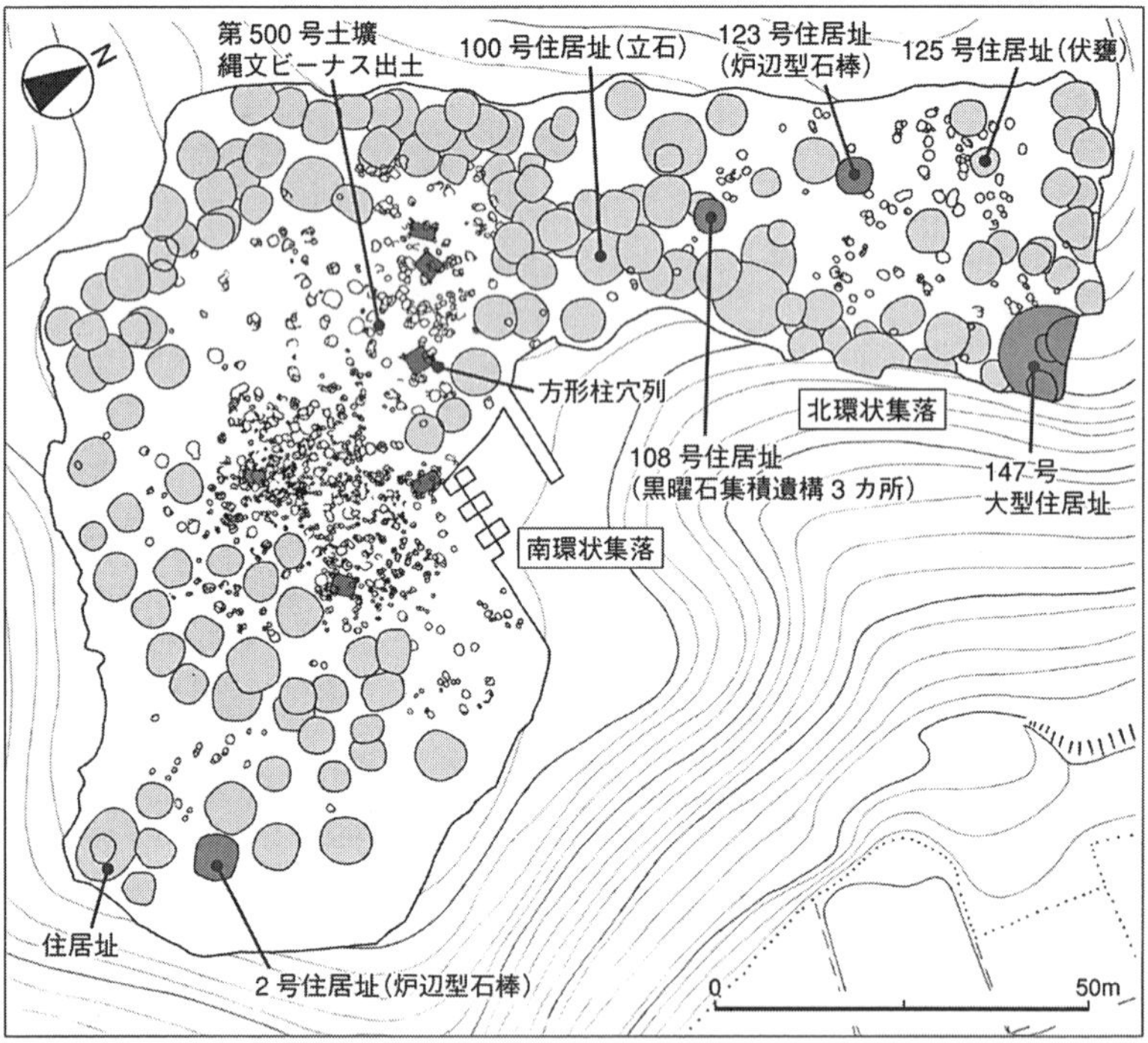

縄文中期の集落跡の全体図

大きな丸は住居址の輪郭、細かな丸印は土壙とした穴の輪郭を示す。
Ｌ字形の平坦部に、北側台地の集落と舌状に張り出した南側の集落があり、それぞれ環状をなしていることがうかがえる。
〈鵜飼幸雄著『国宝土偶「縄文ビーナス」の誕生』（新泉社、2010年）より転載〉

台地に集落を拡大・増設したことによりできた姿であり、この時期が藤内Ⅰ期にあたる。以後、北環状集落での井戸尻Ⅲ期の衰退期はあるものの両環状集落は、中期後葉Ⅳ期までは脈々と繁栄している。

私は縄文のビーナスの誕生時期を、北・南環状集落が共に栄えた最初の「藤内Ⅰ期」であろうと推察している。従来説の中では、縄文ビーナス土偶は「死者と共に埋納されたもの」との考えより推論されているが、この考えはまったく誤りであって、縄文農耕生産に関わる「地母神土偶」と捉える筆者は、作物に対する豊穣祈願もしくは、その祭りのための地母神偶像と考え、両環状集落の繁栄をみた「藤内

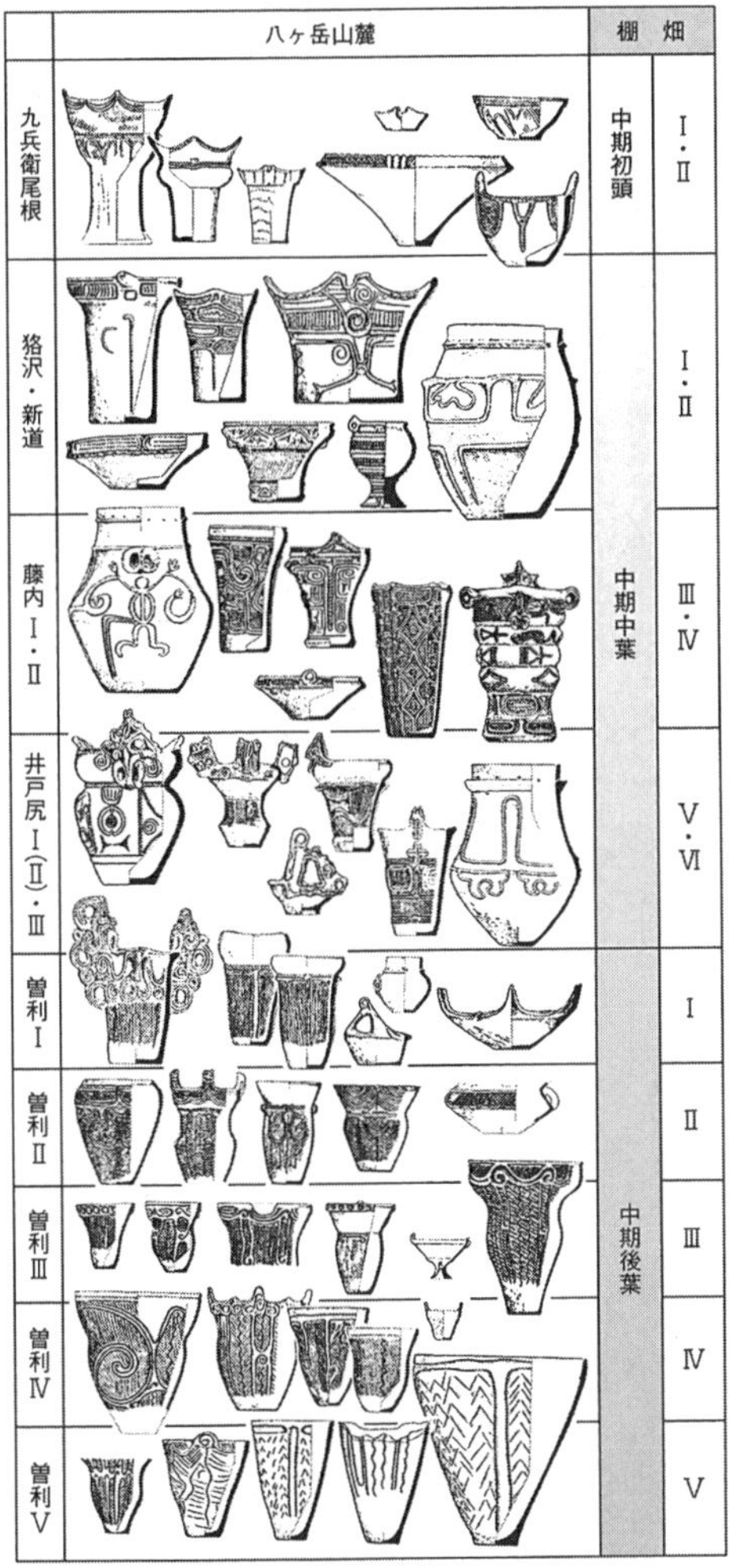

棚畑遺跡の縄文中期の土器編年

〈鵜飼幸雄著『国宝土偶「縄文ビーナス」の誕生』（新泉社、2010年）より転載：勅使河原（2004）より作図したもの〉

Ⅰ期」が最も妥当であろうと考える。

なお「縄文ビーナスの製作者は誰か」の謎については、次のごとく推理している。神像ビーナスが、他者の持ち込みでない限り、棚畑集落構成員のうちであると考えられ、南環状集落Eの両環状の中央に当たる一〇六号住居の住人と推理する。この住居址は祭祀司祭者の家と思われるのである。

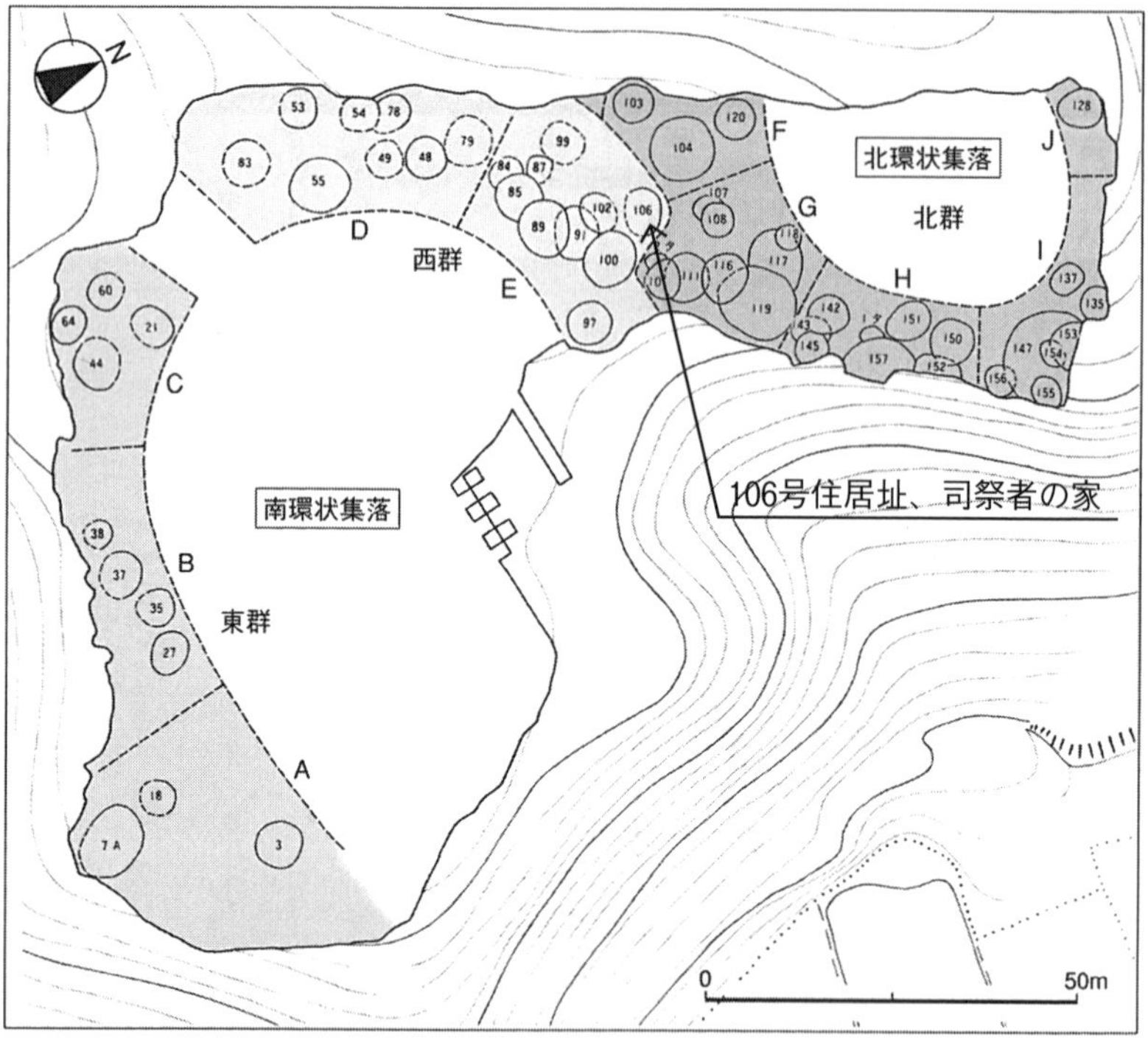

中期中葉の住居群とその群別〈鵜飼幸雄著『国宝土偶「縄文ビーナス」の誕生』（新泉社、2010年）より転載：『棚畑　八ヶ岳西山麓における縄文時代中期の集落遺跡』（茅野市教育委員会、1990年）より作図したもの〉
南環状集落がＡ～Ｅの５群、北環状集落がＦ～Ｊの５群で構成される。そのうち南環状集落は東群（Ａ～Ｃ）と西群（Ｄ・Ｅ）に二大別される。（司祭者の家は筆者加筆）

五　埋設時期となぜ埋設されたのか

棚畑遺跡南環状集落の中心広場に埋設されていた土坑五〇〇号の縄文のビーナス像は、埋葬された人物とともに埋納された土偶でないことを前述した。この場合においては、製作～埋納が極めて短期間に実行されたと考えられるが、地母神像と捉える筆者は、藤内Ⅰ期に製作し、祭祀の場に幾度となく使用され、井戸尻Ⅰ期になって、祭祀形態の変化に伴い使用されなくなったのではないかと推察している。使用最終が井戸尻Ⅰ式期と考える理由については、中心

		南環状集落	北環状集落	住居跡数 南	北	計
初頭	Ⅰ	16 40 56		3	0	3
	Ⅱ	7B	144 149 132	1	3	4

		東 A	東 B	東 C	西 D	西 E	北 F	北 G	北 H	北 I	北 J	南	北	計
中葉	Ⅰ				78		103 104	107 117	143 157 145 152	156 154 147		1	11	12
	Ⅱ	7A					120			137 155		1	3	4
	Ⅲ	18	27	64	49	84 106		108 119	142 151	153		6	5	11
	Ⅳ				48 79	85 91		111	150	135		4	3	7
	Ⅴ	3	37 38	44	54	99 100 97		110 116 118				8	3	11
	Ⅵ		35	21 60	53 83 55	102 89					128	8	1	9

		東 A	東 B	東 C	東 D	東 E	西 F	西 G	西 H	西 I	西 J	西 K	北 L	北 M	北 N	北 O	北 P	南	北	計
後葉	Ⅰ	30		22 24	33 36	41 45	62	82	73 159	81	90 92 96	115 114	109 105		133 148	130	127	17	6	23
	Ⅱ	17 12 10 15 11 19 5 9		25 29 23	31 32	42 43 61	63 67 68	72 70	52	80 74 86 88	93 98	113		121 122 123		131 125	126	29	6	35
	Ⅲ	20	4	26 28			65	77 69 66							138	124		8	2	10
	Ⅳ	13	2 6 8					58 57		75			101	141	134	129		7	4	11
	Ⅴ	14								95			112		136			2	2	4
不明										87	94							2	0	2
																				146

中期集落の構成と住居の変遷

一つの枠の中で並列する番号の住居は同時期に存在したと推定でき、縦に並ぶ番号の住居は建て替えのような関係があると考えられる（54頁の図に対応）。後葉Ⅰ期に大きく再編されていることがうかがえる。〈鵜飼幸雄著『国宝土偶「縄文ビーナス」の誕生』（新泉社、2010年）より転載〉

広場における昼間の祭祀から、夜間に住居内にて行う釣手土器の「火の女神」祭祀へと、変化したものと推理する。こう考えると、前文で記述した桐原健先生指摘の南環一〇〇号住居内祭祀が浮上して来る。この住居址は、住居内に立石を配した特殊住居址で、釣手土器が出土しないのは、伝世したものと考えられる。

以上を総合的に概観すると、南環状集落Eは、代々祭祀司祭者の家が存在し、縄文ビーナスによる祭祀を、一〇六・九一・一〇〇号と受け継ぎ、一〇〇号の代に釣手土器による火の女神祭祀へと変化しながら八九号住居址に、そして、後葉へと受け継がれたと考える。

次に「なぜ埋納されたか」について検討してみよう。

縄文のビーナス土偶は、小型土偶と異なり、棚畑遺跡の集落構成員による共同体祭祀による呪具であり、地母神信仰による女神像であろう。無傷（土の重さで一部破損はあった）のままで発掘された事実からも、大切に取り扱った祭祀具であったものと推察される。では、どのように祭祀の場に登場し、埋設・埋納されたのであろう。恐らく、伝世の可能性を考える筆者は、縄文ビーナスは一回こっきりの「埋納」ではなしに、毎年豊穣祈願のために土中に埋設していた役目を果たした土偶を、中央広場の埋設場所から掘り出し、収穫祭を兼ねた祭りの場に登場させたと考えたい。したがって、縄文ビーナス土偶は土中に「埋設」することに意味があって、祭祀本来の姿であると考えている。

縄文中期井戸尻I式期には、釣手土器が登場してくる。藤内期に盛行をみた顔面把手付土器は、役目を終え釣手土器にとって代わるように姿を消してゆく。顔面把手部は、釣手土器そのものに変化して灯明具へと変換する。ちょうどそんな時期に、縄文ビーナスの土偶祭祀も終わりを告げて、長い長い五千年の眠りにつくのであった。

六　M字形陰刻文土偶の最終の姿

縄文のビーナスの最終の姿を示す土偶が、長野県駒ヶ根市中沢の「的場・門前遺跡」より出土している。この土偶は、的場遺跡のヒ－7グリット内ピットより出土した大型の上半身破損土偶であり、ピット内に胴部と脚部二個に三分割されて出土している。仮に頭部まで含めて計測すると、縄文のビーナス土偶の二七cmに並ぶ大型土偶となると思われる。調査報告書に次のごとく記述されている。重要部分であるので引用して記す。

「的場第六〇号住居址から六〇cm離れた六〇×五〇cm、深さ二五cm程度のピットから出土した。大型で重量感のある土偶で上半身は欠失している。胴と脚部の接合は、胴部接合面をくぼませ、脚部接合面を丸く突出させ接合しており、芯棒は使われていない。」

なお、胎土、文様についても詳細に記している。

「胎土には粒が均一な多量の砂粒が含まれている。文様は下腹部に双直弧文を陰刻し、沈線部は尖端を尖らせた施文具による連続押引文によって表現されており、中期中葉期の有脚尻張り立像である。」

平成六年（一九九四）の発掘調査が一段落した頃、団長の林茂樹先生が、この土偶を大事そうに観察・思考している姿を再三見かけたが、この土偶の何に注目していたのかはよく分からない。発掘調査報告書作成に向けての記録のためだろうが「これほどの大型土偶はめずらしい」と言っていたことが記憶にある。私自身は、ただ大きいだけで研究対象にならない土偶と、その時は関心はなく見切ってしまった。だがそれから数年後に、縄文のビーナス土偶に関心を寄せるようになり、何の変哲もないと思われた土偶の下腹部に、縄文のビーナスと同じ「M字形陰刻文」が線描きされていた事実を知るのである。発掘報告書の文面表現にある「双直弧文」の記述がそれである。なお、的場テ-12グリット内ピットから出土した小型中空土偶は、関東から山梨・八ヶ岳西南麓の勝坂式文化圏から出土する「円錐形土偶」と呼ばれる土偶で、胴部が中空のものと中が詰まった中実のものとがあり、中空土偶の中には、粘土玉や小石を入れ、土鈴のごとく用いたものもある。的場例は中空に形成されているため、内部に小玉を入れて土鈴としていたとも考える。

以上、円錐中空土偶の出土例からも、上半身欠損の大型土偶は、M字形陰刻文のある対称弧刻文施文土偶の仲間であって、藤内Ⅱ期ないし井戸尻Ⅰ期の所産と思われる。

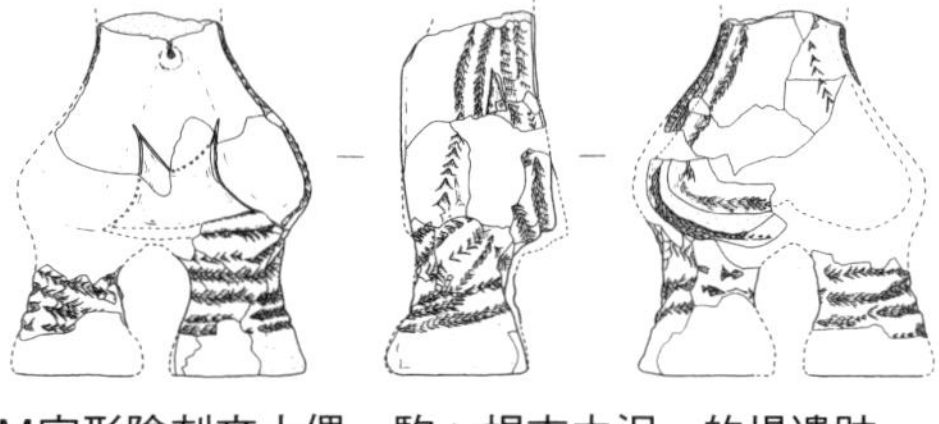

M字形陰刻文土偶　駒ヶ根市中沢　的場遺跡
ヒ－7グリット内ピット出土

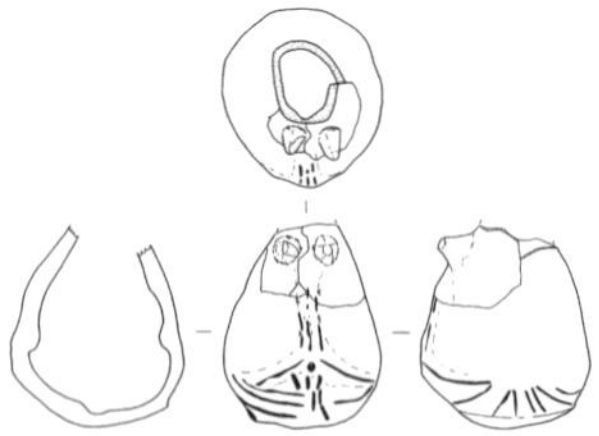

円錐中空土偶　的場テ-12グリット内ピット出土
〈『的場・門前遺跡報告書』(駒ヶ根市教育委員会)より転載〉

五領ヶ台式（九兵衛尾根式）末期に発生をみた縄文のビーナスの祖形は、山梨県甲府盆地東南地域のいわゆる笛吹川左岸にある「釈《しゃ》迦《か》堂《どう》遺《い》跡《せき》群《ぐん》」に発生の源があることが分かる。なかでも甲州市「宮之上遺跡」が初期のＭ字形陰刻文の変遷過程を示していて、注目する重要遺跡である。

その後の動向については、東に、西に拡散伝播されたと予測されるが、現在のところ、八ヶ岳山麓方面に広がりをみせ、茅野市棚畑遺跡例（縄文のビーナス）をもって完成すると考えている。時期は藤内Ｉ期がその最盛期に当たると思われるのである。このことは前述したとおりである。

一方のＭ字形陰刻文の仲間である対称弧刻文土偶は、顔面把手付土器から分離した形で土偶が造形されるのであるが、こちらは狢沢・新道式期に発生し、藤内Ｉ・Ⅱ期には地母神信仰の呪具・祭具として盛行している。

Ｍ字形陰刻文施文土偶は、藤内Ｉ期以降、伊那谷方面に広がりをみせるのである。駒ヶ根市中沢「的場遺跡」出土例は、その事実を証明している。なお、下伊那の飯田市「宮城遺跡」からも同様のＭ字形陰刻文を施した土偶が出土しているが、詳細は不明である。

七　地母神土偶にみる対称弧刻文の成立

前項にて下腹部に「Ｍ字形陰刻文」を施した「冠帽状頭部土偶」について、縄文のビーナスの誕生時期に関連しながら詳述してみた。次に続く「対称弧刻文」施文土偶について、発生から衰退までの一連の流れを追ってみたい。地母神土偶による成立過程に重要部分が内在すると考えるからである。まずはシコロ状装具を付けた女神像から検討し論述してみよう。

（一）　シャーマンの化身表現の土偶

縄文前期の諸磯a・b式の頃、深鉢形土器の口縁部に猪顔が表現された「獣面装飾把手」が現れる。これは縄文人が考えた「地母神」偶像の初源と考えられる。イノシシは多産であってヌタを作る習性から、大地から沸き出る姿をイメージし象徴化したものと考える。後の顔面把手付土器の「鼻面《はなづら》」表現は、イノシシの顔面を意識して象徴しているからである。獣面装飾把手は地母神像の初期表現とみる。

次に地母神像として表出するのは、縄文前期末の諸磯c式から中期初頭五領ヶ台式にみられる「人面装飾付土器」と呼称される口縁下部に◎文を施す文様で、山梨県上の平遺跡・宮之上遺跡や、長野県大石遺跡例などが代表的である。これらは顔面のみで身体部分を表現していないことから、前段の獣面装飾把手のみを表現した系譜の流れを継ぐものであろう。そして重要なのは、単純形の表現であることで

大石遺跡第26号住居址出土土器の人面装飾（原村教育委員会所蔵）

あり、筆者は「仮面」の造形表現と把握している。◎文様を観察すると、以後の仮面土偶に表現される目の上部にみられるT字形の造形と同一の表現であって、仮面を意識しての形状と捉えられる。これらの事象は、次の狢沢式期に出現するシャーマンの化身表現の土器・土偶にみる「女神像」造形に関係してくるのである。

シャーマンの化身表現とおぼしき土偶に最初に注目したのは、山梨県中丸遺跡出土の「黒駒《くろこま》の土偶」であった。この土偶は大正六年（一九一七）、耕作中に偶然発見されたものであった。その後、東京国立博物館に寄贈されたため、考古関係出版物に古くから紹介されていた。三ツ口と目が吊り上がる山猫に見える異形表現に気をとられ、背面の後頭部下に見られる「シコロ状装具」表現に注目せずにいた。この施文は狢沢式期に出現する土器口縁部に突起状に付帯する「土偶装飾付土器」に見られる。東京都町田市の藤の台遺跡や、埼玉県さいたま市の南鴻沼遺跡例が、後頭部下にシコロ状装具を表現した初期のものである。その後に続く事例は、山梨県北杜市の実原A・東原B遺跡や笛吹市の柱野遺跡からの新道式期の遺構に伴って出土した頭部のみの例であったが、これらは、土器面に背面向きの女性シャーマン像であることが推察される。山梨県鋳物師屋遺跡例は、中期中葉新道式土器の胴部に、明らかに女性身体を示すレリーフが見られる。顔面は双環状のミミズク面を成し、頭部には渦巻き状のトグロを巻くマムシを表現している。

（二）　三角文付対称弧刻文の成立

縄文のビーナスの祖形である「M字形陰刻文」の次に出現するのが、シコロ状装具付神像土器から土偶に変換した「頭部円形中空」「ナッツ形眼部」が特徴的な土偶が、三角文付対称弧刻文として表出する。この土偶の代表例として、山梨県南アルプス市鋳物師屋遺跡出土の筒形土偶をあげることができる。この土偶に足はなく、置くのに安定感があり、土偶内に土玉や小石を入れた鈴のような機能を具備した土偶である。右手を後ろ手にし、左手の三本指を腹部に押し当てている。形状から後の壺を抱く土偶の先進的な要素をも暗示させるものでもある。製作時期は、新道式期が相当とされよう。

次に続く三角文付対称弧刻文土偶の代表例としては、山梨県韮崎市坂井遺跡出土の、両腕を横にのばした藤内Ⅰ式期の土偶をあげることができる。頭部上部に「のノ字」文を施文した温和なお顔をした小型土偶である。妊娠線の下にM字文と、股の部分に三角文を組み合わせている。

この三角文付対称弧刻文の施文土偶は狢沢式の中頃に発生し、その後は藤内Ⅱ

三角文付対称弧刻文土偶
山梨県南アルプス市鋳物師屋遺跡出土（新道式）
（所蔵・写真提供：南アルプス市教育委員会）

式にて三角文は姿を消し、純然たる「対称弧刻文」に吸収されてゆくことになる。

(三)「対称弧刻文」施文土偶の行方

新道式の中頃に発生をみただろう純然たる対称弧刻文施文土偶は、冠帽状M字形陰刻文施文土偶と、三角文付対称弧刻文施文土偶とともに、藤内期に繁栄をみた後に、井戸尻Ⅲ式期にはいずれも消滅してしまうのである。そしてこれ以降には、地母神土偶は二度と姿を現さなくなるのである。地母神土偶は勝坂式文化の発生とともに誕生し、盛行し、消滅する、切っても切れない関係にある土偶といえよう。その背景には、大地母神による「地母神信仰」が内在していると思われるのだ。ではいったい消滅してしまう原因は何にあるのだろうか。この辺の事情を解き明かすことによって「地母神土偶」の存在理由の謎解きの原点があろうと推測されるのである。

地母神土偶の消滅の最大の原因は、顔面把手付土器の消長と符合することだろう。顔面把手付土器は、井戸尻Ⅰ(Ⅱ)式期をもって衰退する。その代わりに釣手土器が発生し盛行するのである。顔面把手は釣手土器に取って代わるのである。対称弧刻文施文土偶＝地母神土偶の行方は、「地母神が生んだ聖火」となって、縄文中期の焼畑農耕の火種信仰へとシフトするのである。顔面把手部は、そのまま釣手土器へと移行する。この辺の事情については後に釣手香炉形土器論にて詳述したいと思う。地母神土偶は、これを境に二度と姿を現さず、完全消滅するのである。

八　火焔土器文化圏にみるソフトW紋について

中部高地における勝坂式土器文化圏にみる「対称弧刻文」施文土偶は、地母神土偶の仲間とみられる共通文様を示していた。縄文パンツを表現しただろうアルファベットの「M字」を記号として分類されるが、勝坂式と対比される「馬高式」の火焔土器文化圏の中にも独特な文様を象徴化する土偶が見出される。これらは何らかの共通認識の上に施文された意味のある記号ないし、呪術文としているのだろうか。M字を基本とした対称弧刻文を、ちょうど逆さにした「W」の字形に見え、曲線によるW字により「ソフトW紋」の呼び名で分類したいと思う。

No.1は、新潟県馬高遺跡出土の上半身のみの仮面装着土偶と思われ、ソフトW紋を二つの乳房を囲むように沈線にて陰刻されている。No.2は、長野県中野市姥ヶ沢遺跡出土の土偶で、馬高式の系譜上にある土偶と認識される。No.3は、新潟県長岡市の栃倉遺跡出土の土偶である。頭部と両手、両足が欠損しているが、No.2の姥ヶ沢出土例と同じ土偶の姿であったと思われる。No.4は、小型の中空土偶で、土偶内部に小玉が入っている鳴る土偶である。両腕の部分が手ではなく土鈴に見えるが思い過ごしか。土鈴だとすると土鈴を重要視させる土偶といえようか。

このように胸部ないし下腹部に施文された「ソフトW紋」は、馬高式文化圏の中で何を意味して表現しているのだろうか。縄文人の精神性を表現したであろう土偶の呪術的な意味合いに考えが及ぶのである。解読は資料の増加を待って検討したいと考えている。

1

2

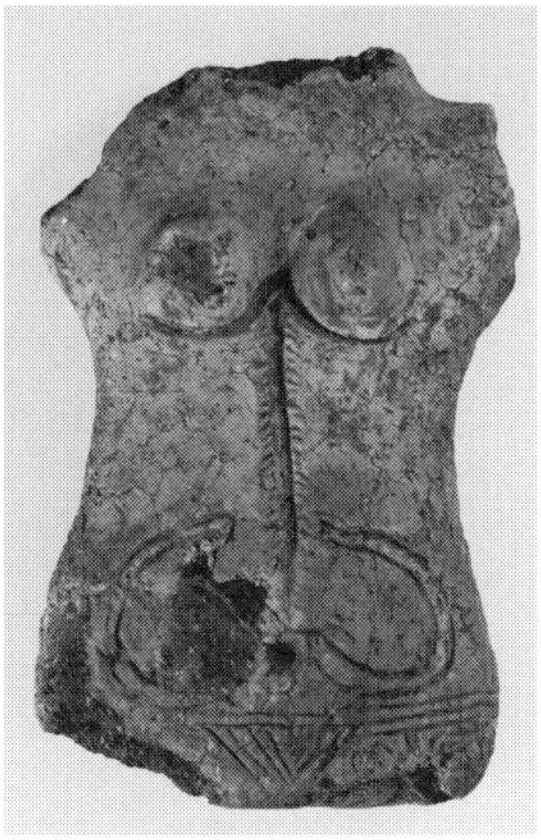
3

4

火焔土器文化圏にみるソフトW紋土偶
1　**馬高遺跡出土**（所蔵・写真提供：長岡市教育委員会）
2　**姥ヶ沢遺跡出土**（所蔵・写真提供：中野市教育委員会）
3　**栃倉遺跡出土**（所蔵・写真提供：長岡市教育委員会）
4　**長者ヶ原遺跡出土**（所蔵：長者ケ原考古館　写真提供：糸魚川市教育委員会）

引用・参考文献

江坂輝彌『日本の土偶』六興出版　一九九〇年
釈迦堂遺跡博物館　第12回特別展『土偶』～女神の神秘～ ─森の女神に秘められた縄文の願い─　二〇〇〇年
山梨県立考古博物館　第1回特別展『土偶』─一千の女神が語る縄文時代の祈りとくらし─　一九八三年

鵜飼幸雄　『シリーズ「遺跡を学ぶ」国宝土偶「縄文ビーナス」の誕生――棚畑遺跡』　新泉社　二〇一〇年
「土偶とその情報」研究会編　『「土偶とその情報」研究論集2　土偶研究の地平』　勉誠社　一九九八年
一般社団法人日本考古学協会長野大会実行委員会　二〇一三年度長野県大会研究発表資料　桐原健　「縄文農耕の周辺」『文化の十字路信州』　二〇一三年
上伊那地方事務所・駒ヶ根市教育委員会　「的場・門前遺跡」発掘調査報告第35集　一九九五年

第三章　仮面土偶の系譜

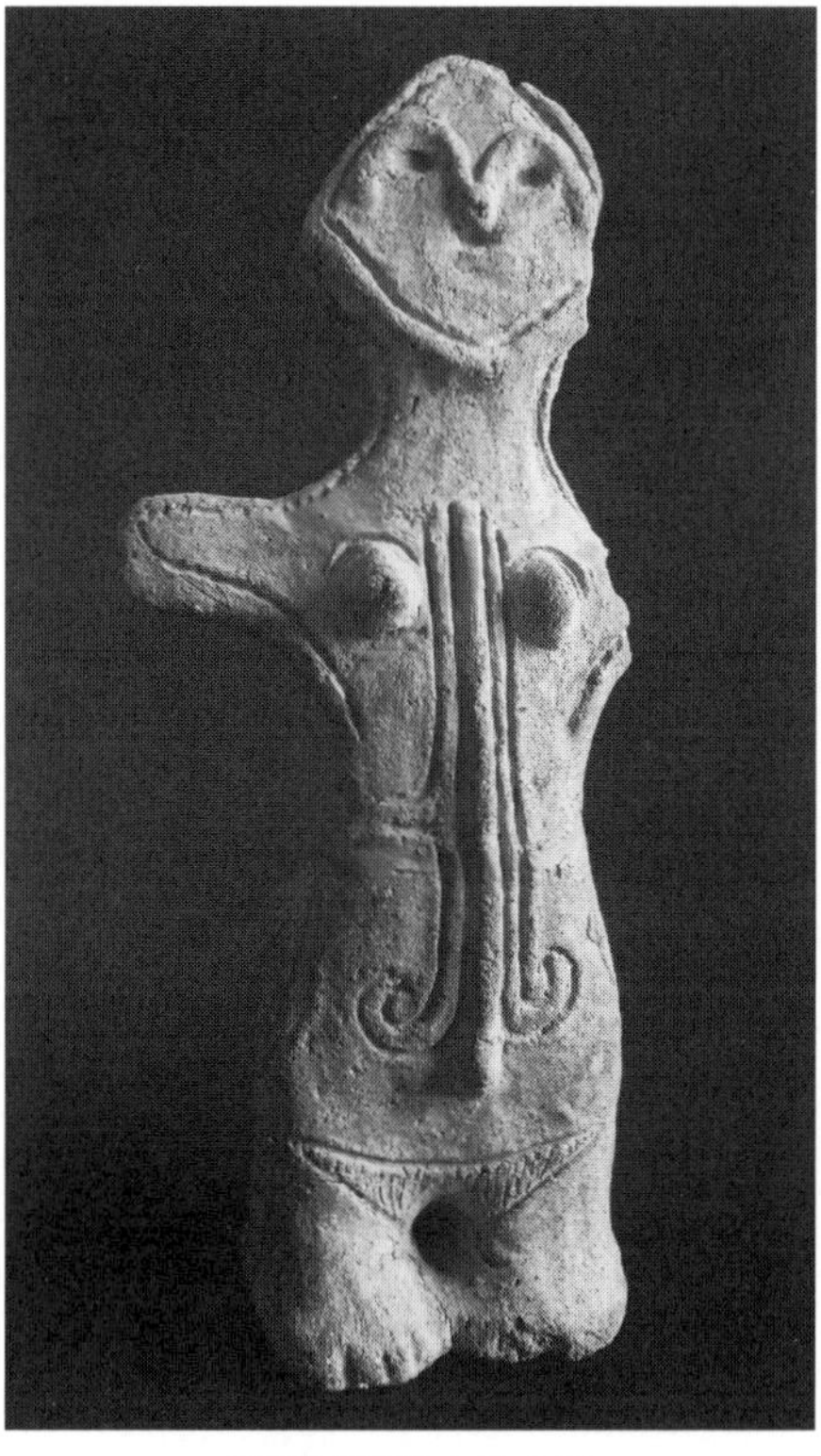

有脚尻張り立像土偶
（所蔵・写真提供：中川村教育委員会）

土偶は何が為につくられたかの再検討

はじめに

平成二十二年（二〇一〇）九月十六日（木）の信濃毎日新聞で「尖石縄文文化賞」が初めて外国人に贈られることが報道された。長野県茅野市が毎年実施している「宮坂英弌記念尖石縄文文化賞」に、英国・セインズベリー日本芸術研究所副所長のサイモン・ケイナー氏が選出されたのだ。

氏は平成二十一年秋に、ロンドンの大英博物館で開催された「土偶」展を中心となって企画し、日本の縄文文化を世界に発信した点を高く評価されての受賞となった。

なおまた、近年問題となっている「自然と人との共生」という点から、縄文文化が世界的に注目されタイムリーな時期に、土偶展を企画し展示開催した意義は大きいと評したのである。第一一回目となったこの文化賞に、外国人が受賞した意義は大きい。

縄文のビーナス土偶と仮面の女神　地母神土偶と仮面土偶の最高傑作
（所蔵・写真提供：茅野市尖石縄文考古館）

土偶が再び注目されだしたのは、尖石縄文考古館に展示されている「縄文のビーナス」と「仮面の女神」が相次いで発掘され、縄文のビーナスが国宝に、仮面の女神は重要文化財に指定されてからである。いずれも茅野市内の遺跡から出土し、しかも二七㎝にも及ぶ大型土偶であって、だれが見ても縄文芸術の最高峰の文化財であることも認めるところであろう。なおかつ、この二点の土偶は、発掘調査によって特別な遺構より出土していて、出土状態が明確になっていることも、文化財指定の重要な理由となっている。縄文のビーナスは、棚畑遺跡の南環状集落中心広場の土坑内より発見されたものであり、一方の仮面の女神は、中ッ原遺跡出土で、墓と考えられる場所から出土したものであり、死者と共に埋納された副葬品と考えられている。文化庁・東京国立博物館の「国宝土偶展」の展示図録の解説文では、二点は共に土坑墓出土となっているが、「縄文のビーナス」のほうは、発掘報告書の出土状態観察から「墓穴」出土とは異なると考えられる。これは大変重要な問題点である。縄文のビーナスと愛称されるこの土偶は、仮面土偶（仮面の女神）とは、別の目的にて制作された土偶であって、縄文中期中葉に見られる顔面把手付土器の「顔面」と共通性が認められるのである。筆者は以上の理由から、縄文のビーナス土偶を「地母神土偶」として分類把握している。いわば、〝母なる大地に宿る神〟を、人体を借りた土の偶像として表現したのが、顔面把手であり縄文のビーナス土偶であると考えている。

縄文のビーナス像は、縄文中期中葉の頃、藤内期に当たる時期の製作と考えられる土偶であり、一方仮面の女神は、それより千年は下ると思われる縄文後期のものである。いずれも縄文時代の文化水準を表す文化財であって、土偶造形の到達点を、それぞれが示すものであろう。

仮面の女神像の造形は、明らかに仮面装着の姿を表現したものであった。以前から研究者の中でも、仮面表現を指摘・論述する人もいたが、これほど明確な仮面装着表現をみせるものはなかった。筆者は、仮面の女神の発見以来、土偶に関心を抱き、土偶に関連する縄文人の精神性を追求すべく検討を重ねた結果、土偶とは、神（精霊）と人とを結ぶ（橋渡しをする）シャーマンの姿をした土製の偶像であるとの結論に至った。今まで土偶に対し不明確な部分が、明確になってきたのである。シャーマン（女祈祷師）であるがゆえに、仮面を装着している姿に造形しているのであるとの考えに至ったのであった。

以上の仮説を踏まえて、一万年に及ぶ縄文時代の歴史の中に「仮面土偶」の系譜を追求してみたいと思う。前述したが、「地母神土偶」は、縄文中期前半期のごく短期間に出現した〝母なる大地に宿る神〟いわば「土中の精霊」を表現した偶像であると推察している。では細部について検討を加えていきたいと思う。まずは仮面土偶から系譜を追っていこう。

一　仮面土偶の系統

（一）　土偶研究のあゆみ

飯田市上郷考古博物館は、毎年特別企画展を開催し、着実に成果を上げている。平成十六年度（二〇〇四）秋季展示に「伊那谷の土偶」展を開催した。この企画展示に合わせるように、十月十六日（土）

に文化庁の原田昌幸氏をお招きして「縄文世界の土偶―その造形と展開」と題する講演会を開催した。伊那谷では総数八〇〇点を超す土偶が出土していて、全国的にみて資料が豊富であること、伊那谷独自のタイプ（有脚尻張り土偶）があることなどを解説され、全国の土偶について時期別に詳細に説明され有意義であった。

講演会後、私の持論である「土偶はみな仮面を被った姿」を直接原田氏に聞いた。氏は「土偶には、仮面装着例はいくつかあるが、それはほんの一部である」との返答であった。考古学の通説では、原田氏のお話のように仮面土偶は後・晩期土偶の一部に散見されるとするのが一般論のようである。日本の土偶研究の第一人者である原田氏の見解であることを考え合わせると、納得せざるを得ないのだが、納得しかねる筆者であった。即座に、「それでも……」と口籠って言葉にはならなかったが「中期土偶の中にもいくつも仮面装着らしき表現がみられる」と、心の中でつぶやいていた。

土偶に関係する学史を紐解くと、明治十九年（一八八六）に「人類学会報告」（後の人類学雑誌）掲載の白井光太郎「貝塚より出でし土偶の考」が最初であった。続いて大野延太郎は、明治から昭和初期までに「東京人類学雑誌」に土偶に関連する論文を一五回投稿し、土偶の単独出土例を紹介しているが、明治四十一年（一九〇八）「土偶の形式分類に就いて」にて、土偶研究初期における最初の形式分類を行なっている。その後、鳥居龍蔵・八幡一郎・甲野勇らが戦前～戦中に「遮光器土偶」や弥生時代にみられる「容器形土偶」について、土偶の諸形態等を検討・論究している。

土偶研究の次なる展開としての第二段階目は、戦後より始まる。敗戦により皇国史観から、真実の歴史解明へと研究の方向性が変わり、考古学全般においても発展・躍進をみる。

野口義麿・江坂輝彌の二人による土偶研究は、土偶に限らず土版・岩偶・土面など関連遺物へと広がりをみせ、土偶研究の新段階を予測させた。水野正好の「土偶祭式の復元」『信濃』26－4（一九七四年）、江坂輝彌・野口義麿編『古代史発掘3　土偶芸術と信仰』講談社（一九七四年）、永峯光一「呪術としての土偶」『日本原始美術体系3　土偶・埴輪』講談社（一九七七年）、桐原健「土偶祭祀私見」『信濃』30－4（一九七八年）。経済成長に伴って新たな資料が追加されてくると、土偶の祭祀・呪術・芸術と信仰など土偶本来の本質的な課題へと研究の進展がみられる。

仮面装着のみられる土偶についての研究史としての論考は、仮面装着の重要性の認識が、当時はあまりなかったせいかみられない。ただ江坂輝彌氏『日本の土偶』六興出版（一九九〇年）では、「仮面をつけた土偶」の論考の中に散見される。昭和十一年（一九三六）頃、青森県木造町亀ヶ岡泥炭層遺跡出土の土偶について記している。当時撮影の写真を示して記述している。

「記録をとどめたノートも戦災で焼失しており大きさなど詳細は不明であるが、現存部高は五㎝前後であったと記憶している。頭頂部は菅笠を被っているようにみえるが、これは髷《まげ》を表現しているものではなかろうか。板状の仮面が顔に貼り付いている様子が容易に理解できよう。」

江坂氏のこの所見は、昭和初期にはすでに仮面土偶の存在を肯定するものとして最初のものであり、注目される。

昭和五十年代には、各地で土偶展が開催されている。まず昭和五十二年の上田市立博物館開催の「千曲川水系の土偶」。続いて昭和五十五年、辰野町郷土美術館特別展として開催された「信濃の土偶」。昭和五十八年には、山梨県立考古博物館による第一回特別展「土偶」―一千の女神が語る縄文時代の祈りとくらし―が開催されている。中央高速道路開通に伴う事前発掘調査によって大量の土偶資料が出土したことにも原因していよう。

土偶展のサブタイトル「一千の女神が語る……」は、中央道発掘で出土した釈迦堂遺跡群（塚越北A地区及びB地区、三口神平地区）出土の六〇〇点を超す土偶と、金生遺跡の二〇〇百点を超す土偶破片を合わせての膨大な数を総称し、山梨県が質量ともに土偶の宝庫であることを認識させる。展示図録中にある「土偶の出土状況」に提示された釈迦堂遺跡群ピット内出土土偶は、後の茅野市棚畑遺跡出土の縄文のビーナスの発見を予期させる記録写真であり興味を呼ぶ。

土偶研究の第三期目、それは、縄文土偶が考古学研究者のみならず、一般の人々に関心を抱かせた点にある。考古学という庶民に馴染みがない学問に、縄文のビーナス・仮面の女神の存在は極めて大きな存在であるといえよう。平成年代に入り、いよいよ「土偶は何が為につくられたか」の疑問に答えるべく、再検討の時期にきていると思う。

土偶研究の現在の到達点。それは平成十九年（二〇〇七）に刊行された『日本の美術』№515の岡村道雄「縄文人の祈りの道具―その形と文様―」に記述されている。岡村氏は、「仮面をかぶった土偶・女性シャーマン」の項で次のように論じている。

「アラスカ・エスキモーには、シャーマンの力の強化に用いられた人面が古くからある。縄文シャーマンも同じように使ったのであろう。仮面をかぶって顔をかくし、霊的なカミはシャーマンに降り、カミがかったのであろう。つまり、土偶のうち少なくともある部分は、カミ・精霊・シャーマンの姿を写したカミ・精霊が宿るヒトガタ表現、つまり土偶偶像と考えられる」として、土偶の本質を的確に言い当てている。

明治・大正期における初期の土偶研究の中で、鳥居龍蔵の土偶認識は一歩先を行っていた。地母神としての女神の性格を、土偶にみていたのである。視点の鋭さに驚きを感ずる。

私は、今にしてようやく「地母神土偶」の存在に気づき、土偶にはシャーマンの姿をした「仮面土偶」と大地の精霊を表現した「地母神土偶」の二者があることに辿り着いたのであった。このことは先記したとおりである。

(二)　時期別土偶の変遷

〈縄文草創期・早期の土偶〉

縄文時代の初期の土偶の形状は「トルソー型土偶」と総称されよう。北方アジアに見られる古い形式の土偶は、みな頭部と足がない胴部だけの表現である。マネキンのトルソーに似た形から呼称されたものであろう。何故に顔と足がない形状なのか。それは、人そのものではなく、人間の形を借りたカミ・精霊・シャーマンの姿をした偶像であるからと推察される。もうこの時点で仮面土偶の初期の理念が表れていた。

このトルソー型の最古の事例は、三重県松阪市粥見井尻遺跡出土が有名である。手足を省略し、逆三角形を呈し、乳房と頭首を突出させている。竪穴式住居址からの出土である。

〈縄文前期の土偶〉

縄文前期には東海地方から太平洋側の東北地方にかけて、トルソー型の板状土偶が出土している。この土偶の特徴は、胸部及び顔面部分に小孔が開けられていることである。胸部には二個、顔面部分には四ないし五個の穴が穿孔されている土偶である。この小孔の意味するものは何かが問題のところであるが、呪術的な意味があるのか、それとも吊り下げるためのものか。

〈縄文前期末から中期へ〉

青森県の三内丸山遺跡は、約千五百年も続いた東北一の大集落遺跡として著名である。この集落内から出土する土偶が特徴的である。隅丸（角を丸くした）の「十字《じゅうじ》形《がた》板状《ばんじょう》土偶《どぐう》」がそれで、胸部ないしは頭部に顔面をつけている。初期のものほど単純形であり、次第に精巧なものへと変遷している。よく観察すると、この時点で「仮面」装着の初期形態が認められる。

三内丸山遺跡では、足のない十字形が大半であるが、少数置く目的を持った脚付きの土偶もある。十字形の土偶は手に持つための形状と推察される。同じ青森県深浦町一本松遺跡例では、十字形板状の形態を成しながら頭部のみ立体的な球形を成す土偶がある。顔面部分には明らかに仮面が装着している。

この土偶も手持ち用と考えられ、脚部がないものである。この手の土偶は、縄文後期にまで継承され、青森県有戸鳥井平4遺跡のO脚付土偶につながり、秋田県伊勢堂岱遺跡の脚なし土偶へと受け継がれる。これらは一本松例とは逆に手が省略されている。東北地方では、同一パターンの土偶がまれに中期から後期へと、長期間受け継がれた事例であろう。

〈縄文中期の土偶〉

縄文中期前半は、度々記述している「地母神土偶」の盛行した時期である。顔面把手付土器との顔面の共通性を勘案すると、井戸尻編年でいうところの新道・藤内〜井戸尻期の約二百年の間盛行した土偶であろう。この地母神土偶については章を改めて、「地母神《じぼしん》土偶の系統」として、検討・論述したいと思う。

東北地方で発達した十字形板状土偶は、やがて中部高地へ波及する。板状土偶の胴部は厚みを帯び、頭部の逆三角形の形状は「河童形土偶」の頭部へと受け継がれ、十字形にみる腕部は、少し上向きとなる「バンザイ土偶」へと変遷する。これら二種類の土偶は、十字形板状土偶がもととなって、各地に拡散したものと推察される。

なお東北地方では、山形県西の前・宮城県中ノ内A遺跡にみる「西ノ前型土偶」が現れる。この土偶は顔面に目・鼻口の表現が一切ないのが特徴で、この点からも一般縄文人を表現したものではなく、神(精霊)と人とを結ぶシャーマンの姿を示しているものと考えられる。なお、頭部には吊る機能を持つ小孔がいくつも貫通していて、土偶を繰って祭祀する特殊な呪術が想定される。この貫通孔を持つ土偶は伊那谷の有脚尻張り土偶にも見られ、西ノ前型土偶にその発生を想起させる。

〈縄文中期後葉の土偶〉

中部高地に広く分布する河童形土偶に対し、長野県の中・南信地方に主体を置くとされる「唐草文土器」文化圏では、神村透氏が提唱した「有脚尻張り立像土偶」の主体部である。中川村苅谷原遺跡出土例は、古くから紹介されている土偶で、典型的な形状をなす代表例といえよう。なお、顔面は平坦で、板状の仮面装着を表現し、頭頂部はカマボコ型をなしている。三ヶ所に二㎜ほどの貫通孔があり、これに紐を通して繰ったものであろう。駒ヶ根市赤穂辻沢南遺跡では、一〇七軒の住居址のうち一四ヶ所の家から出土している。辻沢南遺跡では、個々の家にて土偶祭祀が実行されていた事例であろう。恐らくは女性シャーマンに頼らず、母親が執り行う略式のものであったろう。女性シャーマンをかたどった土偶を繰って呪術・祈祷を実施したものと想像される。集落内で行うシャーマンによる呪術とは異なるものであろう（なお、苅谷原例は小孔はない）。

〈縄文後期の土偶〉

辰野町泉水出土の仮面土偶は、古くから知られていた縄文後期の土偶であった。今は県文化財に指定され辰野美術館にて展示公開している。ほかに山梨県韮崎市後田遺跡出土例があり、茅野市中ッ原出土の仮面の女神像と合わせて数例が知られている。縄文中期までは、仮面表現に曖昧さもあって仮面装着が確証できなかったが、後期になってはっきり仮面造形が認識される段階となった。これには色々の理由が想定されるが、一つには「造形へのこだわり」が挙げられる。だれが見てもそれだと感ずる点に重点を置いた土偶造形にこだわった。二つ目には、美的感覚の表出であろう。擦り消し縄文土器や注口土器に見る極めて精巧な土器は、縄文中期までの迫力はなくなり、美術品的な工芸要素が強くなった。仮面土偶（仮面の女神像）を見ると、三角形の仮面の造形や胴部の衣装文など工芸的な要素を感ずる。各地の縄文後期遺跡より出土した漆塗りの漆器類の飾身具・身の廻り品は、工芸的要素を一段と深め、晩期へと受け継がれる。縄文文化にみる工芸的な技術革新は、後期になって一段と進歩するのである。

〈縄文晩期の土偶〉

晩期の土偶を代表するのは、なんといっても「遮光器土偶《しゃこうきどぐう》」であろう。坪井正五郎の『雪中遮光器』という土偶研究論文より呼称されたのが、この土偶の学術名である。雪の反射から眼を守るための護眼器と考えた論考は、その後の研究にて眼部の誇張は、遮光器装着を現すものでなく、造形表現の誇大化により、眼部が異常に大きく表現されたものと考えられるようになり、現在に至っている。

しかし近年、岩手県盛岡市萪内遺跡より縄文後期に属する土坑内から長さ二五cmにも及ぶ土偶頭部が出土し、観察の結果、中期までの顔面を全面覆う仮面（板状・土製）ではなく、目・鼻・口の一部を覆う皮または布製の部分仮面の表現法であり、しかも仮面の一部の鼻・口・耳部の部分土製品が、岩手県北上市八天遺跡より発見されていて、それらは前記部分仮面の部位に装着された表現と推定されてい

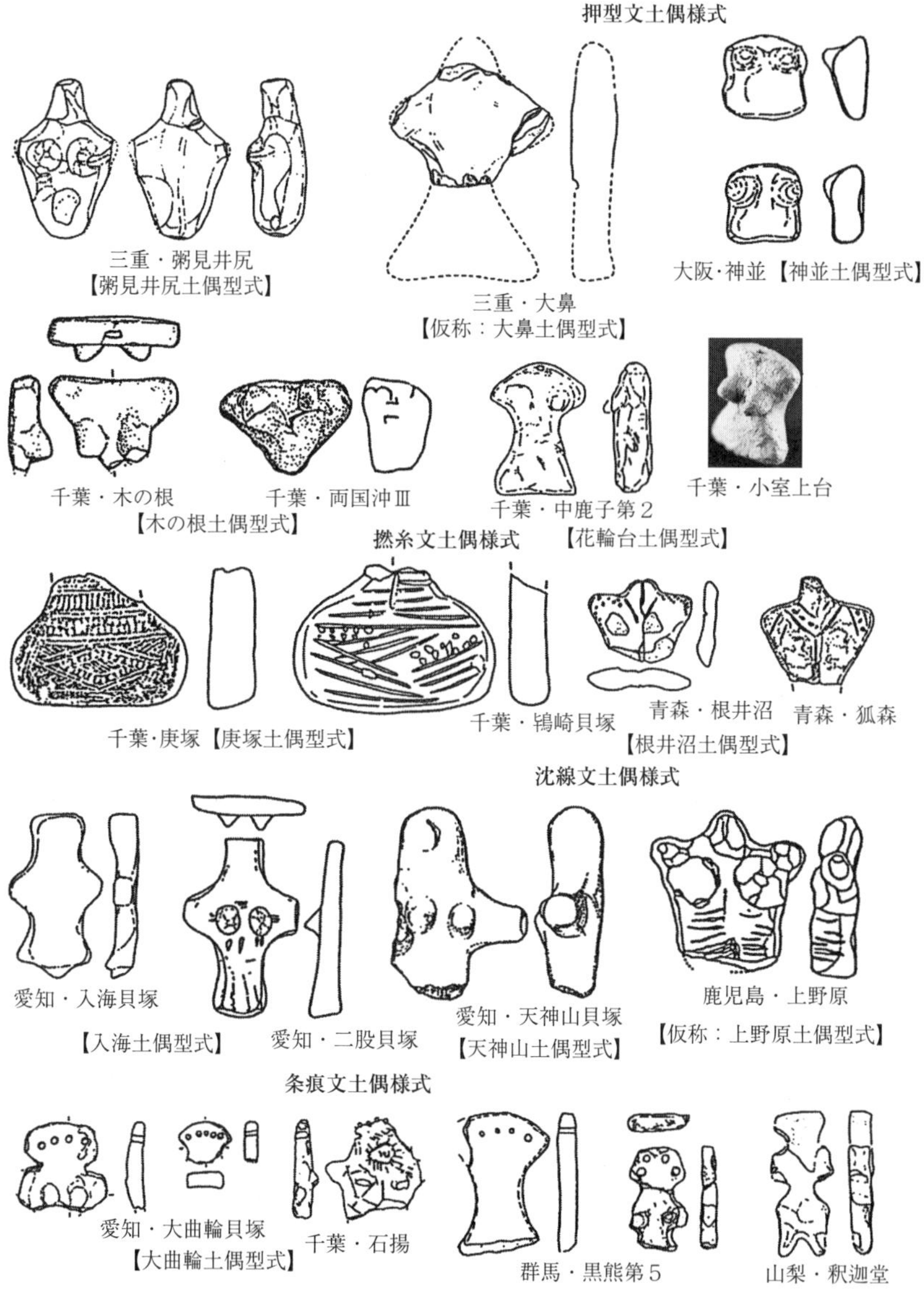

国宝「日本の土偶展」図録より

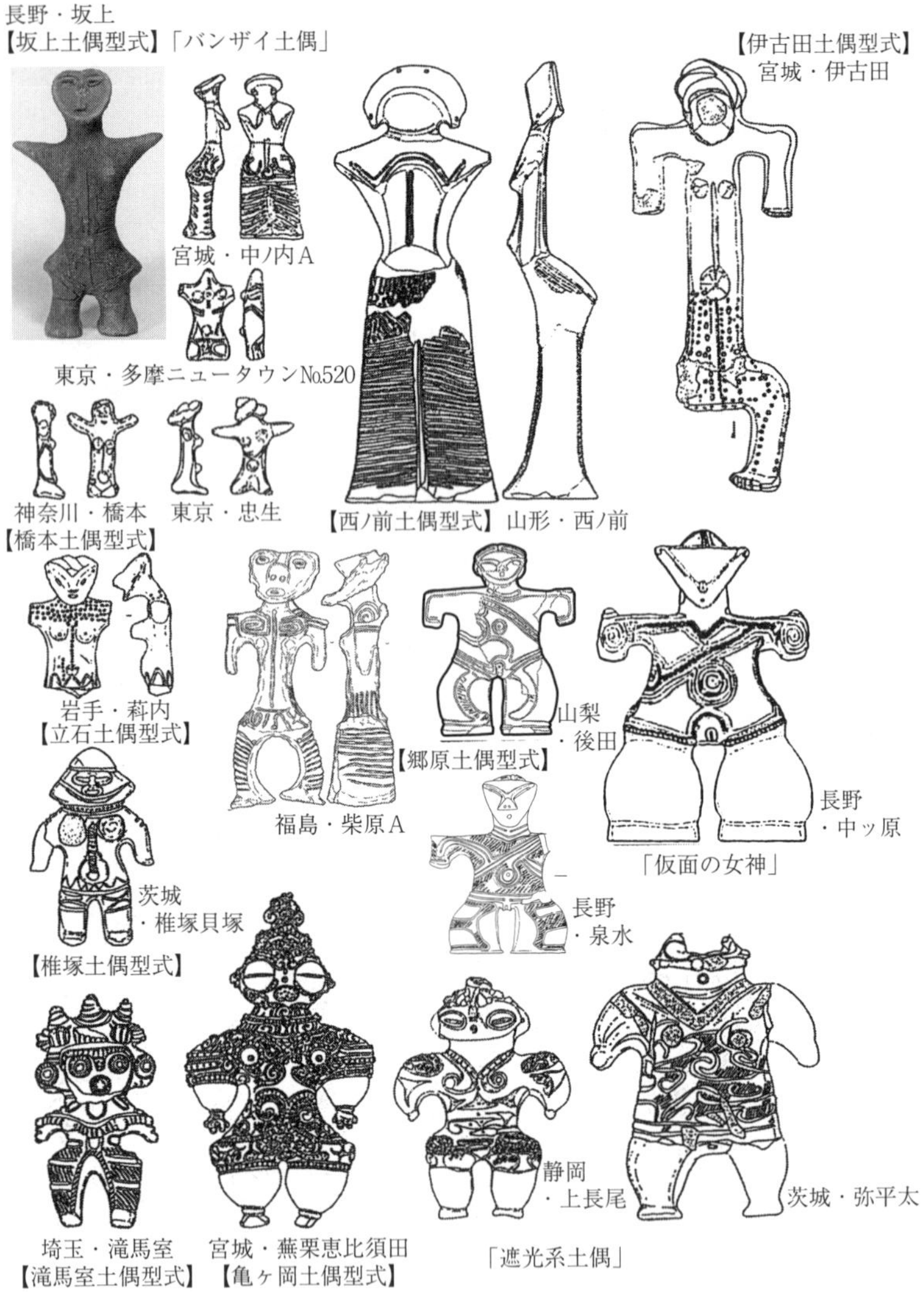

国宝「日本の土偶展」図録より

る。これらのことを考え合わせると、晩期の遮光器土偶も、シャーマンが仮面として遮光器を着装したとも考えられる。これらの護眼器は、北欧や北アメリカ極北民族コレクションとして大英博物館に所蔵されている。遮光器土偶は、造形表現の誇大化などではなく、呪術の際にシャーマンが遮光器を実際に着装した姿ではないかとも思われる。

〈弥生時代前期の土偶（東日本では弥生中期）〉

縄文晩期末から弥生時代の前期にかけて「容器形土偶」が盛行する。縄文時代を通じて作られ呪術に使用した土偶は、この容器形土偶をもって終焉を迎える。胴部が中空に作られ、頭頂部に丸い穴が開けられ、中に幼児骨が収納された例が確認されている。そんな事例から幼くして死亡した幼子の骨を、母親の体をかたどった容器形土偶に入れ、再生を願ったとされている。しかし、これらの土偶は皆、仮面装着を表現したシャーマンの姿であって、母体をかたどったとはとても思われないのである。幼児再生願望とするより、呪性の強い幼児骨を贄《にえ》としてカミに奉納することにより、呪術目的が達成すると考えたのではないか。

このような「贄」の習俗は、弥生時代中期以降、実際の人身御供としての生贄の風習へと変貌していったのではなかろうか。そのことが土偶祭祀・呪術の終焉の要因の一つではなかったかと考えるのである。弥生時代の稲作への生業転化が土偶祭祀の終焉を招いたことは論を待たないだろう。

以上、縄文草創期から弥生時代前期までの土偶の変遷を辿ってきたが、記載・検討もれの土偶もいくつかある。ハート形土偶、みみずく土偶、山県土偶など特異な形状をみる顔面表現は、いずれも、カミ・精霊・シャーマンを表す仮面のデフォルメされた形状とみなすことができる。みみずく土偶は、仮面土偶と地母神土偶の中間形態を表現しているのだろう。〝土偶はみな仮面を被った姿〟を発想して以来、土偶の使用目的解明に、少しは近づいたと思っている。カミ・精霊への祈願に直接携わるシャーマンだからこそ願いが叶う。そう考えた縄文人達は、仮面装着のシャーマンの姿をかたどったヒト形偶像を作り、それを人の身代わりとして破壊して、埋納・埋設したのではないか、と考えるのである。

二　地母神土偶の系統

縄文人の気持ちになって、当時の生活・文化を考えてみる。現代人の我々にとって、数千年前の人々の考え方など想像もつかないような複雑な様相を呈していたと思われるが、近年の考古学研究の進展により徐々に明らかになりつつある。そして少しずつではあるが縄文時代の文化の復元に近づこうとしている。考古学的新発見により、縄文観が一変するような遺物・遺構の発見に、度々遭遇するのである。

そんななか、昨年来話題となっている「土偶」について、前文にて考えてみた。考古学研究は、アメリカ人学者のエドワード・モースの大森貝塚の発掘に始まった。江戸時代より行われていた古物趣味は、モースによる初期の学術的な発掘調査によって、学問としての道が開かれた。以来「土偶」も、日本列島内における先住民の遺物として、研究が推進され現在に至っている。

研究の結果、次の五項目に集約する特徴が分かってきた。

㈠ 土偶は縄文草創期から弥生前期までの長い期間作られ続けてきた、縄文人の精神性を表す土製の偶像である。

㈡ 土偶は三段階の形態変化が認められる。縄文草創期から前期までの頭部・脚部なし。前期末から晩期までの完全体形。晩期末から弥生前期の容器形の中空土偶への変化である。

㈢ 土偶祭祀は二種類に大別可能である。一つには、仮面の女神に代表される「埋葬儀礼」及び「病気・ケガ」等、人体に関係する再生・病気回復願望に対する呪術。二つ目は、縄文のビーナス像にかかわる、自然界に対応する安定平穏願望と、妊娠土偶にみる生産豊穣願望。

㈣ 近年問題となってきた土偶祭式の規模の問題で、家族単位、集落単位、そして周辺集落が集まって行う、共同体祭祀の大きく三つに分類される。二五cmを超す大型土偶は、周辺の人々が集う共同体祭式の呪具だろう。

㈤ 土偶の使命として重要な身代わりとする儀礼は、縄文時代に盛行したが、弥生時代前期以降には消滅する。それは、土の偶像から人身を生贄とする風習へと変化したものと考える。そのことが土偶祭祀の終焉の一要因であったと思われる。

㈠・㈡については、明治・大正・昭和・平成と、約一五〇年の考古学史の中にあって、昭和年代後半の経済発展に伴う遺跡発掘により「土偶」はほぼ出揃ったと思われる。それらを検討・考察することにより集約された研究成果である。

㈣については家族単位、集落単位での土偶祭祀の方法として定着していたが、近年新たに、大型土偶（二五cmを超す）を所持する中心集落を祭りの場とした共同体祭式が考えられるようになってきた。近隣の村人が集まり、共に土偶による呪術・祭祀が行われたのだろう。

㈢、㈤については、筆者が考える土偶の認識である。土偶には、仮面土偶と地母神土偶の二形態があり、それぞれ独自の体系をなしている。仮面土偶では土偶はシャーマンのヒト形偶像であり、それを裏付ける物として「仮面の着装」を指摘する。一方の地母神土偶は、縄文のビーナス像に代表される。顔面把手付土器の顔面と共通する事実から、地母神を表現したものと解釈する。腹部の張り出しは「妊娠」を形容していて、大地より生まれ出る姿が想定され「縄文農耕」論との関連も想起させるものがある。仮面土偶については、前項にて概略を述べたので、地母神土偶とはいかなるものなのか、そしてそれらは、縄文人が何の目的を持って土偶を作り、土偶祭式を行なったか、検討・検証を試みたいと思う。

（一）　縄文のビーナス像は地母神か

縄文のビーナス土偶が、顔面把手付土器と関連性を認める事例として、神奈川県相模原市大日野原遺跡出土の「土偶把手付深鉢形土器」に見出すことができる。深鉢形土器口縁部に土偶が座しているかのごとく表現している。土器文様からも勝坂式期を示していて、縄文ビーナス像と同時期の所産であって、大変珍しい土偶付深鉢形土器である。このほかに数点の同類土器の把手破片が知られている。山梨県飯米場遺跡、同じく釈迦堂（塚Ａ）遺跡と、東京都小野路藤塚から見出され、球体を抱く上半身を造形している。この球体は、山梨県桂野遺跡出土事例によって、妊娠した腹部の張り出しを、両手にて抱える姿勢と推察される。これら土偶把手付土器が、縄文のビーナス像と同じく妊娠した女性像を表現していることが重要であり、仮面土偶とは異なる地母神を想定し彷彿とさせるものがある。長野県茅野市棚畑遺跡出土の国宝土偶は「縄文のビーナス」とした愛称はあるものの、土偶型式名はいまだない。土偶出土地名により「棚畑式」なる仮称もされてはいるが、私はこの土偶を「地母神土偶」として設定したい。地母神とはいかなる神か、順次検討していきたいと思う。

①　地母神土偶とその仲間達

縄文のビーナス像と類似の表現をなすものとして、有孔鍔付土器の胴部に見る人体表現がある。山梨県鋳物師屋遺跡例や、神奈川県林王子遺跡出土有孔鍔付土器は、その代表的な土器である。頭頂部の装飾など共通部分が認められる。そして最大の特徴として妊娠土偶に共通する、下腹部の対称弧刻文をメルクマールとする線描き表現が見られることである。鋳物師屋例にも施文された対称弧刻文をメルクマールを集成すると、地母神土偶とその仲間達の存在を把握することができる。

妊娠線と対をなす対称弧刻文表現は、縄文のビーナス土偶の下腹部にも施されていて、共通する意味合いを含んでいる。

中期中葉の土偶

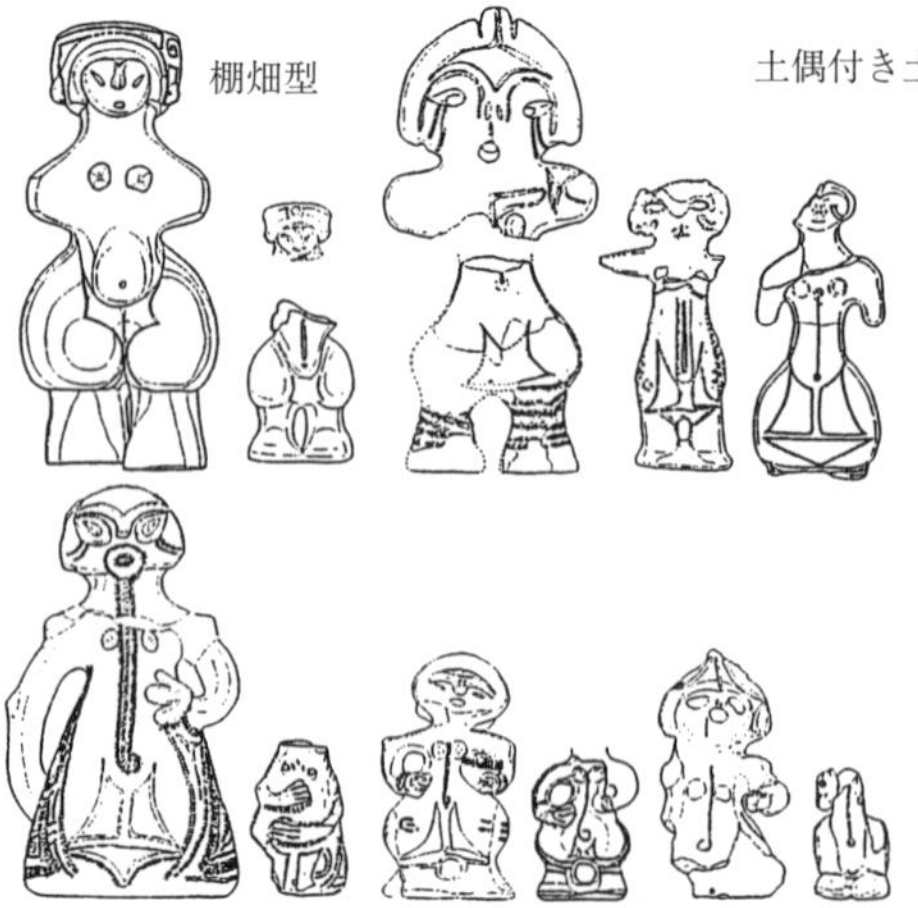

対称弧刻文型メルクマールの地母神土偶

土偶付き土器

鋳物師屋遺跡出土

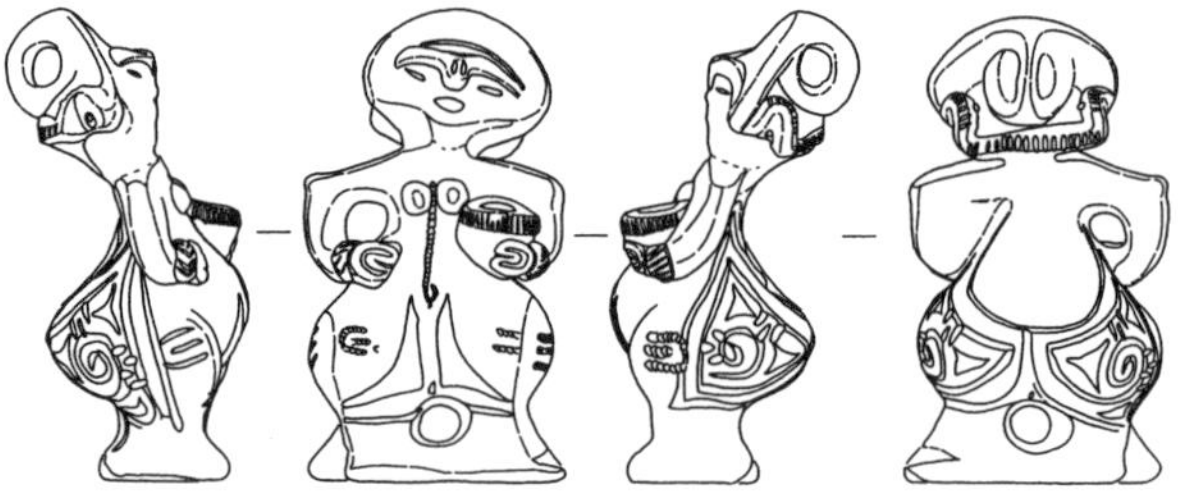

壺を抱く妊娠土偶（岡谷市目切遺跡出土）

② 壺を抱く妊娠土偶

長野県岡谷市目切遺跡、朝日村熊久保遺跡より、壺を抱く妊娠土偶が出土している。これらの事例は、山梨県と八ヶ岳西南麓、諏訪湖の西側のごく狭い範囲からの出土であるが、地母神土偶の存在意義を問う重要な意味を持つものと推察される。壺を抱く妊娠土偶下腹部の対称弧刻文表現は、縄文のビーナス像の変形姿勢と捉えることができる。

なお壺は持たないが同

類型として、山梨県韮崎市坂井遺跡出土例が知られる。縄文のビーナス土偶は、手は省略されているが、壺を抱く土偶との中間形態である左右に短く張り出した形状になっている。小さく突き出た乳房の間から下方に延びる妊娠線の先に臍を現し、その下に対称弧刻文を描いている。この対称弧刻文は、出産間近な陰部の表現をしているのだろう。

目切遺跡出土土偶は、高さ一四・九cm、臀部幅約七・九cmを計る。壺を抱くにも本例のように左に抱えるものと、右に抱えるものとがあり、諏訪郡富士見町九兵衛遺跡から一点出土している。利き手の関係だろうか。右利きの場合、左手にて左脇に種子壺を抱え、右手にて今まさに種子壺に手を回して種子を蒔こうとする姿に見える。顔は満面の笑みを浮かべ、その行為の満足感を示しているがごとくである。

目切出土例では、土偶を五分割し、三八号住居址の炉の右側に別々に散在して埋納している。この破壊して散在させる行為は、従来説では呪術後の放棄の姿と考えているが、筆者はこの散在して埋める行為こそが、真の祭祀・呪術と考える。

以上の事例に示すごとく「壺を抱く土偶」は、地母神土偶の謎に迫る意味を秘めていると考える。特に土偶が抱える土器の正体こそ「顔面把手付土器」であると考え、再度顔面把手付深鉢土器の用途・使命について考えてみようと思う。

(二)　顔面把手付土器の終焉から分かること

縄文農耕論を提唱した諏訪考古学研究所の藤森栄一は、長野県信濃境村の武藤雄六氏と共同して「井戸尻遺跡群」の発掘を推進し、大量の遺物から検証して、焼畑陸耕による縄文初期農耕説を打ち立てている。数ある物的証拠の中にあって「顔面把手付土器」も、論点の一つとして提示している。この学説は、紆余曲折しながら現在に受け継がれている。

深鉢形土器の口縁に付いた把手状の顔面から「顔面把手付」土器と呼称されているが、近年では顔面把手付土器を含む土器胴部面に施文された人体表現についても、合わせて「人面付深鉢形土器」と新しい見知から総称する研究者もいるが、果たして「人面」であるかという疑問から、筆者は顔面把手付土器のままがよいのではないかと考えている。

山梨県須玉町御所前遺跡から、後に県指定文化財になるような素晴らしい顔面把手付深鉢形土器が出土した。この土器は土器胴部中央にもう一つの顔面が付帯していて、いま正に産まれ出ようとする出産の顔であるとされる。この土器との類例は伊那市月見松遺跡からも出土していて、合わせて「出産文土器」とか「誕生土器」とかの名で呼称されている。

顔面把手付土器に関心を懐くようになったのは、伊那市月見松遺跡出土品が発端であった。伊那市では御殿場遺跡出土の顔面付釣手形土器（国重要文化財）とともに考古学研究に大いに活用された土器であり、昭和四十年代中頃より注目していた。月見松遺跡出土例を当初より「出産土器」と推理していた。土器胴部中央のポツンと丸い突起状のものは、陰部より今まさに出産しようとする胎児の頭部の一部と見たのである。しかし先輩研究者は、これをヘソの表現であるとして取り合わなかった。やがて十年後に例の御所前遺跡出土品が確認されて、私の見解は認定されるに至ったのである。顔面把手の付く土器本体は、妊娠した母体そのものであるとの考えは、当初より双方共通する認識であった。

御所前遺跡の出産土器は、不思議な土器である。顔面把手の顔と出産する胎児の顔が同一なのである。思わず「子供が子供を産んでいる」と言ってしまいそうな変な表現だったのである。アーモンド形の目と、ポカンと開けた口元は、出産したばかりの胎児の顔に似ている。この不思議な表現を追求していく段階で、顔面把手の顔は「人面」ではなく「地母神」の創造上の顔であるとの結論に至ったのであった。汚れない大地の母なる神「地母神」が、次なる大地の神を産む表現だろう。再生復活を表した土器であると確信したのであった。

① 顔面把手付土器の変遷

顔面把手付土器は、縄文中期前半期の藤内式～井戸尻式期に盛行した特異な土器である。しかし発生期については、五領ヶ台式期に初源が認められ、終焉については、顔面把手は省略されるも、この種の土器の機能が残る土器として、中期後半第一期まで存続することが、研究の結果分かってきた。いわゆる初期の五領ヶ台式から盛行期の阿玉台式・勝坂式を経て、終焉は加曽利Ｉ期。中部山岳地方では、曽利Ｉ式ないしは梨久保Ｂ式期まで系譜が辿れるのである。この系譜を明確化することで、顔面把手付土器の存在意義を求めたいと思う。

初期の顔面表現が、どのようになっているのか、この時点では盛行期のような球形の顔面表現は確立されてはいない。大方が扁平な顔面をなすもので、動物の顔ともとれる「えたい」が知れない表現で、この顔をマーク化するととなり、これは、仮面土偶に見られる「仮面」と判断することができる。恐らく、地母神を祀る呪術の際に、地母神になりきったシャーマンが着装していた仮面のミニチュアを、土器口縁の一部に付帯したのが、顔面把手付深鉢土器の初源と推察されるのである。

盛行期には、顔面把手の顔面表現が完成された時期であり、いわゆるこの土器の命名のいわれとなる顔面表現である。しかし中には、半球のままでノッペラボーのものもあり、地母神なる神を、顔のないままで表現した土器製作者もいたようだ。顔がないほうが地母神らしいと考えた縄文人もいたのだろうか。中には片目を表現しない隻眼のものや、片目を渦巻き状にしたものも散見され、統一性がない。研究者の中には、左右対称を拒否する縄文中期の土器文様技法と共通性を指摘する人もいるが、筆者は正常ではない異形表現によって特別な能力を備える「地母神」の神通力を引き出す表現だろうと考える。なお、土器本体と分離して顔面把手部が単独での出土が多数みられるが、その理由については、バラバラにされ埋納された地母神土偶の事例と同例と考え、破壊され分離されることにより、また再び再生しようとする復活祈願の願望と捉えたい。

顔面把手付土器は、井戸尻期には消滅すると考えられていた。しかし、その後の土器形態観察を実行する過程にて、次なる段階へと発展することが確認されたのである。それは、井戸尻Ⅲ期における顔面把手付土器における退化形式より認めることができるのである。その退化の変遷を追跡すると、この種の土器の機能・用途の中に「貯蔵」という重要な問題が潜んでいることに辿り着くのである。

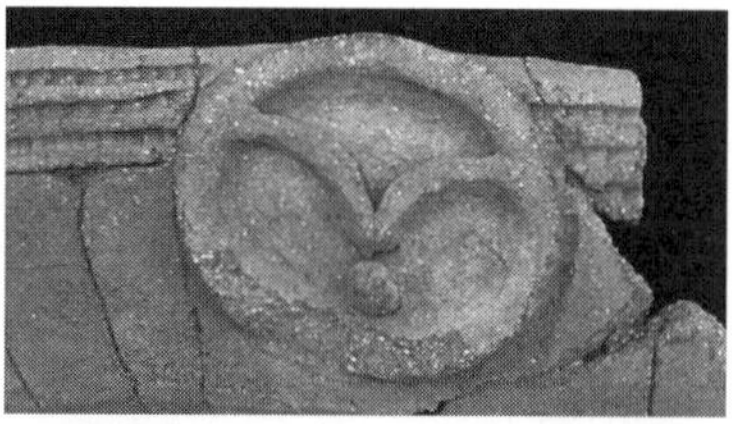

五領ヶ台式の初期顔面把手付土器部分
宮之上遺跡出土（上段２点　所蔵：甲州市教育委員会　写真提供：山梨県立考古博物館）、大石遺跡第26号住居址出土（下段左　原村教育委員会所蔵）、寺所第２遺跡出土（下段右　所蔵・写真提供：北杜市教育委員会）

月見松遺跡出土
（伊那市教育委員会所蔵）
出産文顔面把手付深鉢形土器

御所前遺跡出土
（所蔵・写真提供：北杜市教育委員会）

小野路富士塚遺跡出土
（所蔵・写真提供：町田市教育委員会）

桂野遺跡出土
（所蔵：笛吹市教育委員会　写真提供：山梨県立考古博物館）

妊娠土偶付の顔面把手付土器の把手部

西原遺跡出土
（所蔵：笛吹市教育委員会　写真提供：山梨県立考古博物館）

向原遺跡出土
（所蔵・写真提供：北杜市教育委員会）

渦巻きとノッペラボーの顔面把手付土器の把手部

② 顔面把手付土器の貯蔵機能

かつて藤森栄一は、縄文中期農耕論の中で、顔面把手付土器の用途について論及したことがあった。

「土器口縁に見る顔面把手は、煮えたぎる内容物を嬉しそうに覗き見る人物」と捉え、煮沸用土器とし、また一方では、「土器には収穫した大切なものを守るために顔面把手が表現されている」とも記している。これは貯蔵用土器との見解であるが、いずれも土器内部に納められた品が、農耕によって収穫された食物を示しているのであると。藤森は顔面把手の土器の存在は、煮沸であれ、貯蔵用であれ土器に納められた内容物が重要だと説く論文を提示している。土器口縁部に顔面把手が付帯することにより単なる容器ではない、縄文農耕により収穫した食物まで考えて論及しているのである。

土器は容器であるから煮沸にしろ貯蔵にしろ兼用して使用できるが、顔面把手付土器の退化形式であるなれの果てを見ていくと、藤森説が言う後者の貯蔵用土器であったことが想定されるのである。高さ三〇cm位の筒型形状をしたこの退化した土器からは、とても煮沸に適した形態ではないのである。

この土器を「筒形《つつがた》横帯《おうたい》隆線《りゅうせん》文《もん》土器《どき》」と命名する。

茅野和田遺跡東九号住居址出土の深鉢形土器が発端となり集成図に示した同類土器が、次々と検出できたのである。これらは主に梨久保B式期の特定の住居址から一点出土するものであり、曽利I式期の住居址からも一点のみ出土している。集落跡の中にあって一点ないしは二点とごく少数が、他の土器組成に含まれている出土状況である。器形はラッパ状受け口を有し、その下部は筒状を呈して底部へとすぼまる。関東平野ではどうかというと、加曽利EI式土器セットの中

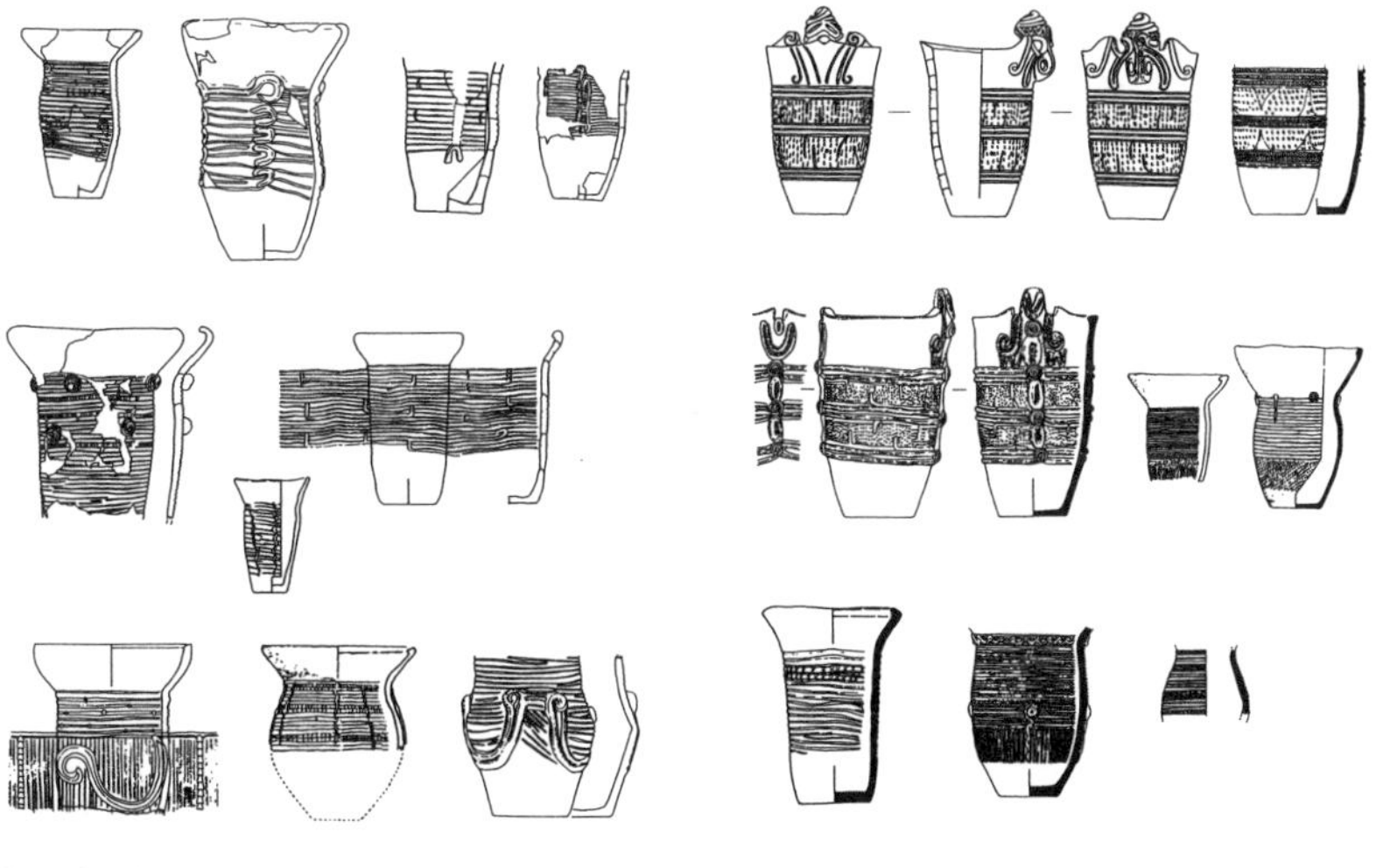

顔面把手付土器の退化式土器　筒形横帯隆線文土器の集成（縮尺不同）
上段左が芳野和田東９号住出土

に、異質な土器として存在するので、すぐに選別が容易である。

以上のことから勝坂式文化圏にて繁栄した集団が、縄文中期後葉第Ⅰ期になっても、顔面把手付土器から変化した収穫物の種子を保存しておく容器として、「筒形横帯隆線文土器」が存在するものと考えたい。種子保存容器としての顔面把手付土器の大形から、筒形横帯隆線文土器への小形化現象は、縄文農耕での高度化、安定化への現象なのか、それとも小集団化への変化なのかは、今後の研究課題と考えている。

この筒形横帯隆線文土器は、中期後葉Ⅰ期末には消滅する宿命を迎え、本格的な中期後半期文化の到来を待つのである。

縄文のビーナス土偶と顔面把手付土器は、共に「地母神」という食物を産む神となって繋がっていたのである。

「土偶の造形は、縄文人の精神性の表出である」

考古学的思考で「土偶」を考える上で重要な視点であると、従来より言われている。では何故土偶の中に「仮面」を着装した表現がみられるのか。そして、「仮面とは何か」を考えることによって、土偶本来の創作目的を解明しようとするのが、今回の研究テーマである。

そこで提唱したのが、前章では「土偶は皆、仮面を被った姿」であると言明した。なお、仮面土偶を分類することによって別なる機能・目的を持った土偶であろう「地母神土偶」を選別することが可能となった。土偶の中には妊娠した像容を示すものが多数存在するが、これらは主に地母神土偶の仲間であることが分かってきたのである。

世界の新石器時代（縄文時代と同じ頃）では、旧石器時代の狩猟・漁撈と、自然植物食品の採集から脱却して人類は、植物栽培の生産の時代に入ったと言われている。縄文文化のみが例外とは考えられず、原始的な「縄文農耕」生産が開始されていたと、考古学者の藤森栄一は述べている。その肯定する材料の一つに「地母神信仰」がある。考古遺物の中に、それを示す遺物が「地母神土偶」であり、注視しなければならないだろう。土偶の像容である妊娠表現は、安産祈願や胎児への健康を願うものではなく、植物性食品の豊穣を願うものであったであろう。お子守り土偶に見られる子供を抱いた母親像とは、別なる願望が、土偶に秘められているのである。

一方の仮面土偶に見られる「仮面」装着表現は、近年まであまり重視されてこなかった。だがしかし、土偶の創造原理の重要部分として、筆者は大事な視点として見ている。土偶研究の初期から昭和年代中頃まで、土偶出土例の少なさもあるが、報告書の土偶作図法や、一般出版物の掲載写真の取り扱いに問題があり、仮面着装事例でありながら見過ごされた感がある。そこで、そんな事例について、土偶の仮面装着例を再検討しようと思う。

三　見落とされた仮面装着表現

近年の「仮面の女神」出土以来、土偶の仮面表現が注目されてきた。そのためか、従来は土偶正面の図版・実測図のみから、側面まで表示する方法へと変化している。

明治から昭和年代まで、土偶正面・背面のみの実測図であったために、多くの土偶の中に見られる「仮面装着」表現が看過されてきたのである。土偶が仮面をつけているかの判断は、顔部の側面を観察することによって判別可能となる。特に、縄文後・晩期の土偶においては、板状の仮面が張り付いている形状になっているから一目瞭然だ。

もう一点、仮面着装を判断する識別法がある。主に縄文中期土偶に有効的観察方法である。それは頭頂部の表現の中に、仮面を顔面上に被せるためのヘッドギアの存在である。今までは女性の髪形表現と考えられていたものが、実は十字状のヘッドギアであったことが観察確認された。

以上二点の観察方法から選出した土偶にスポットを当て、今まで看過してきた土偶を再検討したいと思う。まずは土偶側面観察から、その有効性をみてみたいと思う。

①　土偶を側面から見る仮面装着例

古くには長野県辰野町泉水例が、仮面土偶として注目されていた。後の茅野市中ッ原遺跡の「仮面の女神」の出土により、仮面事例の追跡調査が行われ、同類の土偶が山梨県の後田遺跡からも出土していた。主に八ヶ岳山麓西南域からの出土が知られるようになった。これらの土偶は、考古学研究者のみならず一般人にも仮面装着土偶であることが容易に判断できるものである。

仮面装着の代表的事例としては、縄文晩期東北地方におけるものがある。青森県つがる市亀ヶ岡遺跡から出土した土偶は、第一章で紹介した江坂輝彌氏が、昭和初年頃に対面した仮面装着例で、顔の側面から仮面を付けた形状がよく分かる事例である。

福島県三島町小和瀬遺跡出土の土偶は、浮線網状文からなる衣装表現をみせるもので、顔面の輪郭線から仮面が張り付く姿が想像される。残念ながら、この土偶には側面表示がなく、確認できない。これに対して青森県平川市無沢遺跡出土土偶や写真の北木戸遺跡出土の事例は、ここでは掲載できなかったが、側面写真も公開されており、正面のみでは判断できない事例についても、確認が容易となる。北木戸遺跡のものは東北地方特有の遮光器土偶であるが、顔面は遮光器ではなく板状の仮面を装着している様子が、側面図より確認できる。無沢遺跡出土のものも同じく遮光器土偶の系統を引く中空土偶であるが、北木戸遺跡の土偶よりも一段と仮面装着を際立たせている。突出した仮面着装により、土偶製作者の意図するところが容易に伝わってくる。

東北地方縄文晩期の仮面土偶
（群馬県板倉町北木戸遺跡出土：板倉町教育委員会所蔵）

次ページに登載した「東日本出土の縄文後期土偶」は、考古学ジャーナル12（No.608）特集『土偶』に発表された上野修一氏論考「山形土偶の成立と展開」に研究解説のため掲載した土偶図版である。土偶はいずれも頭部のみの小破片ではあるが、土偶側面図からは仮面装着の実例として意義あるもので、今回参考例とし紹介する次第である。このような土偶破片は、普通は研究者の目に接する機会はほとんどなく、発掘報告書の記録として終わっているのが実情である。関東・東北に存在する山形土偶の成立・展開への究明と同時に、仮面装着表現も注視しなければならない重要点であろう。土偶の造形は、現代の我々に創作原理の重要性を物語っていると、私は思うのである。

② 縄文中期の仮面装着例

前々から縄文時代中期の土偶頭部を観察した事例の中に、側面から見ると顔面がひらべったい「偏平」な表現が多いことに疑問を感じていた。いずれも丸味がないひらたい顔なのである。縄文人の表現の未熟さからの細工と思われる人も多いのではないかと考えるが、そうではなくてひらたい「仮面」を着装している顔面表現だからと考えている。前文で論述した顔面把手の顔も、地母神土偶の顔も、みな丸味を帯びた表情表現なのである。未熟さからではなく、「仮面装着」というちゃんとした理由があったのである。縄文人の創作と表現の未熟と簡単に片付けず、観察・検討しなければならないだろう。このような現代人の我々研究者が思い込む誤認が、研究の妨げとなっている事例はいくらもある。今日開発の波が下火となった現在、発掘一辺倒の時代から考古学的基礎資料の再検討の時代に入ったと、私は考え

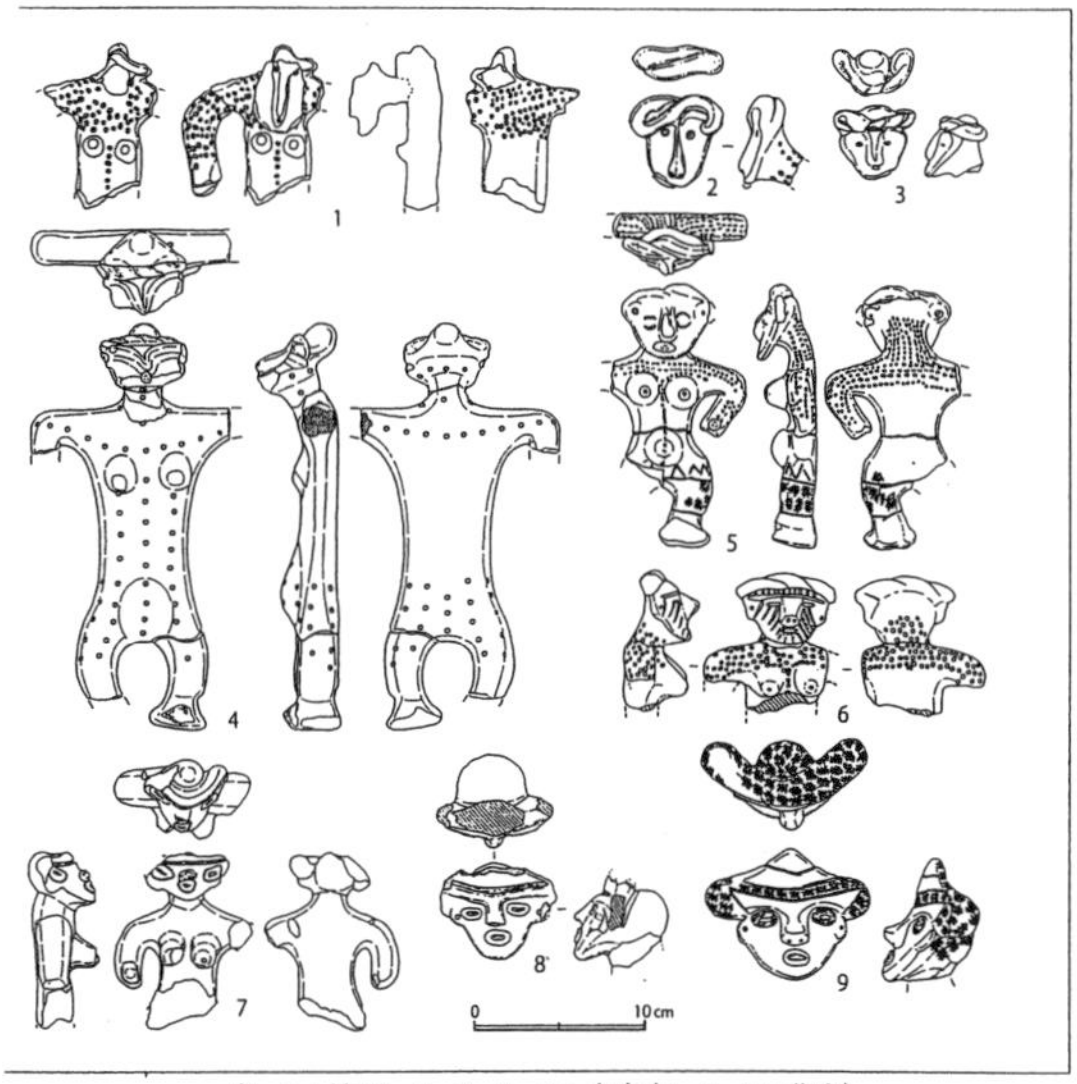

（1～3：渡戸　4・5・7・9：大文字　6・8：葎内）

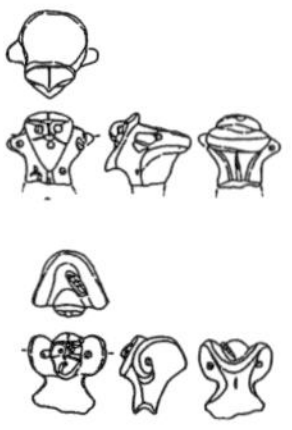

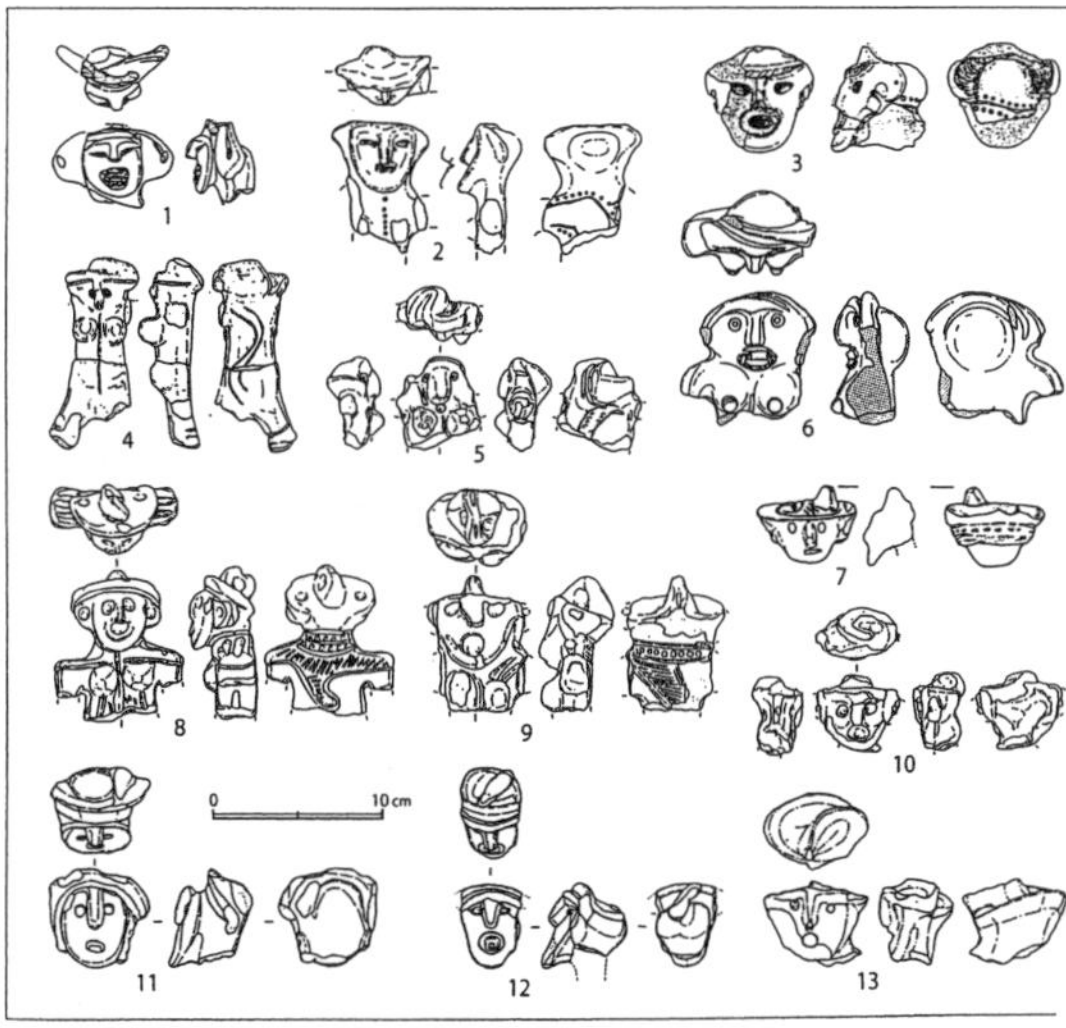

（1：寺野東　2：小野天神前　3・7：馬場小室山　4：冬木貝塚　6：堀之内貝塚
5・8～10：中高瀬　11・12：赤城　13：谷地）

東日本出土の縄文後期土偶
土偶側面図より仮面装着が分かる（「考古学ジャーナル12」上野修一氏論文より）

ている。膨大な発掘品の中にも見過ごされた貴重な資料が見つかる可能性大である。その問題の一つが、仮面に秘められた土偶の縄文人達の精神性のうちにあるものの探究が重要と考えるのである。

伊那谷の唐草文土器文化圏における土偶の代表事例は、全体像が分かる上伊那郡中川村「苅谷原遺跡」出土品の有脚尻張り立像土偶であろう（写真参照）。発見時には四つに破損されていて、左腕が欠損での出土であった。しかし、造形的に優れていて土偶研究の好資料として貴重なものである。特に顔面及び頭部は破損個所もなく、M字型の隆起粘土紐で鼻と眉を表現し、その間に二つの小穴による愛らしい目を表している。側面を見ると、顔面が極度に偏平になっていて「仮面装着」を暗示しているものだろう。続いて背面図の後頭部を見ると、従来結髪した髪形表現と認識していたのが、実は仮面着装のためのヘッドギアであることが想定される。見方一つで単なる女性像から、仮面を被った女性シャーマンへと変化するのである。土

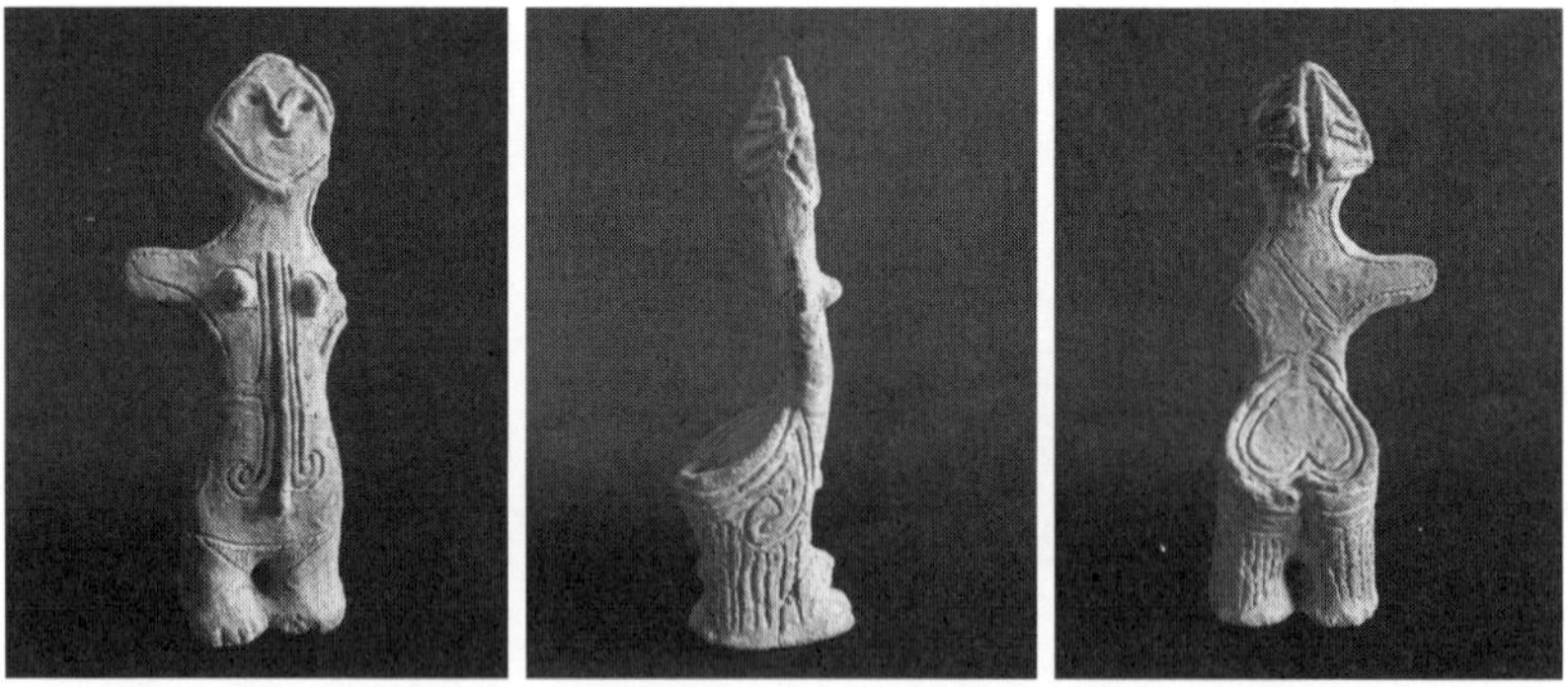

正面　側面　背面

長野県中川村苅谷原遺跡出土（所蔵・写真提供：中川村教育委員会）
縄文中期後葉唐草文土器文化に伴う有脚尻張り立像土偶

偶は一般民衆の中の女性像などではなく、特殊な能力を秘めた女性シャーマン（女祈祷師）であった。女性シャーマンだから土偶には意味がある。こう考えたほうが道理に叶っていると、私は思うのである。

次に長野県中信地域における二点の土偶の仮面装着事例について検討してみたいと思う。ここに紹介する土偶二点は、松本盆地の西部域に所在する縄文中期後葉の唐草文土器文化圏の二遺跡出土品である。伴出土器の編年時期から判断すると、中期後葉の三期に相当する土偶であろう（苅谷原例より一期後のもの）。

No.１は、東筑摩郡朝日村「熊久保遺跡」第五号住居址より出土したものである（第一〇次発掘調査）。覆土中出土とあるところから、住居廃棄後の混入とも考えられる。

問題は、土偶側面図からも分かるように顔面が極度の偏平になっていることから、仮面装着例と推察する。こう考えると頭頂部のネジリ状ブリッジは、仮面着装用のヘッドギアと認識されよう。しかも両耳部にも仮面止めのブリッジが見られる。報告書解説文では、

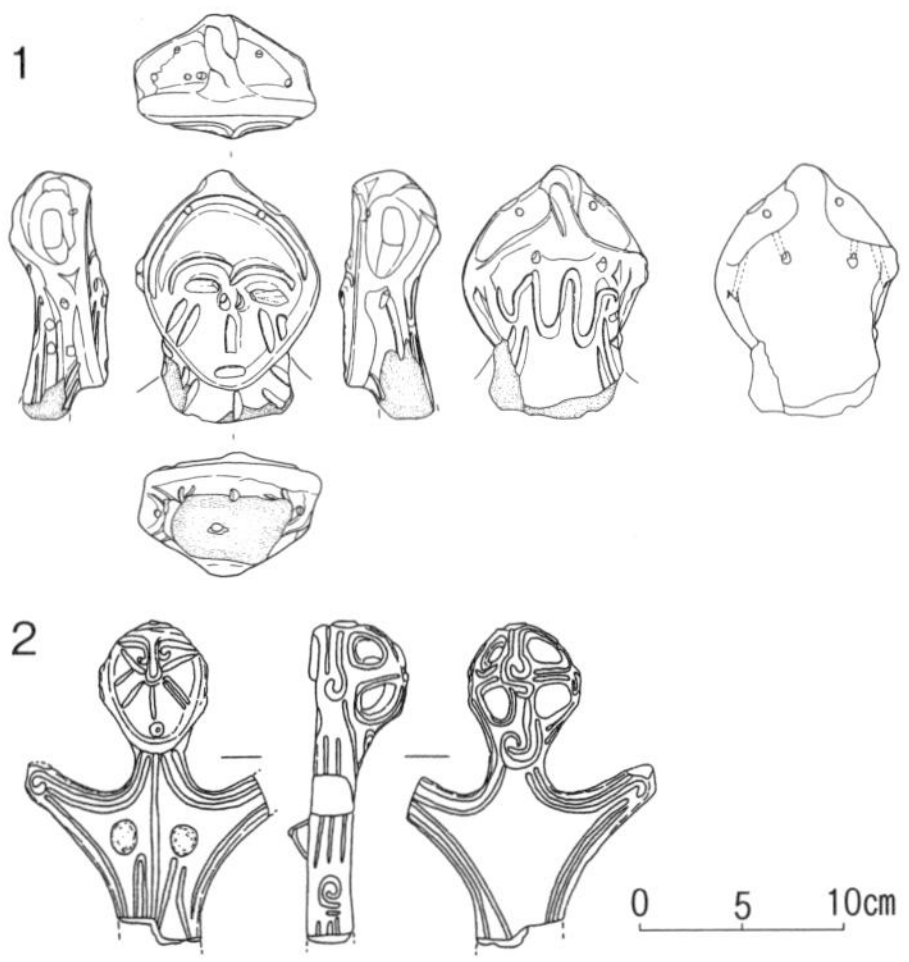

１　長野県朝日村熊久保遺跡第５号住居址出土〈『熊久保遺跡第10次発掘調査報告書』（朝日村教育委員会2003）より転載〉
２　安曇野市東小倉遺跡出土品〈『東小倉遺跡』（三郷村教育委員会1995）より転載〉

結髪表現としての見解である。

№2は、安曇野市東小倉遺跡出土の胴部下半欠損の土偶である。この遺跡から多くの土偶が出土しているが、顔面及び後頭部が明瞭に表現された唯一の土偶である。仮面の造形、頭部ヘッドギアの形状など適確に表現された土偶とみる。この頭頂部形状が後の仮面の女神、辰野町泉水例にある頭部十文字状ヘッドギアへと連なる。

四　カミ・精霊になるための仮面

全国出土の土偶のうち、土偶祭祀が盛んとなる縄文中期以降は、仮面装着土偶が約半数を占めるものと推量される。そう考える理由や意味合いについては再三論述してきたが、土偶の存在理由の背景には、カミ・精霊への祈願には、縄文シャーマンの力に頼るほかなかった。そのため、仮面による力の強化とともに、化身という現象を仮面によってなし得たのである。したがって土偶の大半が仮面を被った姿に造形しているのは当然のことといえる。

なお、縄文中期後葉になると、集落内の数軒の家々から土偶の出土事例があるが、これらは家族単位での土偶祭祀の実例と推察され、母親がシャーマンになり代わって土偶を繰って祭礼を行なった結果であったろう。仮面土偶を持参することにより、各家々に女性シャーマンが存在することになるのである。

一方地母神土偶は、中期初頭には仮面を着装したシャーマンが、地母神を演じ、やがて狢沢期に至り地母神像は顔面把手付土器として表出する。その後、狢沢～新道期に入ってようやく顔面把手付土器から分離する形で地母神土偶は誕生するのである。ここでも仮面が大きな役割を果たすのである。大地に宿る精霊＝地母神を演じ表現するのに「仮面」という変幻装置を駆使して祭祀を行なった。

この仮面は、後に顔面把手の顔となり、地母神土偶の顔へと進展する。縄文のビーナスの顔面が、仮面表現と指摘する研究者がいるのは、このような仮面の変遷を経て誕生しているからだ。

以上、土偶に秘められた「仮面」の重要性について述べてきた。縄文人が創造した土偶は、女性シャーマンの呪力の強化のため仮面を装着した。その土製偶像が仮面土偶であった。女性シャーマンは、カミ・精霊になるため、精霊を宿すために、仮面を着用したのである。

土偶は、それぞれ呪術目的の違いにより製作されている。今回、仮面土偶・地母神土偶・お子守り土偶と、大きく三分類したが、まだ別なる目的を持つものもあるかもしれない。土偶研究百五十年史にて論及されている土偶の使用目的は、一つではなくいくつかの呪術・祈願達成のために造形し、使用されているのが真実であろう。

第四章　土偶創造原理とアニミズム　―地母神信仰を中心として―

地母神土偶付有孔鍔付土器（部分）
（神奈川県林王子遺跡出土）
（所蔵・写真提供：厚木市教育委員会）

縄文草創期にみられる顔なしのトルソー型土偶は、やがて縄文中期初頭頃には、人の顔に見える頭部が表現されるようになる。元々、土偶は人体を借りたカミ・精霊と捉える筆者は、この時点で何故に人の顔が表現されるに至ったのかと、自問自答を繰り返し行なってきた。その結果、神と人の間をとりもつ「女性シャーマン」の存在に考えが及んだのである。なお顔とみられたのは、化身し、神となるための「仮面」であったのである。

以上を想定すると、縄文中期の縄文村では、女性シャーマンが諸々の呪術・祈祷を実際に行なっていたと考えられ、シャーマンが行う「祭祀」の場がよみがえってくる。

一　初期土偶は何に由来するのか

縄文草創期後半（約一万一〇〇〇年前頃）に発生をみた初期土偶の諸例は、みな女性身体でみられる乳房が突出し、かたどられた小型土偶だ。一説には土偶は目に見えない精霊やカミを可視化した偶像と捉えるならば、何故に女性像をイメージしているのか。顔まで消し去っているのに、どうして女性の象徴である「乳房」をどの初期の土偶にも造形しているのだろうか。これは土偶創造原理を問う大きな視点・論点と私は考えている。言葉を変えれば、精霊やカミは、男性ではなく女性に近い性質や形をなした何者か（女神像）を創出したといえるのではなかろうか。

現代人の我々は、自然界の山河大地を表現する言語に「父なる山、母なる大地」・「母なる海、母なる大河」などと表記することがよくある。「母」は違大なる存在であり、縄文世界においても、子を産み守り育てる母性の力こそ「土偶創造原理」の根底にある理念と考えたい。先記した初期土偶の基本理念であろう「守護する・身代わる」を母性の力とする「お守り土偶」が個自身の護身用として発生し発展したと考えたい。

土偶には小・中・大の像容の大きさの変化がみられ、それぞれの目的に合った使用法が考えられる。手の中に納まる小型の土偶は、個人のお守り土偶として、中型は家族で行う神事（祭祀・呪術）の呪具として機能したであろう。なお二五cmを超す大型土偶は、集落全体の共同体の祭祀により、全体より視線を集めるため超大型化が求められたと推察される。このように使用目的によって土偶の大小を使い分けていたと考えるならば、五cmにも満たない極少土偶は、個人の護身用として身に付けていたと考えるのは、強ち的はずれではなかろう。

この小型土偶の類例は、縄文時代を通して散見されている。中でも縄文中期後半にみられる北陸から東北方面にみる「三角形土製品」は、三角形の湾曲した面に乳房状の表現や、円丘状のヘソの表現などみられ「三角形土偶」ともみられるものである。これらには顔の表現はなく初期土偶と共通の理念の上に造形されたであろう、個人の護身用「お守り土偶」の一種として考えている。なお、縄文後期にみる長方形土版（円形刺突文を施す土版）などは「護符《ごふ》」とみられる。お守り土偶の系譜は、縄文期全般に存在した土偶の一系列をなしていたと思われる。

二　仮面土偶と地母神土偶の登場

お守り土偶として発達した初期土偶は、やがて家族単位で祭祀する中型土偶が登場してくる。縄文中期に至り祭祀・呪術の場に女性シャーマンの存在が重要視されるようになると、女性シャーマンが化身しカミ・精霊への変化《へんげ》の道具として「仮面」が着用されるようになると、その姿を神となすミニチュア版偶像である「仮面土偶」の神像が盛行するようになる。これらは、一単位家族の母親が取り行う行為であって、土偶の部分破壊行為は、病気・ケガ等の完治を願って行なった祈願・祈祷と考えられている。これら破損された土偶部分は、遺跡内からすべて発見される例はほとんどなく、まれに発見例があったとしても、完全個体に戻らないのが実態である。この問題に解釈を示すのが、小集落遺跡と拠点的集落の違いである。拠点集落にいたであろう「女性シャーマン」の存在である。土偶片が多量に出土した山梨県釈迦堂遺跡群では、女性シャーマンが実在したと考えられ、小集落の人々は、完治を願って拠点集落に土偶を持ち寄って、女性シャーマンに祈祷を願ったと解釈される。

二〇年以上前のことになろうか。郷土伊那谷の土偶を調べていた時、縄文中期後半の唐草文系土器に共伴出土する「有脚尻張り土偶《ゆうきゃくしりはり》」を見ていて気づいたことがあった。土偶に共通する特徴を持つ、二本足で立ち、出尻で重量感ある安定する形状から、先学の神村透氏が命名した土偶である。美しいプロポーションの造形美を追いながら顔面に目が移った時、視線の先がハタと止まったのである。いつもだと見過ごすところ、今回はどの土偶も顔面が扁平に造られていることに気づいたのである。「ははあ、仮面を被っているな」。この時以来、土偶の造形を注意深く観察するようになったのであった。「仮面土偶」の発見である。

土偶を観察する過程にて、三つの問題が浮上してきた。それは、土偶の基本を示す二つの造形的な特徴と、土偶の機能及び願望表現を示す重要な視点であった。

土偶解釈その一　土偶の顔面が斜め上を向く理由

昨年（平成二十六年一月二十八日）北海道考古学会会長の大島直行氏による『月と蛇と縄文人』―シンボリズムとレトリックで読み解く神話的世界観―（寿郎社刊行）が出版され、ネリー・ナウマンの学説『生《いき》の緒《を》―縄文時代の物質・精神文化』（二〇〇五年刊行）を応用し、土器・土偶について独自の研究により論述している。

土偶の存在を「月と死と再生」が関係あるものとして捉え、「月の聖水を受ける容器」としての機能を土器・土偶に求めている。その根拠として「土偶の顔はなぜ上を向く」の項で詳述している。土偶造形の意味を「月のシンボリズム」から解読しようとし「土偶が月の水を集めるという呪術宗教的な役割を担っている」、それゆえ「見上げる顔の先に月があるから」だと理由を述べている。果たして正しい解釈といえようか。以前より仮面土偶を何体か観察する過程で、土偶の顔面が斜め上方を向く理由は、単に「仮面着装のため」と解する。幼い頃見た鎮守の森の祭りに繰り出す仮装行列の仮面が、みな少し上方を向けて着装しているのを見て知っていたからである。縄文の土偶製作者も、このことを知っていて顔面を上向きに造形しているのである。縄文人の「月と死と再生」に関わる精神文化については、私自身も否定するものではない。大いに認めるところだが、これらは「有孔鍔付土器の正体」の項にて論述しているので参照されたい。

土偶解釈その二　仮面土偶の腹部は妊娠表現ではない

近年になって、土偶には仮面土偶と地母神土偶の二種に分類できることが分かると、土偶の受胎表現について従来の考え方に間違った解釈があることが判断される。

「仮面土偶の腹部は妊娠表現ではない」

表題の指摘については、土偶には二者（仮面・地母神土偶）それぞれが祭祀・呪術に違いがあり、受胎・妊娠表現は、地母神土偶にこそ表現の主要な精神性が含まれていることが理解されるようになったのである。土偶をすべて目的を一《いっ》としてみている段階では、その意味がまったく理解されない。

事例として尖石縄文考古館所蔵の国宝土偶二点を対比しながら検討・考察してみよう。

縄文のビーナス（地母神土偶として分類）は、縄文中期中葉頃に造形された代表的な土偶、一方の仮面の女神は、縄文後期前半の仮面土偶の代表的な土偶であって、その間千年の時間差によって異なる造形美が表現されていると観賞者は見るだろう。そして土偶の概念にある「腹部の張り出し」により、妊娠した土偶であると、だれしも疑わず信じ切っているのである。仮面土偶は再々述べているように、シャーマンの神への化身の姿であると記した。このような目的を持つ土偶が出産にかかわる妊娠を表す造容ではおかしいではないか。再検討を必要とし、正しい解釈をするべきと、私は指摘したい。

土偶解釈その三　地母神土偶にこそ受胎表現の重要性を孕んでいる

勝坂式文化圏内に多出する、下腹部にみる対称弧刻文施文土偶こそ、妊娠表現を示す受胎土偶である。ただし、これら妊娠表示は、胎児の出産願望に基づき表現されたものではなく、縄文農耕による豊穣祈願によるものである。大地母神が孕んだ五穀のうちのいずれかの種子を宿している姿なのであって、けっして子を宿した受胎表現でないことを理解しなければならない。勝坂式期縄文人達は、焼畑による豊穣を祈り願うため地母神土偶を製作しているのである。けっして子供を授かるためのものではない。

このように理解すると、仮面土偶よりも地母神土偶にこそ、縄文文化とその社会構造を解き明かす、重要な内容が含まれていると、考えられるのだ。顔面把手付土器と、そこから分離した釣手土器に、地母神土偶の文化史的価値の謎が示されていると考えられるのである。

三　大地の精霊「地母神」とアニミズム

二万年前頃に長い氷河期が去り、一万五千年前に日本列島では縄文草創期という時代に入る。旧石器時代の石の道具に加えて「土器」という焼物が加わる時期であった。旧石器時代における動物の捕獲、漁撈、食物採集を主とする生活から、人々はやがて食品を生産する時代に入る。旧石器時代が終わり中石器時代が始まった頃、西アジアでは、野生ムギを改良して食物としての麦栽培が、すでに開始されている。今から一万年も前の話である。

日本の縄文時代は、縄文時代早期に何らかの食物栽培が大陸から伝えられ始まったと推察されるが、現状は不明な部分が多々ある。一万年以降になって、大陸では食物栽培と牧畜を行う新石器時代が始まるが、日本の縄文時代には、四方を海に囲まれているために、外来の文化とは交流がなかったと想定され、長い間縄文文化は独自の文化と考えられてきたが、近年の考古学研究により徐々に明らかになりつつある。そのうちの最大なる精神文化が「地母神信仰」である。女神の力を発揮する母なる神でもあった。そして食物を産む大地の神である。

昭和三十年（一九五五）以降に提唱された藤森栄一「縄文中期農耕論」は、その後に続く若い学徒により引き継がれ、現在に至っている。考古遺物を対象に研究が推進されていることはもちろんだが、それら生活道具のほかに、土偶などに内在する精神世界の探求に、新しい視点として「神話的解釈」と、前述したネリー・ナウマンの「象徴研究」など論理を応用した論考など、考古学の深層に迫る研究だ。

私も彼らの考えに同調する一人だが、論文を読み講演会に出向き拝聴する過程で、納得する主張がある半面、一部に納得しかねる部分があるのである。それは、自分も含めてだが、研究の要所を究明した時、その論理にすべて当てはめてしまうものだ。一歩立ち止まり、他方から検討をし、論を再構築すべき時がある。研究者個々の視点の違いによって解釈がまったく異なるものである。

縄文時代の原始信仰を「土偶」に求める時、縄文人がイメージする自然神（精霊信仰）こそが「アニミズム」の世界である。地母神信仰の何たるかを考える時、勝坂式土器・土偶に込められた縄文の心理・思考を再度読み解いてみたい。

（二）　縄文土器というキャンバスへの表現法

縄文土器を観察及び観賞する時、決まって土器が立っている状態で見ている。土器という容器は、口縁部・胴部・底部から成り立っている。当たり前の姿である。しかし、現代人の我々は、この当たり前のこととして土器面に施文されたレリーフ文様を、地上に立っていると錯覚して思い違いをしているのである。縄文人は、土器面というキャンバスを自由自在に使って描いているのだ。土器のある一場面では水面であったり、ある時は大地そのものであり、またある時には空間として土器面を表現しているのだ。この事実を把握してない研究者が、勝手な憶測で論理を展開しても、最初から間違いなのである。土器製作者の意とするところ、土偶造形の意味するところなど縄文の世界観で観察・検討しないと正しい解釈は生まれない。アニミズム世界は一筋縄では解けないのである。

なお土器面に見るレリーフ文様の中に、時間差のある動きを、一場面に圧縮し表現したものもある。縄文人の自由な発想からなる施文に驚きを感ずる。これら現代のピカソに負けない表現画法を、次に見ていこう。

（二）　有孔鍔付土器の胴部にみるレリーフ文

二〇年前になろうか、長野県上伊那郡宮田村の中越遺跡から出土した「有孔鍔付土器《ゆうこうつばつきどき》」に興味を持った。器面に赤色塗布が残る中型土器で、土器胴部の両面に「蛙」のレリーフ文を施した図①の見事な土器である。この蛙文様を施した有孔鍔付土器は、上伊那郡南部域の駒ヶ根市の丸山南遺跡からも出土していて、前から関心を持っていた土器であった。ただ残念なのは、丸山南・中越遺跡例は、共に完全復元できない土器であり、学術資料と美術工芸品的価値にしても半減してしまっている。もし完型であれば、少なくとも県宝クラスとされるであろう。

学術的に半減していると記したが、それでも考古学的価値ある遺物である。土器面というキャンバスに描かれた蛙文の両側面の渦巻文は、カエルが必要とする水を表現した「波文」なのである。したがって、この蛙文施文有孔鍔付土器は、横に倒して見るべきである。

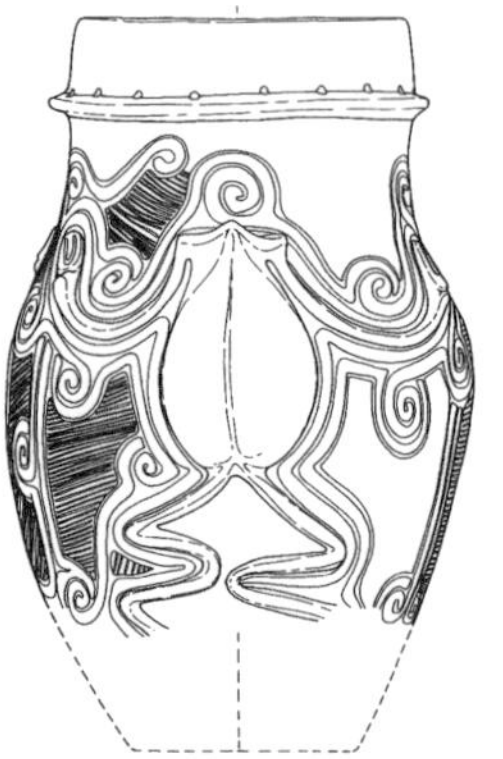

①水面に泳ぐ蛙文　中越遺跡出土の有孔鍔付土器
（図提供：宮田村教育委員会）

このように、土器面は立面画法のみのものでないことを、中越遺跡出土の有孔鍔付土器は示しているのである。

②は、長野県諏訪郡富士見町藤内遺跡出土「半蛙人体文《はんあじんたいもん》」を施文した有孔鍔付土器である。この土器は当初には「踊る人体文」として解釈されていたが、裏面に施文された円環文（太陽又は月を表現）により、表裏連動した文様と捉え「円環文に向かって祈る姿」であると考えられるに至っている。したがっ

て半蛙人体文には、①の蛙文同様に月信仰に関係するとして、月の満ち欠けをも端的に示しているとする「縄文土器の図像学」より答えを導き出そうとする研究まで推進されて現在に至っている。

私は有孔鍔付土器を酒造器であると捉え、月信仰の中での夜＝死の世界になぞらえて死と再生観念に

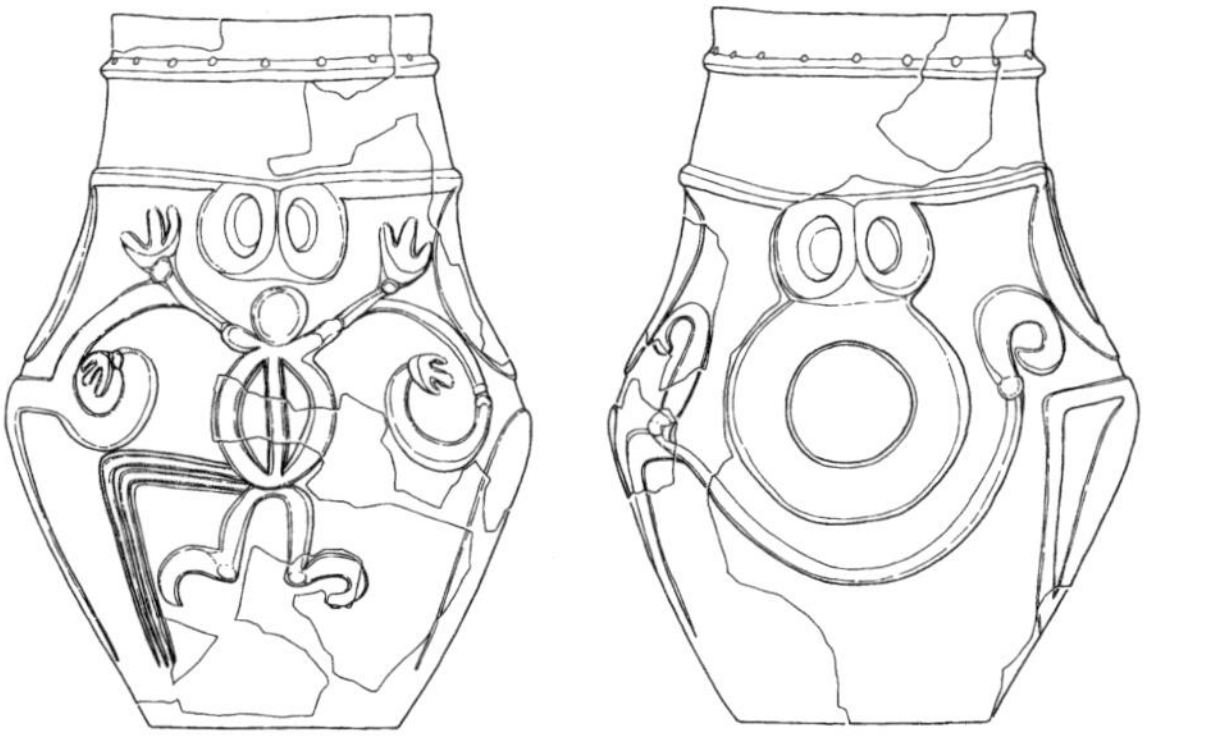

②大地に伏す半蛙人体文（正面）と月を表した円環文（裏面）
藤内遺跡出土の有孔鍔付土器（図提供：富士見町教育委員会）

「酒と蛙」が重要な役割を果たすと想定している。したがって円環文は月であり、半蛙人体文は月に住むとされる蛙と、現世の人体を組み合わせた縄文人が考え出した「黄泉国への使者」であると推察する。こう考えると、半蛙人体文の両腕の表現に意味をなしてくる。月に祈り交信する半蛙人体文の腕は、二つの動作を表現し、時間差表現を一つ画面に表現しているのだ。言わば二つの動作には「祈る姿」に必要な祈りの所作であったのが真相であろう。

　この二つの所作を表すレリーフ文付土器が、神奈川県厚木市の林王子《はやしのおうじ》遺跡出土の地母神土偶付有孔鍔付土器である。一説には「あどけない顔とばたついて上下している手の表現から推測すると、それはまさに生まれ出ようとしている赤ん坊を表しているらしい。それともそんな愛くるしい子供の誕生を願ってつくられた土器であろうか」。一見そのようにもみえる。しか

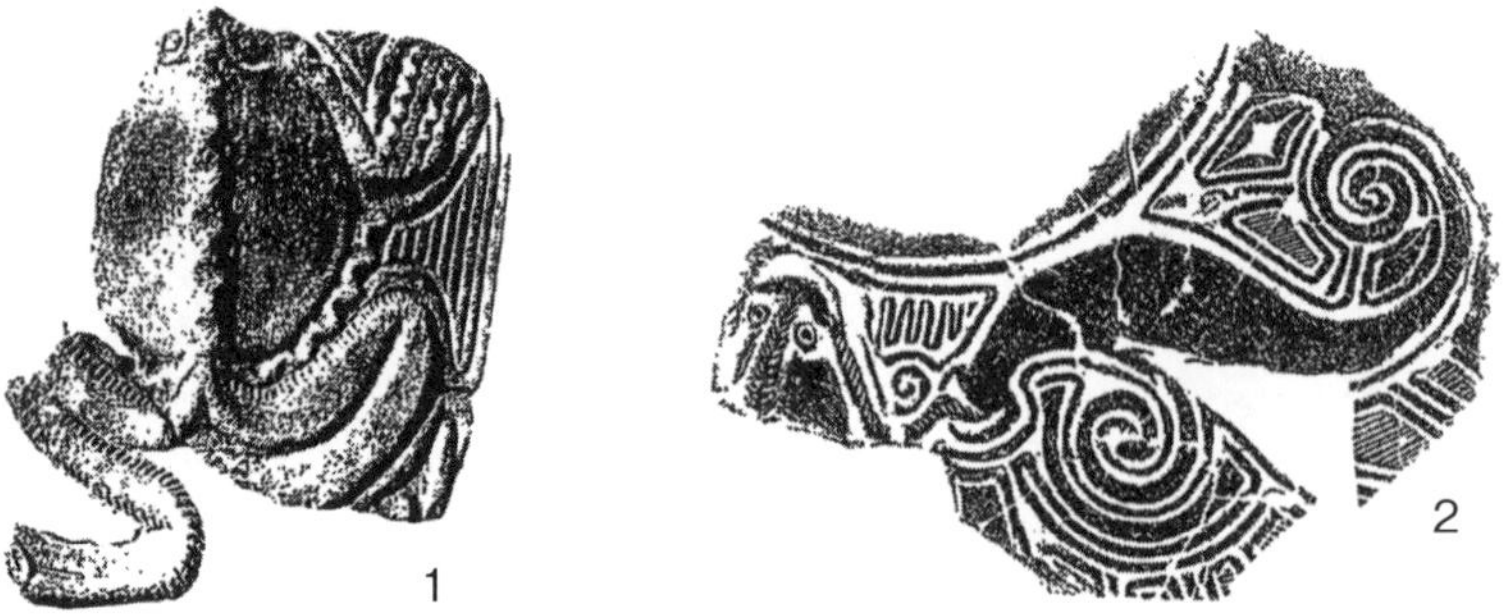

蛙文のみられる有孔鍔付土器片
1　長野県伊那市西春近　柳沢遺跡出土（有孔鍔付土器の胴部文様の一部）
2　長野県駒ヶ根市　丸山南遺跡出土（有孔鍔付土器の胴部文様の一部）

し、両腕を頭上にあげた手のほかにもう一対の手が脇の両端に三本指として表現されているのだ。私はこの地母神像のレリーフ施文を見て「祈りの姿」の二つの動作を感知したのである。例として、イスラム教の信徒が一日二回の礼拝の折、ひざを地につけて屈み、二回の祈る動作をする礼拝の姿と同一と捉えたのであった。そしてその行為は、有孔鍔付土器で醸造された酒を注ぐ際に、土器を傾けると同時に、地母神像は祈る所作を動きとして表現するのだ。

有孔鍔付土器の正体（機能と用途）を知った筆者が、使用実験で得た「孔と鍔」の使用方法からみた、縄文人の知恵とアニミズム世界からの土器論である。彼らは、土器の用途と使用方法から、二つの祈りの所作を表現していたのである。恐るべき縄文人の発想である。土器面は空間であって地母神像の前面に大地があることになる。

③の土器は、山梨県南アルプス市の鋳物師屋遺跡出土の有孔鍔付土器である。土器胴部に対称弧刻文を表した

地母神像をレリーフ文（隆帯文）にて造形している。

顔は丸く顔面把手付土器と同じく地母神を表現しているようである。右腕の三本指の手を上方に向け、反対に左腕は下方におろしている。顔の丸く開いた口から何かを語りかけているように見える。前記した①と②は、蛙文及び半蛙人体文であって「月と蛙文」などから死と再生に対する有孔鍔付土器であったが、先記した林王子遺跡例と、この鋳物師屋遺跡例は、地母神像のレリーフ文から作物の豊穣祈願に関する酒の醸造具と考えられる。したがってここに描かれた文様は、地母神土偶と同じく祭祀の場に有孔鍔付土器で醸造された「酒」が一役かっていたのだろう。この土器は大地に立つ地母神像を示していることにより、酒造原料の問題を答えているように思う。従来説では、野にある果実による酒と考えられているのだが、地母神信仰＝縄文農耕と直結しているとするならば、これはもはや「酒＝穀物酒」と考えたほうが適切であろうと考える。有孔鍔付土器に地母神像を施文した理由の背景には、重要な問題が絡んでいると思うのである。

③大地に立つ地母神像　鋳物師屋遺跡（山梨県南アルプス市）出土の有孔鍔付土器

④は長野県上伊那郡南箕輪村の久保上ノ平遺跡から出土した「ドクロ仮面人体文付有孔鍔付土器」である。

人体文の顔面は、明らかに「ドクロ面」であって、呪術者がドクロ仮面を装着して、月に祈りを捧げ

④大地に立つ黄泉国への使者　久保上ノ平遺跡のドクロ仮面有孔鍔付土器（長野県上伊那郡南箕輪村）

る姿と解釈している。いわば「黄泉国への使者」といえようか。発掘された当初には、肩から下の半身が背面向きで、頭部のドクロ面は後ろ手に被ったものと推測していたのであるが、一五年後の今日になって、シコロ状装具（仮面着装の際、後頭部下の首を覆う装具）の存在が確認される段階で、ドクロ面は顔に着装していることが分かり、胴体と頭部とは逆向きにした図柄と判断された。

ここでも二つの動作である葬礼の送りと迎えが表現されているのである。有孔鍔付土器による酒注ぎの動作に表裏による別々の動作が感知されるのである。

これらの推理は「月信仰と再生」に酒が関係していることにより、有孔鍔付土器の機能と使用法より導き出した答えである。土器の中央に一周する凹ラインは、二升以上醸造されたであろう総重量を吊る動作を補佐するための紐通し溝と考えられ

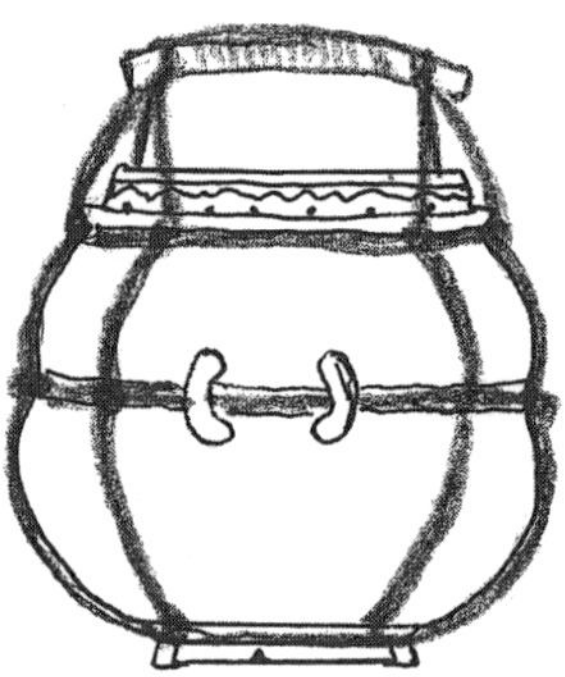

裏側　紐のフックがみられる

表側　黄泉国への使者図

醸造後土中から取り出し、酒注ぎのための吊り手を付ける有孔鍔付土器による吊り手、紐組み推定図

る。なお、底辺には手掛け用の器台を具備し、吊り下げ用の紐組みをしたのだろう。（下図参照）

（三）　三段階表示による土偶創造原理とは

平成二十三年七月に開催された奈良大オープンキャンパスのシンポジウム『縄文人の祈りと願い―その秘密に迫る』の記録に記載された、瀬口眞司氏論考「『土偶とは何か？』―その謎を探る」に発表された興味ある考察を聞いてみよう。まずは、担当教授の開催主旨からみていこう。

㈶滋賀県文化財保護協会の瀬口眞司氏は、古くから謎の多い土偶について、その役割や意味するところを正面から論じています。これまでの土偶論を整理したうえで、土偶が描かれた土器や土偶そのものの身体表現を独自に分析し、土偶は「空《うつ》ろ」なものであり、縄文人にとって実体の見えないもの―神様―を宿す器であるとしています。

（はじめに―縄文人の祈りと願い　坂井秀弥氏より）

文化財学科の坂井秀弥教授が、主旨を的確に記すように瀬口氏の論考は、土偶創造原理を端的に示す優れた論文であると私は思う。土偶そのものでなく「土器に描かれた土偶の分析」に「土偶装飾付土器」を分析の題材に選定していることが、分析が成功している理由と思う。

次に「土器に描かれた土偶から謎を解く」からを検討してみよう。

謎解きのポイント①　宿り示す後ろ姿――

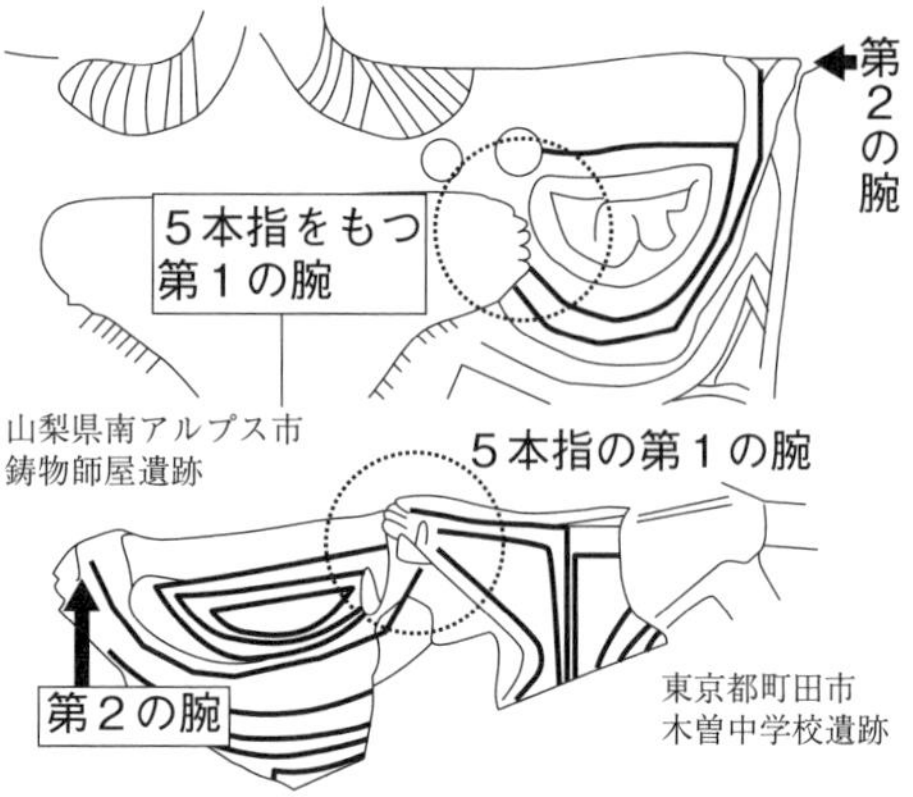

あちこちに見られる二人羽織の例

瀬口眞司氏の解説図版の一部〈『縄文人の祈りと願い』（ナカニシヤ出版）第1章を参考に作成〉

筆者が先記した久保上ノ平遺跡出土有孔鍔付土器について考察した箇所と重複している部分である。背面向きの人体文について瀬口氏は「土器に向かって土偶が一体化していく、宿っていく姿が描かれている」として「宿り入る」ことを見る者に伝えようとしていた可能性がある。

この考え方は、筆者の考えとはイコールではない。しかし「土偶というものは、宿り宿られる依代という風に見てとることも可能である」というように、土偶は神又は精霊が宿る「神宿る依代」という考えは、まったく同感である。そのために「仮面」は土偶に必要なアイテムであった。

謎解きのポイント②

二段構造の身体では、久保上ノ平遺跡出土の有孔鍔付土器の身体と頭部の間に明確に隙間があるが、これらは頭部と体部の間にわざわざ空白部分を作って、体部によそから別の頭部が合体し、宿り入る姿、アタマのない体に、別のアタマが宿る構造、そういったことを表現した「二段構造の身体」の構成であると、瀬口氏は分析しているのである。私は前文の④で論述したごとく「黄泉国への使者」としてこの人体文を把握している。したがって、人体文＝シャーマンであり、頭部＝ドクロ仮面着装の顔部と、これで瀬口氏の論ずる「二段構造の身体」であった。しかし、よく見てほしい、④にて私が示した「黄泉国への使者」は、第三段構造の身体であって、人体文（第一段）＋ドクロ仮面頭部（第二段）そして二段階を合体した三段階めとして「黄泉国への使者」図である合体完成形を見ているのだ。シャーマンであった人体文は、ドクロ仮面の頭部が乗ることにより、黄泉国への使者へと変身するのである。

もう一例を示そう。山梨県桂野遺跡出土の土偶装飾付土器の頭部欠損である受胎表現土器片は、諏訪市出土の土偶付深鉢土器である完形の受胎した妊婦の胴体に蛇体を頭に乗せた顔面把手の顔と合体して「地母神」像を表現しているのである（図参照）。

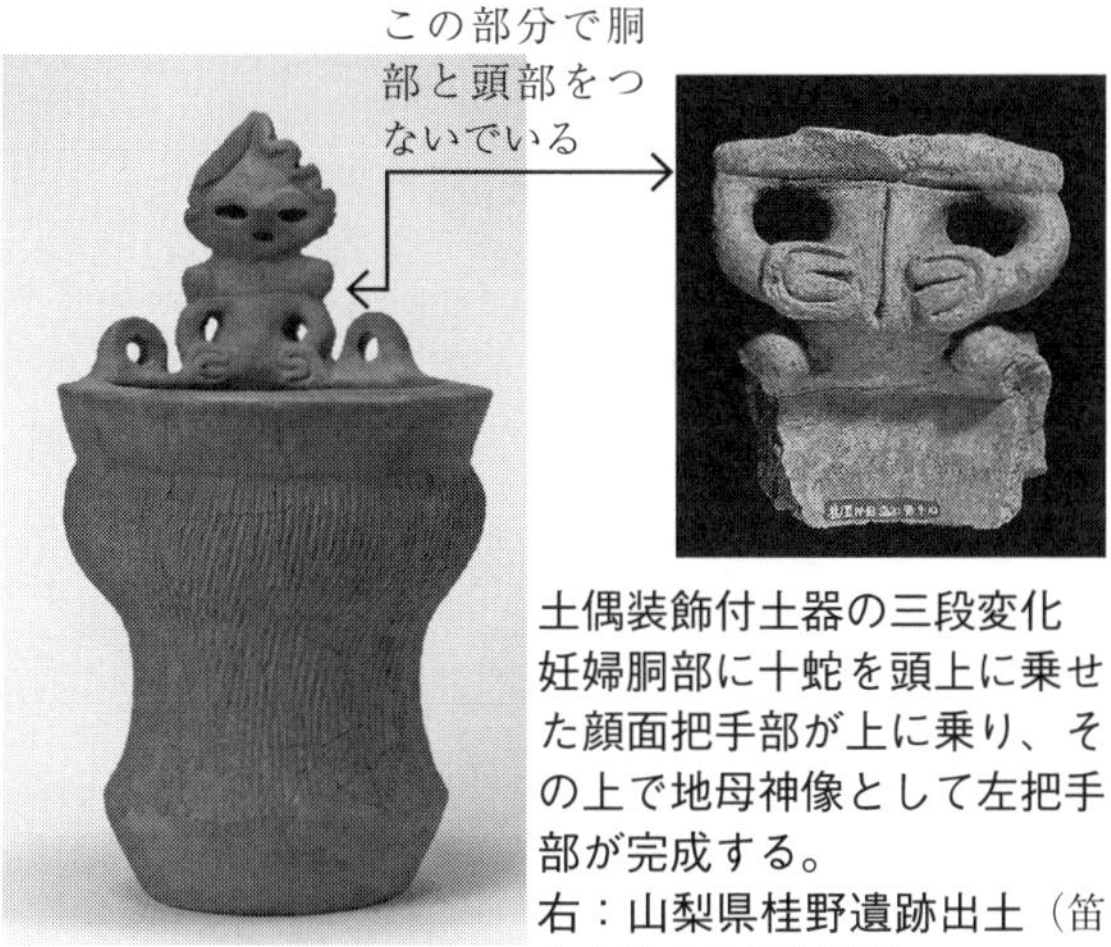

土偶装飾付土器の三段変化
妊婦胴部に十蛇を頭上に乗せた顔面把手部が上に乗り、その上で地母神像として左把手部が完成する。
右：山梨県桂野遺跡出土（笛吹市教育委員会所蔵）
左：長野県諏訪市付近出土（所蔵・写真提供：名古屋市博物館）

引用・参考文献

ネリー・ナウマン『生の緒―縄文時代の物質・精神文化』〈檜枝陽一郎訳〉言叢社　二〇〇五年

大島直行『月と蛇と縄文人』寿郎社　二〇一四年　――シンボリズムとレトリックで読み解く神話的世界観――
渡辺誠『よみがえる縄文人』学習研究社　一九九六年
奈良大ブックレット02『縄文人の祈りと願い』ナカニシヤ出版　二〇一三年　瀬口眞司　第一章「土偶とは何か？
―その謎を探る」
井戸尻考古館編『甦る高原の縄文王国』言叢社　二〇〇四年　――井戸尻文化の世界性――
山麓考古同好会『山麓考古20』武藤雄六さん喜寿記念号　二〇〇七年
武藤雄六「有孔鍔付土器の再検討」『信濃』22－7　一九七〇年　――八ヶ岳南麓地方の基礎

第五章　地母神土偶と縄文農耕論

藤内遺跡32号住居址出土　神像筒形土器
（井戸尻考古館所蔵・田枝幹宏氏撮影）

地母神土偶の誕生　――シャーマンの化身から地母神像へ――

一　地母神とはいかなる神か

大正十一年（一九二二）、鳥居龍蔵は「日本石器時代民衆の女神信仰」（東京人類学雑誌）において、顔面把手付土器と土偶を含めたこれらを女神式意匠として、宗教上の儀礼に用いられた特殊な女神信仰であると記している。北方アジア・東南アジア諸国を考古学研究を目的とした調査にて、見聞した事例を参考にいち早く発表した。地母神なる考えもこの頃より始まった。

現在でもアフリカ、オセアニアの未開民族の祭りや、儀式の際に、仮装した部族民による扮装パフォーマンスがみられるが、これらは歓迎の儀式であったり、先祖神、精霊を迎える儀礼・儀式であったりもする。部族の中には、大地に宿る精霊（地母神）を尊ぶ呪術や祭りもあったであろう。

日本にも古来より、地域住民の守り神として、「産土神《うぶすながみ》」を祀る信仰がある。現代にても農村の各地にて散見されるが、それらは様々な神を祭神としているが、仏教伝来以降になって発達したものであり、縄文の宗教観念とは少し違ったものであろう。縄文時代においては、自然崇拝が主なものであった。季節の移ろいや、天変地異など自然界に起こる脅威に対し、神の力を信ずる信仰が生まれたと考えられる。そんな信仰の中に「女神信仰」なる、大地に宿る精霊を地母神とした女性が対象となる祭祀が盛行した。土偶や顔面把手付土器の女性像は、地母神を偶像として創造し表現したものであったろう。

それらは妊娠した女性を表現したものが多くみられ、大地の母から生まれ出ずる新たなる生命であろう「食物」を示していたと私は考えている。縄文中期の勝坂式文化圏の人々は、食物を生む神として「地母神」を尊んでいただろう。

二 甦る国宝「縄文のビーナス」誕生

長野県茅野市棚畑遺跡出土の縄文のビーナス土偶は、大型で造形の素晴らしさから、土偶では最初の国宝に指定された。それ以来、縄文芸術の枠を集めた考古展には必ず出展されるという、人気者となった。しかし「縄文のビーナス」という愛称では呼ばれるが、彼女にはまだ正式な名称はない。考古学では、型式・様式によって分類されるのだが、土偶全般についても研究途上であるため、どのような土偶分類に含むのかは分かってはいない。現在の土偶名称の中では、遮光器土偶・みみずく土偶・山形土偶・ハート型土偶など、土偶の顔面の特徴から命名されているのが通常である。縄文のビーナス像を顔の特徴から命名するとすれば、勝坂式土器に見る「顔面把手付土器」の顔面と共通する造形がみられ、「顔面把手型土偶」なる珍名称となり不適切だろう。しかし、この顔面把手と縄文ビーナスの顔の類似は、大変重要な視点となることが、研究の結果分かってきたのである。顔面把手付土器を、縄文人がいかなる思いで創造したのか。この答えを導き出すことにより「縄文のビーナス」誕生の謎が解明されるのである。

顔面把手の「顔」は、土中の精霊を表現した「地母神」であった。したがって縄文のビーナス像は「地母神土偶」として造形していたのである。そして、この土偶のうちに秘めたもう一つの存在意義は「食物を生む神」として重要性をも孕んでいたのである。

縄文のビーナス土偶のもう一つの謎。それは、いかなる理由で「ビーナス」という愛称で呼ばれるようになったのかである。

現代の我々が愛称により名付けられたために、身近な存在として親しみを感ずるのである。だがこの・・・ビーナスという固有名詞にこだわる研究者もいるのだ。縄文のビーナス像は、土偶そのものが示すごとく「妊娠」している腹部の張り出しが造形されている。妊娠している土偶に対してビーナスとは何事だ、というのがその骨子である。たしかに一理あるように思うのだが、実は考古学者ならではの引用であったのだ。

現代の我々は、古代・中世ヨーロッパの美術品をイメージしてしまうのが常である。フランスのルーブル美術館所蔵のギリシャの女神「ミロのビーナス」(紀元前二世紀、メロス島出土)や、ボッティチェリの「ヴィーナスの誕生」(ルネッサンス様式・フィレンツェ、ウフィツィ美術館蔵)などを想起してしまうのが常人の考えることであり、筆者もその一人であったのだが、最近では別の観点から思考するようになった。縄文のビーナス像を、あれこれ見ているうちに「旧石器のビーナス」像に思い当たったのである。

後期旧石器時代における(三万五千年以降~一万五千年前)ヨーロッパ各地にて、ナウマン象の牙などで彫刻された女性裸体像が出土している。これらは、オーリニャック文化、ソリュトレ文化、マドレーヌ文化と続く氷河時代の約二万年の間に彫造された品々であった。縄文のビーナスは、旧石器ビーナスの存在より愛称された、極めて学術的な呼び名であった。

三　地母神像の下腹部デルタ共通表現

ヨーロッパ後期旧石器時代の「旧石器ビーナス」について述べたついでに、新石器時代のビーナスについてもみてみたい。ちょうど日本の縄文時代に対応する時代であり、縄文のビーナスと対比するのも意味があると考える次第である。

旧石器ビーナス像の下腹部の逆三角形デルタは、豊饒のシンボルとして造形され、とりわけ成熟した女性を示す女陰の表現は象徴的であった。その後の古代オリエントの農耕社会では、大地は母であった。それゆえ地母神像はあらゆる生命の創造偶像である。逆三角形の陰部表現は、シュメールの絵文字では、女陰▽記号によって示されている。一方、日本の縄文のビーナス像や、それらの同類としての土偶にも、同じように下腹部デルタ共通表現としての⋀⋀型記号（対称弧刻文）がメルクマールとして線描きされているのである。これらの顔面は、いずれも顔面把手付土器の顔面表現と同じであったのである。

縄文のビーナス土偶の誕生の謎解明は、顔面把手付土器による発生から盛行、そして衰退の変化を追求・把握することによって究明されるだろう。そう考えた筆者は、この土器に秘められた文様の解読に挑んでみようと考えたのである。

四　シャーマンによる地母神への化身

仮面土偶は、精霊と人との間を取り持つ役目である仮装したシャーマンの姿であったと考えた。これと同じように、地母神土偶も、シャーマンが地母神になりきった姿を、偶像化したものであろうと推察している。双方共にシャーマンが化身した姿をヒト形の偶像として創作しているのだが、地母神土偶は、仮面土偶とは異なり「農耕」祭祀・儀礼に関係する土偶製作と考える。母体の受胎表現は、安産祈願よりも、作物豊饒祈願にウエイトを置いた土偶であっただろう。

（一）　土偶装飾付土器にみるシャーマンの姿

ここに長野県富士見町藤内遺跡出土の「神像筒型土器」（重要文化財）がある。私はこの土器を見て、日本縄文文化における土器の最高傑作の芸術作品であると推賞する。筒型土器口縁には、蛇体が巻く頭部を現し、肩にはショール状の衣裳を羽織る神秘的な女神の姿。これぞ縄文シャーマンの後姿と、その時感じたのである。胴部文様は、縄文中期中葉の藤内式の典型的な三角文内に、沈線を埋め尽くすものである。

その後、写真家の田枝幹宏氏撮影の「神像深鉢」（山梨県中原遺跡出土品、個人蔵）を、目にする機会を得た。藤内遺跡出土品には見劣りするが、神像の造形が同形で、神像の股の下には男根が直立する形状から、この神像は女神を表現していることが判断される。私が特に注目したのは、口縁部の蛇体頭部下の「肩パット」（第二一回特別展・縄文の女神―人面装飾付土器の世界―二〇〇四　山梨県立考古博物館）と仮称された特殊な装具であった。これらは、東京都藤の台遺跡、埼玉県南鴻沼遺跡、山梨県実原A遺跡、ほか数遺跡出土の顔面把手部破片にみられる。土器の全体像は、土偶装飾付土器に付帯されていたものだろう。

山梨県立博物館主催「縄文の女神―人面装飾付土器の世界」展示図録中、「人面装飾付土器の発展、発達1」に記述の「肩パット」は、土偶の肩に装着したものではなく、シャーマンが装着した仮面ヘッドギア後頭部下の首を覆う「シコロ状装具」だろう（兜鉢の下に付ける鞠《しころ》）。「鞠」とは、兜・頭巾の左右後ろに垂れて首を覆う物であり、シャーマンが頭部と胴体を繋ぎ隠す装具であった。これら土偶装飾付土器にみる女神像は、シャーマンが呪術の際、実際に装備していた姿を、土器に投影したものと考えるのである。山梨県寺所第２遺跡出土例は、相向き合うシコロ状装具を付けた二体が表現されている。

この相向き合う二体の人体表現を観察すると、二体は背面の表現が異なることに気づく。一体は脇腹下のシャープなライ

両脇下が半球状に中空になっている神像筒形土器背面（藤内32号住居址出土）
（井戸尻考古館所蔵・田枝幹宏氏撮影）

兜鉢下の鞠

ンの下に、女性特有なバイオリン型のお尻の表現。明らかに女性シャーマンの姿であろう。一方は、脇から直線に下る胴部表現。そして、引き締まった小さなお尻、これは男性の表現であると判断できよう。したがって寺所第2遺跡出土例は、男女シャーマンが、相向き合った特異な事例であり、男性シャーマンの存在を認識させる問題の土偶装飾付土器である。

男女ペアのシャーマンによる、豊饒を祈願する踊りでもしている姿であろうか。

（二）　顔面把手の蛇とミミズク表現

顔面把手付土器が完成される以前、五領ヶ台式から勝坂式に移行する頃、井戸尻編年でいう、狢沢式・新道式期には、山梨県鋳物師屋遺跡、埼玉県八ケ上遺跡例のような、顔面が双環状をなした「夜行動物」であるミミズク（フクロウの仲間）の顔面が表現されたものが盛行する時期がある。それらの頂部には、意匠化された蛇が表現されたものがあり、これら、蛇とミミズクの合体表現は、土器の内容物を守る意味を発想させるものがある。蛇とミミズクは、野ネズミの天敵とされ、土器内の種子を守ろうとする意図が感じられる。また、猪と蛇とを合体した「猪蛇《いのへび》」文様を施文する顔面把手付土器もみられ、こちらのほうは、猪＝女性原理と、蛇＝男性原理をミックスした動物意匠文により、男・女の合体を表現した多産・出産をイメージする「豊饒」願望が想起される。顔面把手付土器の機能、用途の「種子保存」「作物豊饒」二つが想定されるが、この土器の存在により、縄文中期農耕論を肯定する重要な問題を示していると、私は考えている。

なお、双環文をミミズクの顔面表現としたが、これとは別に有孔鍔付土器にみる半蛙人体文の頭部

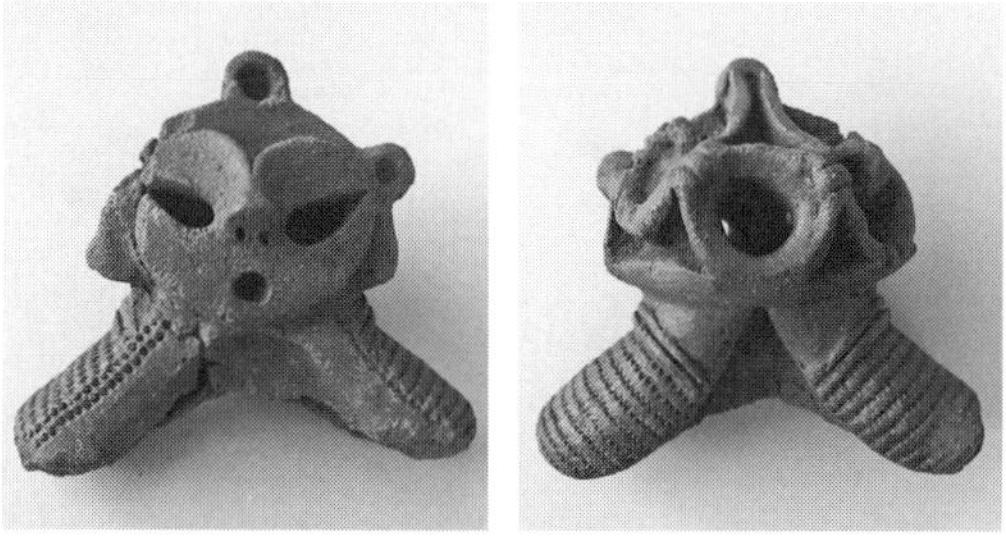

東京都藤の台遺跡出土人面装飾（所蔵・写真提供：町田市教育委員会）

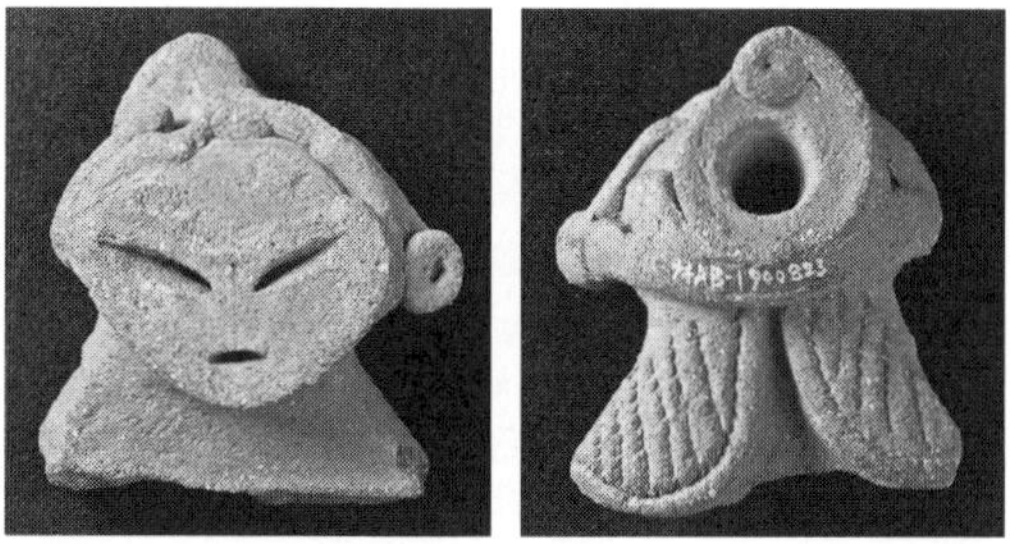

山梨県実原Ａ遺跡出土人面装飾（所蔵・写真提供：北杜市教育委員会）

桂野遺跡出土人面装飾（所蔵：笛吹市教育委員会　写真提供：山梨県立考古博物館）

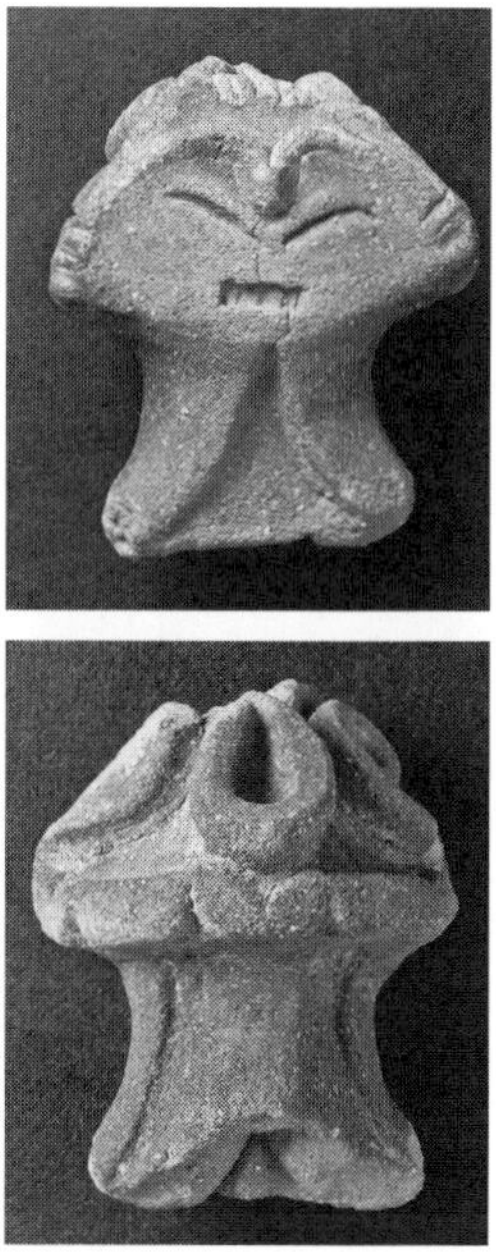

山梨県東原Ｂ遺跡出土人面装飾（所蔵・写真提供：北杜市教育委員会）

や、土器把手部にも使用された例があり、一概に双環文＝ミミズクの顔面表現とはいえない部分がある。双環文の環の開き具合により、表現を使い分けている節がある。

以上のように、私は、顔面把手付土器の使命として「種子保存」説を提唱するが、従来説での食物（農耕による食材とは限らない説もある）の煮沸用とは一線を画する。土器を種子壺とするならば、そして、野ネズミからの防御を考えるならば「根菜類」ではなく「穀物」の五穀のうちのいずれかであろうと考えている。「麦・アワ」が可能性として挙げられる。この問題については、後に詳しく検討・論述してみたいと思う。

（三）　地母神土偶の発生はいつか

地母神土偶の誕生について、（一）、（二）と順に発生の起源について溯って考えてきた。

まず関連性のある顔面把手付土器の発生期を考えてみよう。藤森栄一著『縄文農耕』「顔面把手付土器論」のうち「顔面把手の発生」によると、宮坂光昭氏の論考「縄文中期における宗教的遺物の推移」信濃一七－五の記述を取りあげて、次のように記している。

「宮坂光昭の「土偶と顔面把手」の研究によると、縄文前期末、諸磯式期頃から、土器上縁の一部に、イノシシあるいは、コウモリとも思われる表（顔）《ママ》面を表した小突起が盛んにつくようになる」として、これを発生期であろうとしている。この前期末の例をもって顔面把手ではなく「獣面把手」と呼んで区別しているようである。私はこれを、地母神偶像の出現期と捉え「第Ⅰ期」と考えている。ただ顔面把手にまつわるシャーマンの化身とは考えず、大地に沸き出る動物を表現した地母神を具現化したものと把握している。第Ⅰ期の単なる地母神像を、シャーマンの身体を借り表現したのが、顔面把手の発生期と捉える筆者は、中期初頭の五領ヶ台式期にみる◎型顔面表現は、シャーマンが着装した「仮面」をもとに施文したものと考え、地母神をシャーマンが化身した姿と想定している。よって第Ⅱ期の五領ヶ台式期をもって「地母神土偶の誕生」への発生期であると考えている。第Ⅲ期目は狢沢式にみる双環文によるミミズク顔面をした土偶装飾付土器をもって地母神土偶誕生への移行期と捉えている。

地母神土偶の誕生は、土偶装飾付土器に表現された背面レリーフにより、対称弧刻文施文の地母神土偶誕生へのカウントダウンが始まるのである。そしてついに顔面把手の完成形である。所謂「顔面把手付土器」の出現する狢沢・新道式期になって、顔面把手から分化した形で、初めて地母神土偶が誕生するのである。この時点を、土偶誕生への道程として第Ⅳ期とすることができる。

地母神の具現→シャーマンの地母神への化身→地母神像（土偶）へ

以上のごとく、三段階の変遷過程を経てようやく地母神土偶である。「縄文のビーナス」は誕生するのである。従来説は藤内式以前を考えておられるが、藤内式以降が適切だろう。

五　土偶誕生の背景にある「縄文農耕論」

地母神土偶の誕生と成立は、「縄文農耕」に関係ありと、再々論述してきた。そこで、いま一度重要部分について補強しておきたいと思う。土偶祭祀の重要点と考えるからである。

縄文中期農耕論を提唱した藤森栄一は、武藤雄六氏との共同研究の中で、富士見町の新道遺跡出土の有孔鍔付土器の器形観察をきっかけに、特殊な機能を有する形状から、藤森説は種子貯蔵具と考え、一方、武藤氏は、数々の実験・観察を通して、酒造具説を提起した。現在の考古学界の学説では、酒造具説と太鼓説の二者が有力視されていて、藤森説の種子貯蔵具説は影を潜めてしまっている。私自身は、有孔鍔付土器＝酒造具説を積極的に支持している。そして「顔面把手付土器」こそが、藤森説でいう種子保存容器（種子壺）であると考えている。これは前文で述べたとおりである。

地母神土偶の研究からの手がかりであった顔面把手付土器の成立、その後の地母神土偶への分化の土器・土偶変遷過程の中に「縄文農耕」という縄文人の暮らしにかかわる問題が内在していることが見えてくる。

そもそもユーラシアの新石器時代は、農耕・牧畜社会であるといわれる。農耕社会は地母神信仰と密接に関係している。日本の縄文時代にも地母神信仰は確実にあったが、考古学界では、積極的な農耕肯定論は否定的であるといえよう。縄文中期農耕論を考えさせる根拠として、次の三つの現象を提示することができる。

㈠　土偶装飾付土器は、蛇とミミズクを表現した頭部から土器の内容物を種子と考え、野ネズミの天敵である動物を意匠化することにより、種子を守ろうとする意図を表現していると思われる。

㈡　顔面把手付土器の退化形式である「筒形横帯隆線文土器」の存在から、顔面把手付土器の主目的は「種子保存」容器と考える。ただし、収穫した農作物を、煮炊きして会食する「収穫祭」などに使用されて、煮沸用に兼用された可能性もある。

㈢　地母神土偶にみられる「壺を抱く土偶」は、正に種子壺を抱く地母神土偶であると推察する。壺は顔面把手付土器そのものであり、脇に抱えた壺から種を蒔こうとする姿勢であろう。出産間近な姿から壺はエナを入れる容器とする説があるが、これは間違いであろう。

㈠は顔面把手の文様から、㈡は顔面把手付土器の器形から、㈢は土偶の造形から、それぞれの根拠を示した。

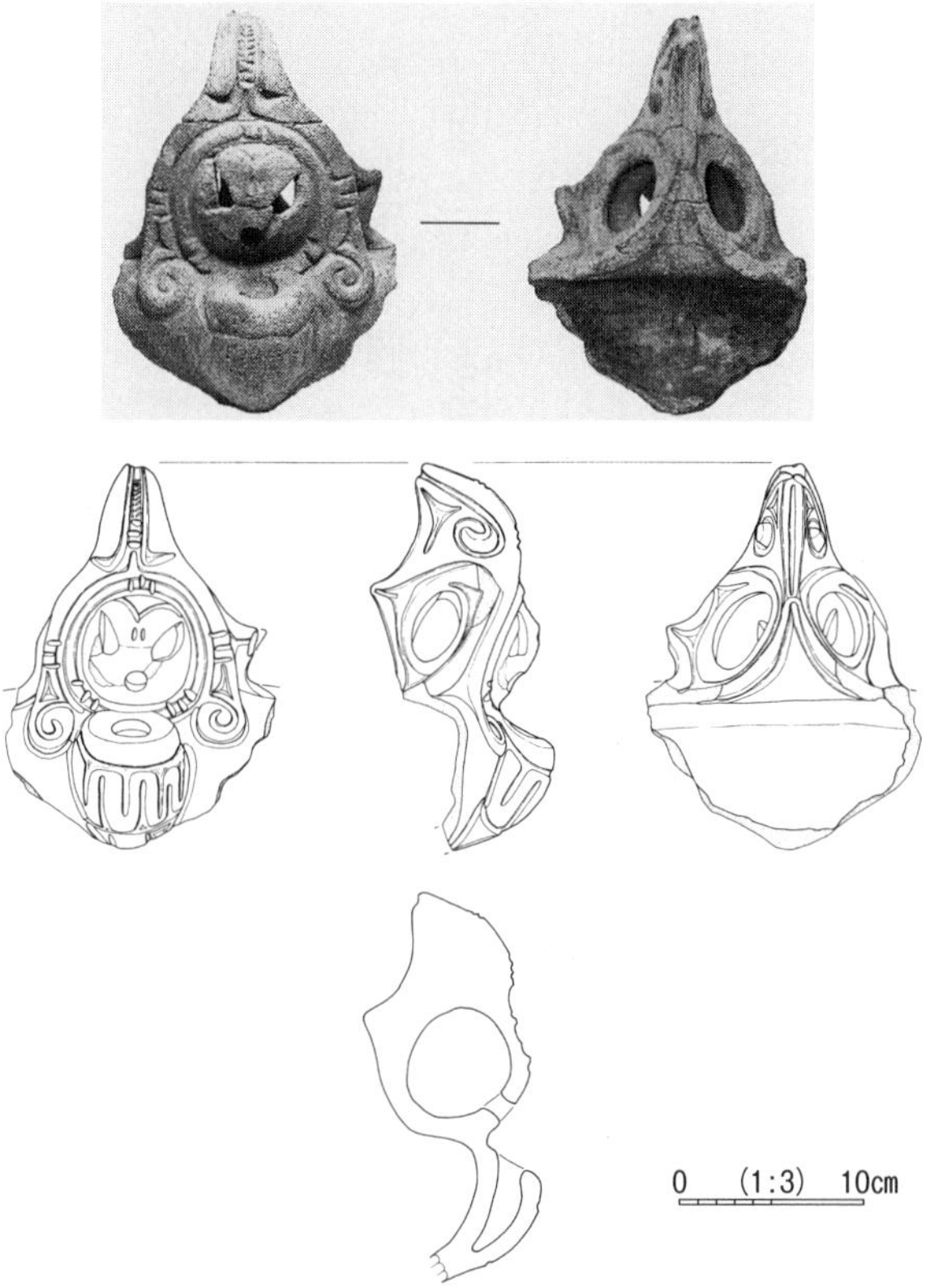

壺を抱く顔面把手部分　壺は顔面把手付土器そのものを暗示する。（長野県朝日村熊久保遺跡第６号住居址出土：朝日村教育委員会所蔵）〈『熊久保遺跡第10次発掘調査報告書』（朝日村教育委員会2003）より転載〉

特に㈢の地母神土偶における形状からは、中期勝坂式文化圏の人々による、土偶に託した祈願・願望までも伝わって来る。ここに少なくとも八ヶ岳西南麓地域では、中期縄文農耕が開始されていたことが証明されると信ずるのである。そして、その種子は、一体いかなる栽培植物であったのであろうか。

縄文の世界へ尽きない疑問は、深まるばかりである。

六　地母神土偶誕生への源泉

地母神土偶の存在の背景には、原始農耕社会の実態が想定されることを述べてきた。そこで、今回は「農耕」をキーワードとして、問題の核心へと検討・追求していきたいと思う。

先学藤森栄一、武藤雄六氏の「縄文農耕」論の初期学説は、その後、井戸尻考古館を中心とするメンバーによって研究が続けられ、『山麓考古』なる同人誌により発表・発展されている。土器図像学、石器による各種農具論、なかでも、中国大陸との考古資料の対比、類似性など、考古遺物のみならず、原始・古代人の物の考え方（思考）にまで立ち入って研究する姿から、考古学の真髄を実践する手法として有意義である。

なかでも初期学説からを出発点とする「有孔鍔付土器」からの酒造具説では、古代中国との関連で「月信仰」との関係など、重要な視点として、共感する部分が多々見受けられる。

そこで、筆者の主題である「土偶」による「土偶は何が為につくられたか」のテーマをもとに、地母て、古代中国「仰韶《やんしゃお》文化」との共通性について論述していきたい。

神土偶誕生の発生源について論究してみたい。まずは、縄文前期の漆技術と有孔土器での酒造につい

（二）　彩文土器と粟酒造技術の受容

昭和四十八年（一九七三）の年の瀬も迫った十二月十九日、藤森栄一は心筋梗塞のために六二歳の生涯を終えた。人生の後半期には「縄文農耕論」一筋に考古学界に問題を投げ掛けたのであったが、学界では冷ややかな目で受け流していたようだった。それは、肝心の栽培種の出土・検出事例がないために、無視されてきたのであった。皮肉なことに藤森が死亡した翌年、藤森の自宅より諏訪湖西対岸の荒神山遺跡からエゴマの炭化物が出土するというタイミングの悪さであった。エゴマは栽培種であって、待望の出土事例となったのである。その後、福井県鳥浜貝塚の低湿地遺跡から漆塗りの彩文土器に混じってヒョータン・リョクトウ（その後、ヤブツルアズキという自生の豆と判明）などの栽培植物の炭化遺物が見出され、続いて滋賀県粟津湖底遺跡や、山形県押出遺跡の縄文前期諸磯式の漆塗り彩文壺が多数出土した。彩文壺とは、口縁下部に多数の小孔が並んだ「有孔土器」のことであり、酒造具である有孔鍔付土器の初期形態の土器のことである。近年に至っては、野生ビエの種子や縄文晩期の西日本の各遺跡から、イネの炭化種子も出土するなど様々な栽培植物が見出されはじめている。今日では、縄文時代前期後半以降においては、縄文農耕は確実に存在したと断言できるが、いまだ考古学界では、慎重な構えで通説とはなっていない。植物採集と狩猟・漁撈を中心として、若干の管理植物食品の栽培を考

えている（その後、弥生時代の開始時期が二〇〇〇年古くなることにより稲作は弥生時代以降となった）。

これらは、縄文文化は日本列島固有の文化と考える考古学研究者が多いことに関係している。旧石器文化研究と同じくアジア大陸との文化対比、交流など大いに推進すべきだろう。「漆の技術」「酒造技術」「農耕技術」の源流は、すべて古代中国文化の伝播と考えられるのである。なお、漆については縄文草創期の遺跡より発見例があり、なお検討を要すると考える。

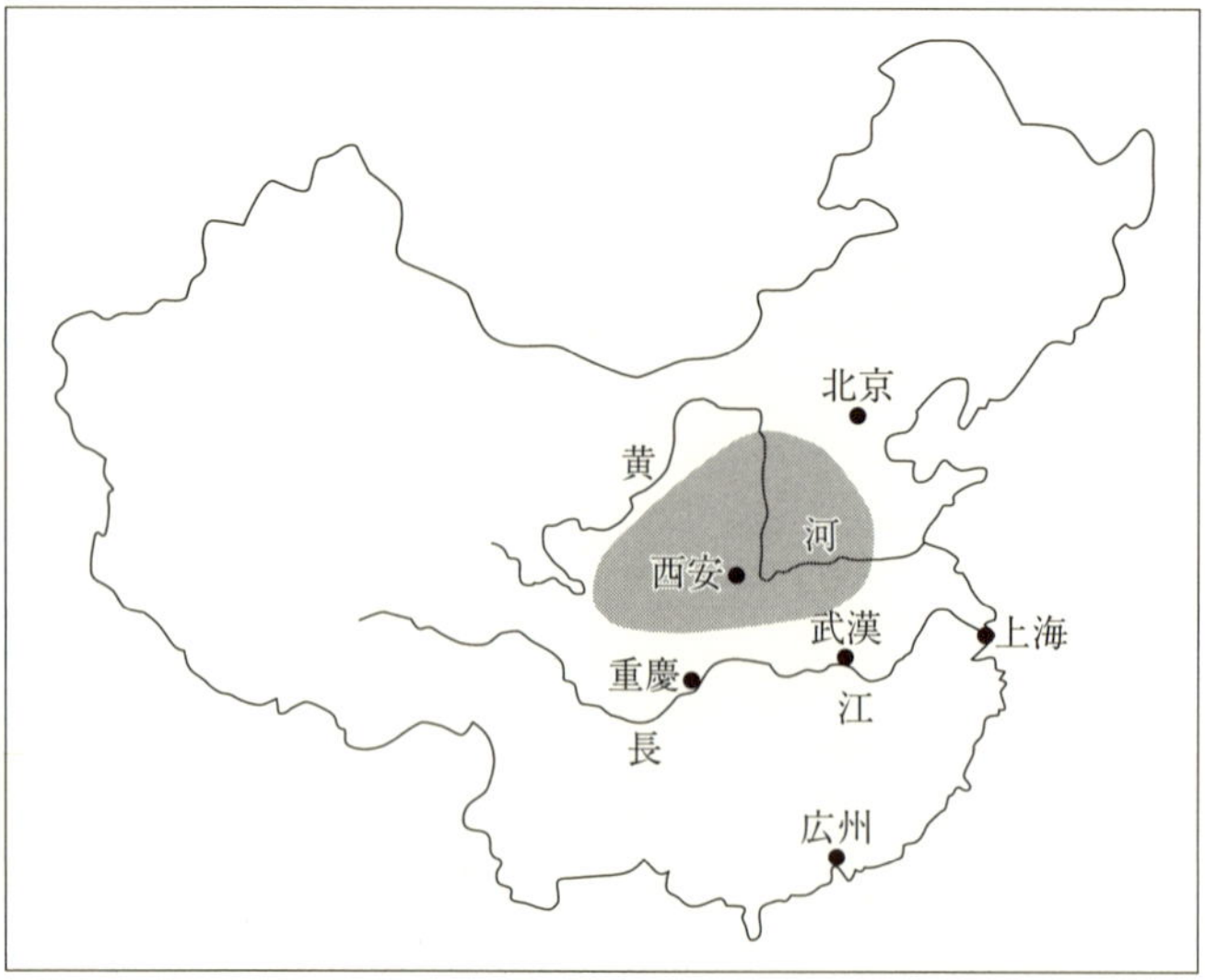

仰韶文化分布の略図（アミかけ部が仰韶文化の分布地域）
（王小慶『仰韶文化の研究―黄河中流域の関中地区を中心に―』（雄山閣、2003））

一九七〇年以降、中国考古学において、相次いで重要遺跡の発掘調査が実施され、実態が提供、報告されている。なかでも、黄河中流域における「仰韶文化」については、日本の縄文前期文化と対比されるべき共通する文化内容を示していた。

仰韶文化は、一九二一年にスウェーデン学者のT・Gアンダーソン博士により、中国河南省澠池県仰韶村で最初に発見された遺跡で、その

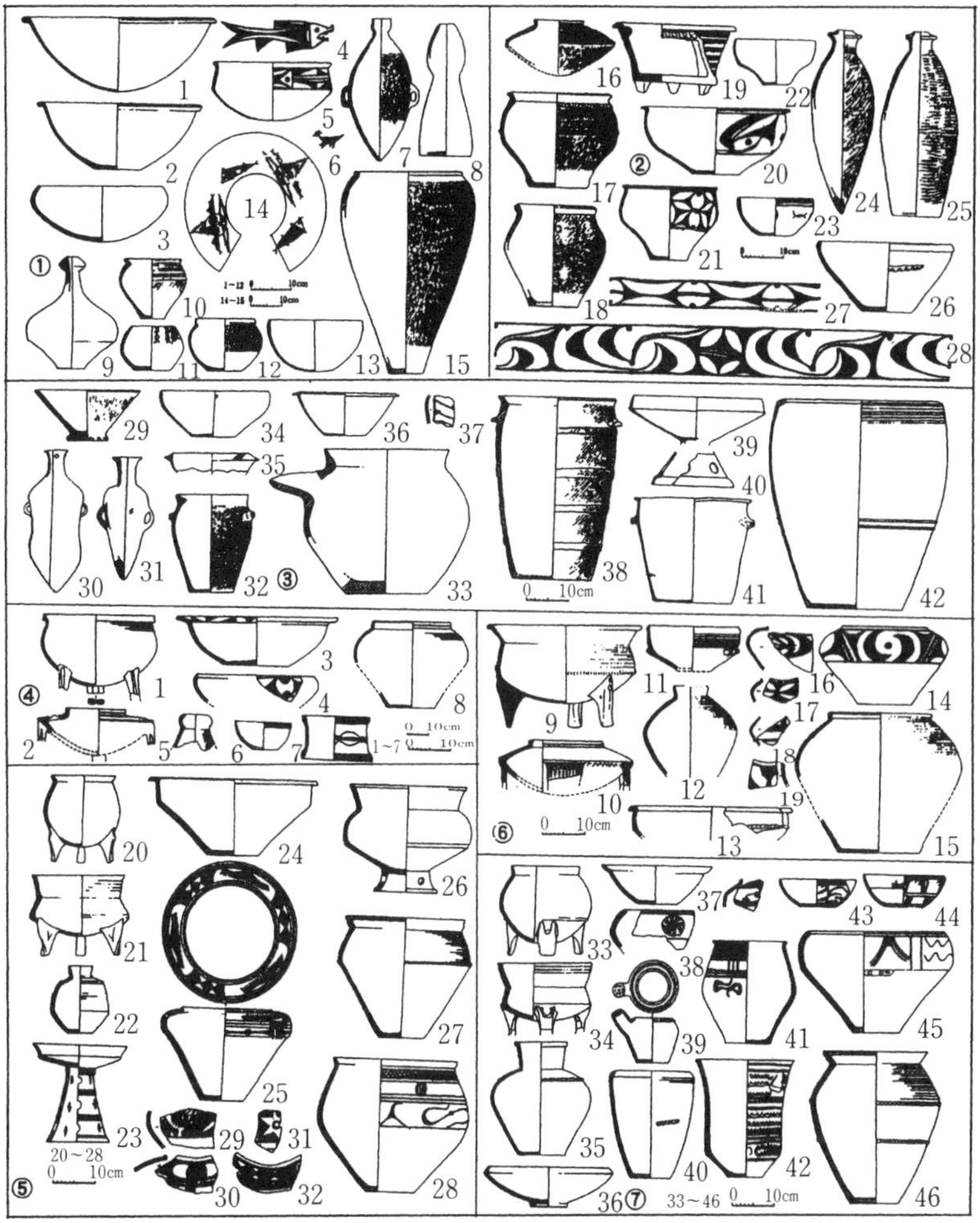

仰韶文化分布の土器　①～③　関中地区仰韶文化の土器　④～⑦　河南地区仰韶文化の土器〈王小慶『仰韶文化の研究—黄河中流域の関中地区を中心に—』（雄山閣、2003）より：中国社会科学院考古研究所　1984の図一二より作成〉

文化内容を総称して「仰韶文化」という。この文化の特徴は、多数の彩文土器と磨製石器を伴う新石器文化である。遺跡は、西安を中心とする黄河中流域の関中地区を主体に広範囲に散在していて、現在一〇〇〇ケ所以上の遺跡が知られている。仰韶文化の生業は、粟栽培を主とする原始農耕であり、家畜を飼育し、土器・石器を製作し、様々な生活道具を取り揃える。人々は定住集落を営み、集中埋葬地が伴うところが共通している。彩文土器は、泥質紅色土器の盆・鉢・罐の外面上部に、黒漆による文様を施文する。漆は赤漆、白漆も存在していたようである。数ある遺跡の出土品をみると、それぞれ少々異なるようで、バラエティーにとんでいる。

仰韶文化と縄文前期文化を対比する時、次の三項目が類似点として注目される。

一、彩文土器の存在と、漆による文様の類似性
二、有孔土器に見る算盤玉形状の浅鉢の共通項
三、仰韶文化の粟酒造と縄文前期彩文壺の関係

漆による施文、算盤玉形状の土器の存在、酒造具の発生時期等、あまりにも仰韶文化との共通項が揃っているのである。

縄文の酒造を考える時、従来説では、野生果実酒を考えていたのであるが、仰韶文化との共通性を考える場合、仰韶文化で盛んに作られていた粟酒醸造技術が、縄文前期に伝わって、粟による穀物酒の可

能性が出てくる。したがって、有孔土器は、粟酒醸造器となり、粟の栽培の可能性が考えられる。

（二）　有孔鍔付土器による麦酒《ばくしゅ》醸造

富士山を目として、関東から山梨、中央線に沿って八ヶ岳西南麓、諏訪盆地から分かれて塩尻方面と、天竜川を下って、伊那谷の上伊那地域。この領域が勝坂式文化の繁栄した地域であることが分かってきた。この細長い眉毛のような領域を、「富士眉月弧《ふじまゆづきこ》」という。この領域からは、顔面把手付土器、地母神土偶、そして研究テーマとなっている有孔鍔付土器が盛んに出土する「勝坂式文化圏」である。

なお地域内の考古学研究の成果として、焼畑による縄文中期農耕論がいわれて久しいが、いまだ栽培種の選定には至っていない。近年各地から報告される栽培種と、その化学的分析結果により、詳細が分かってきたのであるが、本当の栽培種目はいまだ姿を現していないのである。かつて、先学武藤雄六氏が曽利遺跡の報告書の文面に、X字状把手鍔付土器の酒造原料の問題に触れ、「麦による酒造具でなくてはならない」と言及した文面を目にした記憶がある。以後、酒造原料の問題で麦による酒造原料に言及した論文にはあっていない。目にしていないだけかもしれないが、私は、有孔鍔付土器の酒造原料はムギであって、麦酒であろうと考えている。その論拠は、縄文中期初頭の五領ヶ台式から藤内式期に、従来「半截竹管文」と学術名で呼ぶ施文具による刺突文が、盛んに多用される文様の土器が盛行する。命名の「竹管文」が禍いして、それ以上の研究テーマとならなかったが、その刺突文を、よく観察すると、竹管などでなく、ストロー状の先端を押し付けたような「円環刺突文」となっていることが、容易に判断される。わざわざ竹管内を細く削って作出したような代物でないことは、すぐにも判別できる。径五㎜で円環幅はコンマ数ミリの単位の美しい円環文である。恐らく、ムギの茎の先端を利用した「ストロー状刺突文」であろう。なお、U字状の溝に施した押引文も同じストロー状をしたムギの茎先端を利用している文様であろう。他の植物の茎の先端を実験してみたが、麦のそれ以上の結果は得られない。例えば、身近なカヤでは、凹型の文様となる。茎の中に綿が入っているからである。ただし、アシ属の一部に茎が空洞になっている植物もあるが、焼畑陸耕により栽培されたムギだからこそ、大いに施文具に利用しているのであろう。ムギの茎は乾燥して水分がなくなると立派な施文具となる。以上の発想から縄文中期は、前期の粟栽培から転換して、ムギ栽培へと主作物が移行したものと推察する。有孔土器の小型浅鉢から有孔鍔付土器への変遷は、以上の事情による。

有孔鍔付土器の正体

顔には、骸骨を思わせる造形が表現され、U字型の胴部には長い腕が土器表面を抱えたような表現。明らかにドクロ仮面を被った頭。首より下半身は、正反対の表現である。研究者の中には、正面を向いた表現であると論ずる人もいるが、足のふくら脛の細部の形状より、背面向きの人体レリーフである。恐らくドクロ仮面も、頭部下の髪形表現より後手に被った表現（後に顔面に着装に訂正する）と推察することができる。伊那谷縄文文化の豊かさを示す土器の出土である。

平成八年（一九九六）三月七日の信濃毎日新聞は、長野県上伊那郡南箕輪村「久保上ノ平遺跡」の出

土品を紙上紹介した。この遺跡は、伊那谷北部域木曽山脈の裾野で、標高七〇〇mの段丘突端部に位置し、天龍川右岸の第一・第二段丘に挟まれた東西五〇mのごく狭い河岸段丘上にある。

この遺跡の発掘への経過は、平成七年度に南箕輪村で墓地公園の造成を、久保区の上ノ平地籍において計画したため南箕輪村教育委員会が実施したものであり、試掘調査を平成六年十二月に実施した。その後の調査にて予想を上回る豊富な遺構・遺物の内容があり、特殊遺構に配列された土器配置から廃棄行為への問題提起がなされた。また、五本の指に爪と関節までが表現された土器片が出土し、様々な問題を残し発掘調査は終了した。前述の人体付有孔鍔付土器は、調査B地区内の四〇号住居址の床面に潰れて出土したものである（後に国の重要文化財となる）。平成八年三月七日の新聞報道は、出土した土器の復元が完了し、発掘調査時には不明であった有孔鍔付土器が、全国的にも極めて珍しい人体モチーフが施文されていたために、南箕輪村教育委員会が中間報告したものである。

一　上伊那の有孔鍔付土器の事例

上伊那の有孔鍔付土器の発達は、中部高地諸磯式土器文化圏の有孔土器の一形態より発展・継承されている。

縄文中期文化が開花した地域として、松本平・伊那谷・諏訪湖盆を経由して八ヶ岳南麓から甲府盆地へ、更に関東平野へと続く所謂考古学用語で総称する「富士眉月弧」が、近年の高度経済成長の開発の波に乗り、考古遺物・遺構が発見され、話題を呼んでいる。この縄文中期の銀座とも喩えられる地域の南端が、我が郷土「伊那谷」なのである。

伊那谷は、昭和三十年代の後半期より土地利用・開墾等により埋蔵文化財保有地が調査され始め、昭和四十年代に至り農業構造改善事業により最盛期を迎えた。各市町村における埋蔵文化財緊急発掘調査が実施されたのである。

当時の遺跡調査にて出土した有孔鍔付土器は、伊那市教育委員会が実施した「御殿場遺跡」の発掘調査以前に出土した壺形の有孔鍔付の小型土器である。伊那市富県北福地の台地上に、縄文中期中葉住居址五軒、同後葉住居址一一軒の遺構に伴って「顔面付香炉形土器」が出土し、造形の素晴らしさに考古学関係者や、伊那市民を驚嘆させた。後にこの土器は、伊那市有形文化財に指定され、伊那市考古資料館に展示されている（後に国の重要文化財となる）。そんな経緯もあって、有孔鍔付土器も同遺跡地より発見されたのではあるが、影が薄れてしまったようである。

昭和五十年代に入ると、工業団地造成、住宅団地建設に伴って大規模な発掘調査が実施され、上伊那での特徴的な有孔鍔付土器が出土するようになる。上伊那南部における、「蛙文有孔鍔付土器」。箕輪町御射山遺跡にて出土した「X字状把手付有孔鍔付土器」。駒ヶ根市の二遺跡出土の有孔鍔付土器がそれである。以下細部について検討してみたい。

① 伊那谷の新資料

駒ヶ根市の丸山南遺跡と、上伊那郡宮田村の中越遺跡より土器表面に蛙の具象表現のある「蛙文有孔鍔付土器」が出土している。

昭和五十一年（一九七六）、駒ヶ根市教育委員会は、農業構造改善事業の一環として、駒ヶ根市赤穂上赤須南原の台地を埋蔵文化財保有地内の事前調査を実施した。その結果、縄文中期中葉から中期後葉期の馬蹄形の大集落址（住居址五二軒）が発見され、第四九号住居址より「蛙」と「ヘビ」（考古学者渡辺誠氏はサンショオウオとしている）を具象的にレリーフ状に表現した有孔鍔付土器が出土した。残念ながら胴下半が欠落しているために原形は不明であるが、もし完形であったならば一級の縄文芸術品としての価値をも持ったであろう。

蛙と蛇を同一文様帯に並列させ、蛇の舌が蛙の手に連なり表現している。

宮田村の中越遺跡は、縄文時代前期の大集落址として考古学上有名である。中越台地の微高地中央部に縄文前期集落の中心区域がある。台地の東西軸の南東部には、縄文中期及び後期の集落址であった模様で、第一四七号住より井戸尻Ⅰ式の有孔鍔付土器が「伏甕」の状態で出土した。縄文時代前期以降、動物意匠文として「蛇」・「猪」が多用されたが、当遺跡出土の有孔鍔付土器は、丸山南遺跡同様「蛙」文様が流水文とともに表現されていた。土器面に「朱」の彩色の跡が見られ、呪術・祭祠的な要素が感じられる土器である。

上伊那郡箕輪町大字三日町に所在する「御射山遺跡」より大型の有孔鍔付土器が出土した。この第二号住居址より出土した土器には三つの特徴が見出せる。まず第一に樽の見本のような形状であること。

まるで現代の陶器樽を見るかのようである。酒・醬油等を入れておくにもってこいの形態を有している。

第二の特徴は、S字状文を背合せに二個組み合わせた諏訪湖盆に特色を示す曽利Ⅰ式に見る「X字状把手」を四個配している点である。なお把手より上部には朱が塗布されていた。

第三の形状的特徴は「鍔」である。断面三角形を呈し厚くガッシリ作られている。この鍔を観察すると、鍔は無用の長物とはとても思われない。有孔鍔付土器の機能・用途を解明する原点が、この鍔の形態の中に潜んでいるものと推察される。器高四八cm、口径三四cm、胴最大径四九cm、容量は四五・九ℓと、山梨県中原遺跡に次ぐ容量を持つ曽利Ⅰ式の有孔鍔付土器である。

御射山遺跡第二号住居址は、住居中央部に有孔鍔付土器（X字状把手）の破壊された土器片を半月形に二列に配列している。住居内における特殊祭祠、もしくは葬送儀礼にかかわる土坑であろうか。半月状遺構の中央部に一メートル四方の穴があいている。これは近年にて掘削された電柱杭とみられている。

昭和六十一年に駒ヶ根市赤穂福岡辻沢地籍において、開発に伴う事前の発掘が実施された。調査の結果、縄文時代中期後半、伊那谷編年でいう、伊那谷中期後半第Ⅱ期からⅣ期に移行する住居址一〇〇軒あまりが確認され、一年後「辻沢南遺跡」として報告書が刊行されている。問題の有孔鍔付土器は、第三一号住居址床面より出土したもので、胴部が一段くびれた大型有孔鍔付土器で、伊那谷中期後半第Ⅱ期に比定される土器である。

文様は、東北南部の大木8b式類似の曲線文を施し、胴部には男性シンボルを表現したと思われる把手を四個配している。

その後、辻沢南遺跡の北東六km離れた天龍川の対岸台地上の「殿村遺跡」第三九号住より前述の男性シンボルを表現したと同様な把手を四個配した広口壺が出土した。中期後半第Ⅲ期に比定されるこの土器は、有孔鍔付土器から広口壺への移行期の土器で、有孔鍔付土器の特徴である小孔と鍔が退化している。

②　久保上ノ平の有孔鍔付土器

平成八年(一九九六)三月に新聞紙上で紹介された、南箕輪村久保上ノ平遺跡出土の有孔鍔付土器は、平成八年四月二十七日より尖石考古館にて開催された『縄文のビーナスたち』の特別展に、さっそく出展されている。この特別展は、長野県茅野市米沢「棚畑遺跡」から発掘され、平成七年に縄文時代初の国宝に指定された大型土偶をメインに、全国の主要な土偶数十体と顔面把手付土器などを一堂に集めて開催されたものである。温和な顔立ちの棚畑出土の土偶と対照的な久保上ノ平のドクロ仮面付きの人体付有孔鍔付土器は、共に人気があり、特別展のメインゲストとなって展示されていた。

平成九年九月六日、南箕輪村教育委員会は、埋蔵文化財発掘調査報告書『久保上ノ平遺跡』を編集発刊し、それに伴い報告会を開催した。伊那谷北部の重要遺跡だけに、南箕輪村の気遣いが推察される。今回のこの報告会が、長年続けてきた私の有孔鍔付土器研究に一つの重要な視点を与えていただいた。参考になった部分を主に、当日の報告会の内容を記してみたいと思う。

会場には約八〇名の参加者があり、久保上ノ平遺跡への関心度が高いことを物語っている。考古学関係者、地元の人々と遺跡発掘に当たった調査作業員が、主な参集者であった。

遺跡発掘調査担当の友松諭学芸員から、調査の経緯報告があり、続いてスライドを使って調査の内容報告を受けた。報告内容から、本遺跡は縄文中期中葉から後葉にかけての住居址一八軒と、土器廃棄場・土器を配列した特殊遺構と配石址等の検出があったこと。

弥生時代においては、後期の住居址五軒と方形・円形周溝墓九基が検出されている。

奈良・平安時代では住居址一五軒を検出し転用硯・墨書土器・灰釉陶器などの良好な資料が出土している。

本遺跡の調査区三〇〇〇㎡の中に前述した遺構と遺物が、各時代を通じて複合した状態で検出されたのである。発行された報告書の「遺構全体図」を見る限りでは、縄文中期の住居址群はなお北側に広がることが予想され、北沢川の端まで遺跡は続いているものと推定される。いずれにしても、遺跡が提示した諸問題は、今後究明していかなければならない。報告会の後半は、三上徹也氏による「縄文時代の祭祠遺跡と有孔鍔付土器」と題する講演会が開催された。長野県立歴史館の出向調査指導員として当初から指導に当たられた三上氏の所見を直接伺えるとのことで、期待を抱いて参加したのであった。

三上氏の所見の中で、筆者の胸の内に留まったのは、何といっても久保上ノ平出土の有孔鍔付土器は「形態的に紐で吊るす形状を具えている」という指摘である。「胴部の一段クビレはその紐で吊るす紐掛け溝である」との見解である。尖石考古博物館で観賞・観察したドクロ仮面付人体文の裏側のフック状の摘みの意味がこの時氷解したのである。

三上氏の観察による、久保上ノ平遺跡出土の有孔鍔付土器が語る新所見を次に記す。

①　新たな所見

・人体文が描かれているが、ちょうど土器のくびれに当たる位置で上下に分断されてしまっている。

・人体文のちょうど裏側にはくびれ部にまたがるような把手がつけられる。

②　使い方に対する提言

・土器のくびれ部に紐を回す。土器の裏側では把手を通す。表側は人体の頭部と胴部に通す。頭の部分がいわばフックの役割を果たすと考えることができる。したがって、この有孔鍔付土器は紐で吊るして使われたものであるという考え方が可能。

・発見当初、人体の分断が問題となったが、このような機能的な効果を担っていたと考えれば問題ないし、その紐にはあるいは頭部と胴部をつなげる文様が刺繍されていた可能性さえ不定できず、吊るして機能するとき初めて頭部と胴部が一体となっていたことも推測される。

③　従来の有孔鍔付土器の見直し

・土器のくびれ

・土器自体の形（紐で吊るした時抜けにくい）

・把手の形状や土器の文様（紐の吊るし方を知ることができる）

以上の事例はいずれも吊るして機能したことを物語るモノであった。なお有孔鍔付土器の発生は縄文時代前期後半（諸磯b式期）にまでさかのぼるが、この時期の土器はすでに胴部がくびれており、さらに底は小さく平らでない場合さえあり、置くには大変不安定である。この点に関しては従来次のように考えられていた。「有孔土器は、底部が極端に小さく、丸底と呼んでさしつかえないものであり、安定性は非常に悪い。おそらく、地面を掘り窪め、そこに置かれたものであろう」。しかし、本遺跡の資料は、有孔鍔付土器は当初から吊るして使われることが意識されたのである、とまったく異なった、かつ非常に貴重な結論を導いてくれた。また中には、高台を持つ物、上げ底になっている物がある（この時期の普通の土器にはまず見ることができない）。このことも同様に、一般的な土器よりも高い位置に位置づけられて機能していたことを物語るものである。

④　それでは有孔鍔付土器は何に使われたか。

・太鼓・醸造具ともに吊るす必要があったか。これは「否」。今後の課題として、吊るして使われることを想定した機能論の展開を期待して、結論を持ち越したい。

（三上徹也「久保上ノ平遺跡出土有孔鍔付土器の語り」全文）

二　吊手機能を付加した有孔鍔付土器

三上徹也氏は、有孔鍔付土器は何に使われたのかの最終結論を、現段階では持ち越したいとしながら、従来の太鼓・醸造具説を「否」として、新たな別機能を想定されていることが、文章構成にて推測される。「吊るす必要があったか」の疑問を投げかけて今後の課題としている。

筆者は足掛け二十年の有孔鍔付土器研究の中で、用途については酒造具説であり、酒造の背景には特殊儀礼及び葬送儀礼にかかわる醸造用の容器と解している。縄文時代の酒造は玦状耳飾り、漆技術と共に伝播した古代中国文化との共通項を感知し、古代中国で行われていた葬送儀礼と関係する月信仰と深いかかわりがあると推定している。最近の縄文文化の見直しとともに、東アジアの中での縄文文化を考えなければ理解できない段階にきていることを痛切に感ずる。そして縄文農耕論と関連して酒造原料の問題が浮上してくるのである。酒は二十世紀の現代まで冠婚葬祭にかかわる神聖な液体であった。弥生時代にはすでに禾稲酒《かとう》（米から作られた酒）が造られて神聖な液体として神に捧げ、神聖なる儀式には人も飲酒した。この儀礼・儀式の習俗は、遠く縄文の時代から行われていた縄文人の習俗であって穀物酒を飲酒することは、なにも弥生時代からではないのである。漆塗りの土瓶形注口土器は、縄文中期の時期からすでに祖形が存在しているのである。最近では縄文後期の遺跡から栽培稲の炭化米の出土が報告されている。古代中国長江下流域では、七千年前の稲作の痕跡が、考古学調査により確かめられてい て、その後の考古学調査により稲作の開始時期がより古いところに遡っているのである。一方、麦の栽培は、欧州の寒冷地帯にて、野生麦を改良して栽培種に変じたのが中石器時代の今から一万三千年前頃といわれている。

最近まで縄文土器の古さが盛んにいわれていたが、中国南部地域より出土した土器の年代測定から一万五千年代が与えられると、日本考古学会は、土器製作開始の地を中国大陸に求めるようになった。土器製作開始を新石器時代の幕開けである「新石器時代の初期段階」といっても過言ではなくなる日がくるのかもしれない（その後、青森県大平山元Ⅰ遺跡より一万五千年前の土器片が出土した）。

有孔鍔付土器の変遷を辿ると、縄文時代前期の諸磯b式期に発生した「有孔土器」より発展し、縄文中期初頭期になり有孔鍔付土器へと器形変化して継承されている。その後、縄文中期後半期になると、小孔が退化して、「鍔付土器」へと器形変化し、この時点にて「有溝小把手付土器」「両耳壺」「有孔鍔付注口土器」に細分化して縄文後期の土瓶形注口土器へと受け継がれる。この流れの中には終始「酒造具」としての機能が土器形態の中に秘められているとともに、内部の液体（酒）を注ぐのに誠に具合が良いように、器形改良が加えられて変化をしているのである。主題の「吊手」の問題は、縄文後期・晩期に見る土瓶形注口土器の土製吊手ではなしに、有孔土器の段階から、土中には残らない有機質の吊手が付けられていたものと推察されるのである。

有孔鍔付土器の器形の中で「鍔が何故必要であるのか」という疑問がある。この問題は、鍔の機能実験を実施すればすぐに理解ができる。有孔鍔付土器での醸造の方法は、平坦な口縁部より醸造原料を入れ、口縁部にフタをする。内容物が発醸すると口縁下部の小孔よりガスが外に出る。いわばガス抜き穴としての用途が考えられる。ここまでは酒造具説一般の見解である。問題は、その後の液体を注ぐ方法に用途を解明する糸口が隠されていた。

内容物の液体（酒）を注ぐ場合、口縁部に被せたフタは取らない。貯蔵形態を有す有孔鍔付土器は、使用のたびにフタは開かないのが原則である。フタを取らずに土器を傾けると小孔のいくつかから内部の液体が流れ出る。そして小孔下の鍔を伝って液体は一点に集中し下に流れ落ちる。そう、有孔鍔付土器の「鍔」は、注口土器の「注口」と同じ役割を果たすのである。縄文人の知恵の優秀さに驚嘆の思いである。自然界から学ぶ縄文人の知恵だ。

以上のような有孔鍔付土器の使用法を推定として考えてみると、有孔鍔付土器の吊る機能が具備することも当然理解ができるのである。

有孔鍔付土器を使用する場合、傾ける行為が内在する以上吊手が存在することは、誠に都合が良い利器といえるのではなかろうか。

有孔鍔付土器の「鍔」の機能論と、酒造の背景にある精神文化、酒造原料の諸問題は次の項にて詳述していきたいと思う。

三　有孔鍔付土器の「鍔」の機能論

①　縄文人の卓越した知恵

縄文時代の約一万年に及ぶ縄文土器の変遷を概観すると、縄文中期に盛行をみた「有孔鍔付土器《ゆうこうつばつきどき》」ほど特異な形態を有する土器はない。昭和三十三年（一九五八）、藤森栄一、松沢亜生氏は、長野県諏訪郡富士見町高森「新道《あらみち》遺跡第一号竪穴」から発見された縄文中期の六点の土器セットの中に含まれていた有孔鍔付土器が、この特異な形態を有する土器研究の発端であった。以後三〇年に及ぶ研究史の中で、武藤雄六、長沢宏昌氏は「有孔鍔付土器＝酒造具」説を提唱し、各氏論拠の内容は異なるものの積

有孔鍔付土器の吊手復元
（モデル・中越遺跡第147号住居址出土品）

極的な展開を見せている。一方、山内清男博士は、世界各地における諸民族の土製太鼓の事例を示し、「有孔鍔付土器＝太鼓」説を提唱した。近年の有孔鍔付土器研究の停滞感の中で、小林達雄氏が推奨する打楽器奏者である土取利行氏は、有孔鍔付土器製太鼓の実演を通じて、有孔鍔付土器の太鼓説をアピールしている。この酒造具説・太鼓説の二者以外にも諸説があるが、積極的な用途論には至っていない。諸説及び有孔鍔付土器の研究史は、後にまとめて論述したいと思う。

筆者は、この有孔鍔付土器の特異性に興味を覚え観察する中で、卓越した縄文人の知恵に驚嘆した一人である。有孔鍔付土器の器形・文様モチーフの芸術性の高まりは、考古学に携わる者すべてが認めるところであろう。この特殊土器の変遷は、縄文前期後半諸磯式《もろいそしき》の有孔土器、続いて土器の大型化への変化から有孔鍔付土器へと完成された形となり、縄文中期後半の鍔付土器へと変遷が捉えられる。有孔鍔付土器の土器形態の変遷をめぐっては「穿孔」という特殊性のほかに「鍔」が同一形態のうちに兼ね備わっている。小孔の機能追求と同時に何故「鍔」が必要なのかを考えるべきではないか。この鍔の機能について武藤雄六氏は、口縁部に穿たれた孔のため弱くなった口縁部の補強のためだと説明し、長沢宏

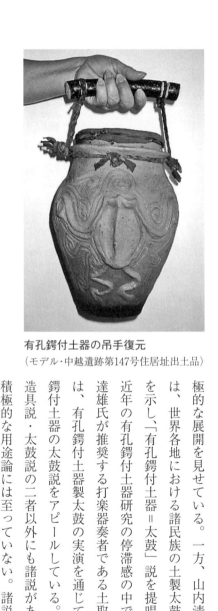

昌氏は、有孔土器の屈曲部が、有孔鍔付土器の段階で鍔として形骸化した。曽利Ⅱ式期に鍔自体に穿孔される段階で、より一層非実用的な産物となったとした。果たして鍔は不要な産物なのであろうか。私はこの鍔の機能の中に有孔鍔付土器の用途が隠れていると考える。詳細は後述するとして結論を先に述べると、有孔土器→有孔鍔付土器→鍔付土器は、一貫して同一目的のために製作された容器であった。「酒造具」として考案された醸造用の容器であったのである。鍔は土器内部で醸造された「酒」（液体）を一点に集める機能を具備するものであった。縄文中期後半末期に現れる「有孔鍔付注口土器」への変遷の中で、液体を一点に集め、小さな容器に内容物を注ぐ機能を有する。有孔鍔付土器の「鍔」も「注口」も、同じ目的のために考え出された形態であったのである。有孔土器の算盤玉の形状である胴部の張り出しは、もうそのままで内容物の液体を一点に集める機能を有する。縄文人の自然観察から考案されたものであろうか。雨の日に木葉に落ちた水滴は、木葉の先端に集まり大きな水滴となって地上に落ちる。この自然現象と同じ原理を応用している。次の段階の有孔鍔付土器は、土器の大型化に伴って、より集中性を要求するため粘土紐を口縁下部に横帯に貼りめぐらした形態として鍔が発生した。有孔鍔付土器の誕生である。要するに口縁に装着した蓋は開口することなく、土器を傾けるだけで小孔より精製された醸造酒が注がれるのである。小孔は、醸造のための発酵ガスぬき穴であると同時に、液体の注ぎ口であった。私は幾度か実施した実験によって縄文人の知恵に敬服したのである。

有孔鍔付土器の「鍔」の機能実験を実施し、鍔の機能を実証した上で「酒造具」としての酒づくりの背景にあろう二次的要素である縄文人の精神文化、くらしの再現に迫ってみよう。

② 有孔鍔付土器の研究史

長野県諏訪郡富士見町高森「新道遺跡第一号竪穴」における藤森・松沢氏の問題提起以来、有孔鍔付土器の研究史は三十年を経過した。以下諸氏の学説と問題点を年次順に辿ってみたい。

昭和三十八年（一九六三）、藤森栄一、武藤雄六氏は『中期縄文土器の貯蔵形態について―有孔鍔付土器の意義』において、二者異なった見解を示している。両氏有孔鍔付土器の形態観察から「貯蔵形態」を有する土器として論じ、縄文中期にすでに土器機能分化が見られ、用途別の使用分けがなされていたと指摘している。藤森氏は、有孔鍔付土器＝種子の保存を目的とした機能を考え、縄文農耕を証明する根拠として位置づけしているのに対し、武藤氏は、有孔鍔付土器の特徴である「小孔」の観察から、紐や栓など通した痕跡が見られないことを理由に、小孔は醸造のため発生したガス抜き孔と捉え酒造具説を提唱した。

昭和四十五年、武藤氏は『有孔鍔付土器の再検討―八ヶ岳南麓地方の基礎資料』を発表し、有孔鍔付土器の編年を明確に示し、前回提唱した醸造具説をさらに補強すべく論じている。中でも本文で重要と思われる内容として、従来各研究者が呼称していた名称を統一したことである。「最も普遍的で特徴である鍔を軸にして小孔を頭につけた呼称である『有孔鍔付土器』が最も妥当な方法といえる」と述べている。以後この名称は、考古学用語として広く使用されている。

次に「文化的意義」の項で極めて注目する指摘がなされている。「農耕文化を持った彩文土器文化が中国大陸から渡来したと仮定すれば、後続する中期縄文式文化がより農耕的色彩の強い所以であろうとも考えられる」として、中国渡来型の縄文中期農耕論を仮定として論じている。ここで注目したいのは、この時点ですでに中国大陸との関連で有孔鍔付土器を捉えていることである。以後この視点は、次の論考に生かされていく。

昭和五十三年に刊行された『曽利』は、第三次から第五次にわたる発掘資料を紹介し、主体を縄文農耕に置き論述している。本題の有孔鍔付土器については、第三節二の「形態分化の基本原則」の中で若干述べている。ここで武藤氏の三点の重要事項を摘出してみると、

㈠　前回の論考（中期縄文土器の貯蔵形態『考古学手帳』では、山ぶどうなどの野生漿果であったのが、本文では中国南部で開発された麴菌利用による穀物酒に変わったこと。

㈡　有孔鍔付土器と器台の併用事例を述べ器台を有孔鍔付土器の専用台とした点。

㈢　X型把手付甕鉢を、麦作主体の農耕文化に関する酒造具としている点。

以上の問題提起は、当時としては誠に飛躍した考え方を述べているようであるが、一方見方を変えれば興味ある内容である。三項目を要約すると、中国南部で開発された酒造技術が、漆技術とともに渡来したとし、縄文中期後半に麦作主体の農耕技術があったと述べ、「麦」による酒造具でなくてはならないと結んでいる。この頃「鳥浜貝塚」をはじめとする縄文前期の漆技術をいち早く取り上げ、中国大陸文化との関連性を考え、有孔土器の発生、有孔鍔付土器の機能を考えるなど卓見であろう。

昭和三十九年（一九六四）、山内清男博士は、『縄文土器総論』（日本原始美術Ⅰ）において「太鼓」説を提唱した。世界各地の諸民族の事例を紹介し、有孔鍔付土器の形態観察から、土器の特徴である小

孔は、皮膜の紐止め穴と説明し、樽型に見られる人体文を、太鼓に合わせて踊る人物を象徴するものと解した。一見論理的に思える太鼓説は、縄文中期勝坂期の樽形有孔鍔付土器に対していえる形状であって、武藤氏の総合的見解と対比すると誠に根拠に乏しい見解と言えよう。その後、八幡一郎氏は、長野県川上村大深山遺跡出土の有孔鍔付土器を観察し、「口に皮を張った一種の陶鼓ではないか」としている。有孔鍔付土器＝太鼓説は、前述した土取利行氏の最近の活動までが一連の流れである。

昭和四十二年、江坂輝弥氏は、諸磯b式期の有孔土器を有孔鍔付土器の祖形として捉え、仕上げの丁寧さと、赤色塗布の存在から澱粉質食品の保存容器説を提唱している。江坂氏は、縄文前期末段階で片栗などの球根の採取を考え、有孔土器と澱粉製造技術を関連して述べている。

昭和五十年、芹沢長介氏は、各国の陶器製太鼓を紹介したうえで、日本の有孔鍔付土器は太鼓ではないとした。芹沢氏の見解では食糧か飲料水の貯蔵容器に用いられたとの考えを示している。以上代表する五氏の諸説をまとめると左記の図式を示すことができる。

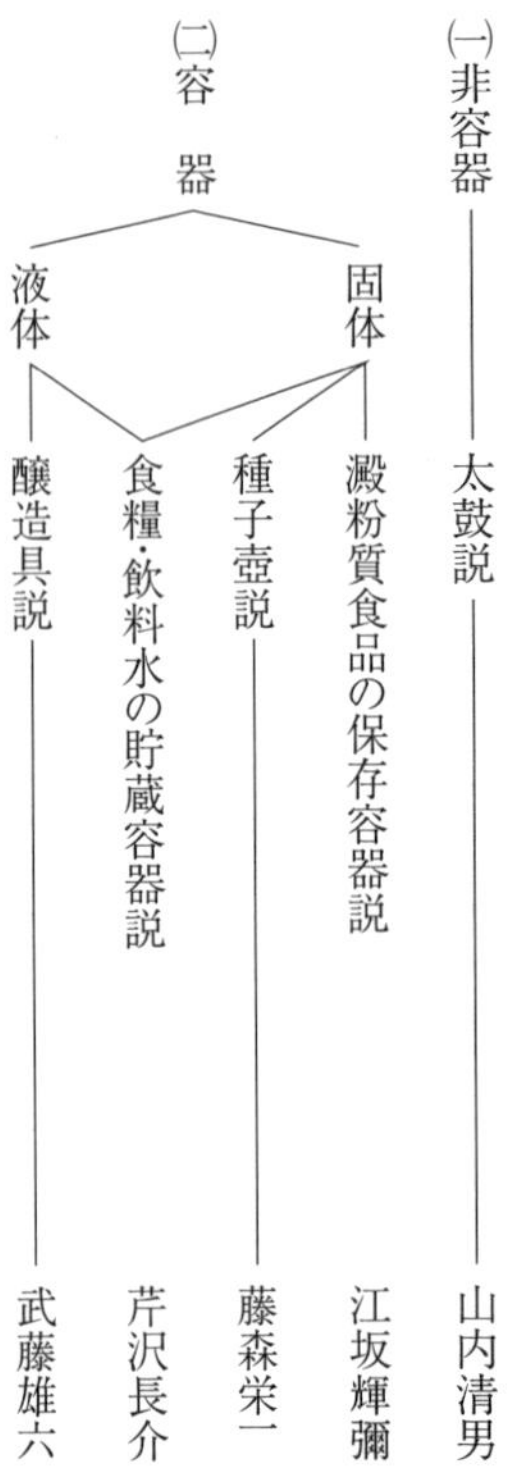

有孔鍔付土器の用途諸説一覧
（田中作図）

次に醸造具説について、その後の論考で注目する論文を提示して論を進めていきたい。

昭和五十四年、金井正三氏は「縄文前期の特殊浅鉢形土器について」（信濃31－４）の中で興味ある問題を提起している。文中、氏は「性格」の項で「特殊浅鉢形土器の出土する場合は、多くは土坑であり、完形品が出土した土坑からは明らかに人骨片が伴っているものがあり、土坑墓ではなかろうか」と今までの有孔土器・有孔鍔付土器研究にみられなかった非常に注目される報告をしている。なお考察では「太田文雄が述べているように、埋葬に関連する納骨器あるいは副葬品とも考えられるし、出土状態や特異な器形、文様から埋葬に伴うマジカルな供え物の要素もある」と指摘している。「特殊浅鉢形土器」とは、有孔土器のことであり、有孔鍔付土器の「酒造」の背景にある縄文人の精神文化を考えるうえに貴重な発見であり、指摘であろう。

ここで私見を述べると、有孔鍔付土器の変遷を追う時、渡辺誠氏が指摘するように、有孔鍔付土器は、縄文中期末に両耳壺を経て後期の土瓶形注口土器、さらに晩期の急須形注口土器及び細口壺へと変化する。このような有孔鍔付土器の形態変化の流れは、「酒造」という一次的な用途の影に縄文人の精神的な機能が兼ね備わっているからだろう。中国史書『魏志倭人伝』に記述の葬送儀礼に関する「歌舞飲酒」の酒に関連をみたい。

昭和五十五年、長沢宏昌氏は『有孔鍔付土器の研究』（長野県考古学会誌）において、従来の研究には「分布や変遷に汎日本的に捉えたものがなかった」として、有孔鍔付土器をとりあげる動機付けをしている。たしかに研究史が浅く、報文の多くのものが地域を限定した断片的な論文・資料報告が主流であり、把握が不十分であった。長沢氏は、膨大な資料を収集し、京都・和歌山以東の広範囲における各地域の時期別分布図を作成し提示した。また地域別変遷と用途について現在までの諸説の再検討を行なっている。この論文中で最も重要な指摘と思われるものに、第三節の「有孔鍔付土器の定義」の中で、有孔鍔付土器の発生から終末期の一貫した土器変化を、有孔土器（発生期）↓有孔鍔付土器（盛行期）↓鍔付土器（衰退期）として捉えているのが注目される。

昭和五十九年、山梨県立考古博物館は、第二回特別展として「有孔鍔付土器展」を開催した。山梨県教育庁文化課に籍を置いた長沢氏は、当然のことながら企画・実施の責任者として務められたであろう。「縄文時代の酒造具」として位置づけした当特別展は、一堂に集められた有孔鍔付土器の壮観さもさることながら誠に要領よく展示されていた。同展図録の文中「解説」において、有孔鍔付土器の酒造具としての用途の背景にある二次的機能について述べている。

「有孔土器は、実用的に使用されているものの、最終的には埋葬に係わって土坑に納められた形をとると思われる」とし、「酒は神聖なものであり、集落内での結束等必要なものであり、又集団保有の強い原則など意識を長期間存在しつづけさせたのも、有孔鍔付土器によって造り出された酒の力にほかならない」と結んで酒の呪力を述べている。

平成四年（一九九二）、月刊『考古学ジャーナル5』No.346に、長沢氏は「有孔鍔付土器」を発表し、しばらく停滞していた有孔鍔付土器の再検討を行なっている。用途において「太鼓」とする根拠の検証を行うべき観察をした結果は、積極的に太鼓とするには問題があり、逆に諸要素の検討から太鼓説には無理があることを述べている。また、酒造具とした場合の新たな問題を提示した。前期の有孔土器から有孔鍔付土器への発展過程の中で、前期十三菩提式期に深鉢有孔鍔付土器が新たに確認され、従来の諸磯b式以降での有孔土器から中間形態を経て、有孔鍔付土器への変遷が唯一の変化ではないことを指摘した。なお山形県押出遺跡・福井県鳥浜貝塚出土の彩文有孔鉢との関連や、酒造りの際の蓋装着方法、

有孔鍔付土器出土地名表（平成10年現在）

形態	番号	時期	器形	遺跡名	所在地	県名
有孔土器	1	前期末	浅鉢	飯山満東	船橋市	千葉県
	2	前期末	浅鉢	丸山	上水内郡牟礼村	長野県
	3	前期末	台付壺	北熊井山寺沢	塩尻市	長野県
	4	前期末	浅鉢	大棚	都留市	山梨県
有孔鍔付土器	5	前期末	浅鉢	日向	諏訪郡富士見町	長野県
	6	中期前葉	壺	茅野和田	茅野市	長野県
	7	中期前葉	壺	大石	諏訪郡原村	長野県
	8	中期前葉	樽形	新道	諏訪郡富士見町	長野県
	9	中期中葉	甕	荒神山	諏訪市	長野県
	10	中期中葉	樽形	荒神山	諏訪市	長野県
	11	中期中葉	甕	井戸尻	諏訪郡富士見町	長野県
	12	中期中葉	耳付壺	井戸尻	諏訪郡富士見町	長野県
	13	中期中葉	深鉢	狢沢	諏訪郡富士見町	長野県
	14	中期中葉	壺	丸山南	駒ヶ根市	長野県
	15	中期中葉	樽形	井戸尻	諏訪郡富士見町	長野県
	16	中期中葉	甕	中原	北巨摩郡小淵沢町	山梨県
	17	中期中葉	耳付壺	茅野和田	茅野市	長野県
	18	中期中葉	深鉢	中越	上伊那郡宮田村	長野県
	19	中期中葉	壺	藤内	諏訪郡富士見町	長野県
	20	中期中葉	台付壺	玉川	都留市	山梨県
	21	中期後葉	壺	曽利	諏訪郡富士見町	長野県
	22	中期後葉	台付壺	無量寺	上田市	長野県
	23	中期後葉	甕	辻沢南	駒ヶ根市	長野県
	24	中期後葉	甕	御射山	上伊那郡箕輪町	長野県
	25	中期後葉	耳付壺	箱川原	飯田市	長野県
	26	中期後葉	深鉢	今田	上水内郡三水村	長野県
	27	中期後葉	壺	御殿場	伊那市富県	長野県
鍔付土器	28	中期後葉	甕	殿村	駒ヶ根市	長野県
	29	中期後葉	耳付壺	酒屋前	飯田市	長野県
	30	中期後葉	耳付壺	尾越	上伊那郡飯島町七久保	長野県
	31	中期後葉	壺	曽利	諏訪郡富士見町	長野県
	32	中期後葉	浅鉢	月見松	伊那市	長野県
	33	中期後葉	浅鉢	海戸	岡谷市	長野県
	34	中期後葉	浅鉢	月見松	伊那市	長野県
	35	中期後葉	壺	堂前	上伊那郡飯島町	長野県
	36	中期後葉	浅鉢	よせの台	茅野市	長野県
	37	中期終末	浅鉢	富士山	駒ヶ根市	長野県

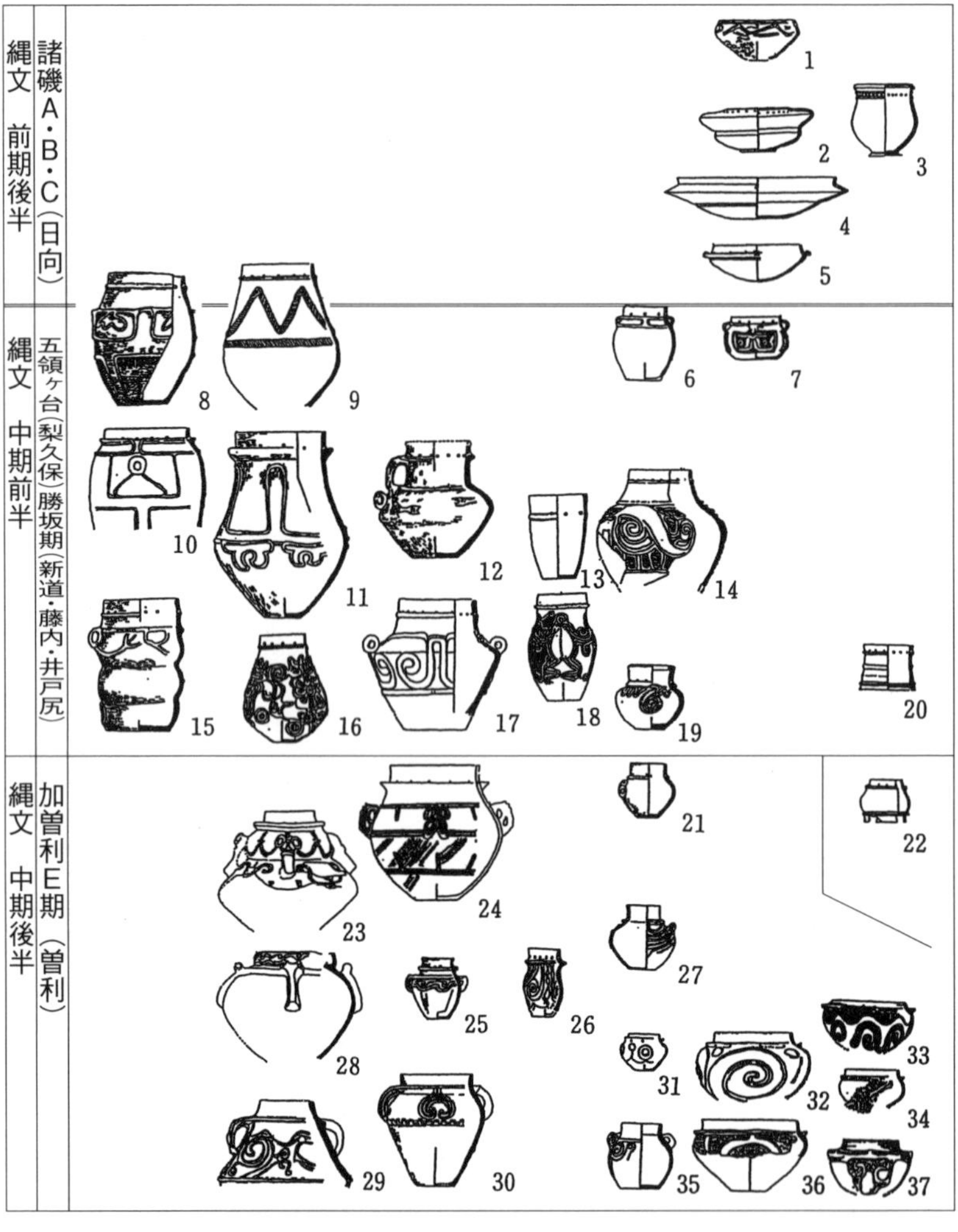

中部高地有孔鍔付土器の器形変遷図（縮尺不同）

曽利Ⅱ式期での体部から鍔自体への穿孔位置の突然の変化など未解決の部分がまだ山積しているとした。本論考で長沢氏が一番強調したかった事項を最後に述べている。小林達雄氏の監修を得て、土取利行氏の有孔鍔付土製太鼓の精力的な演奏活動について苦言を述べている。巨大なマスコミの力によって一般への影響はたしかに重大な問題であろう。しかし、酒造具説にしても未解決部分が山積している段階では土取氏の活動を止めることはできない。酒造具説への問題点を一つ一つ取り払ってこそ真の土器機能・用途が検出される道であろう。

③　土器形態の変遷

有孔鍔付土器の器形、及び細部の形態変化を縄文前期後半から中期前半へ。また中期前半から中期後半期へと変遷を追うことにより、有孔鍔付土器の用途を探ろうとするのが本項の目的である。

まず器形変化から観察してみよう。中部高地の有孔鍔付土器の器形変遷図を一見すればお分かりのように、縄文前期諸磯式の小型浅鉢形の有孔土器がまず最初に現れる。①の段階ですでに小孔は口縁下部に穿孔している。鍔はまだなく土器屈曲部そのものが鍔の代用となるべきものと考えられる。②の段階である前期終末期には、屈曲部が二段に増加され明らかに「鍔」としての形態が備わるようになる。⑤の諏訪郡富士見町「日向遺跡」出土の浅鉢土器になって有孔鍔付土器として確立する。まだこの時期では縄文中期に見られる樽型の形態は出現していない。前述の縄文前期十三菩提式期に一部散見される深鉢有孔鍔付土器は、器形発展過程が地域的に改良度の早い地域があるのかもしれない。今後新資料の増加を待って検討すべきであろう。現状では縄文前期末までを「有孔土器」の段階として位置づけしたい。

⑧の段階は、井戸尻編年で言う新道式期に大型容器としての樽形有孔鍔付土器が特徴的である。前期末までの浅鉢形有孔土器は姿を消すが、中期初頭期に樽形有孔鍔付土器の初期的な小型樽形器形が存在すると予測できるが、現時点では発見されていない。藤内・井戸尻期になると、中型の深鉢・壺形が追加され、樽形・壺形など二個一組で使用されるような事例も散見される。耳付きの壺形有孔鍔付土器は、井戸尻期に多用され中期後半終末に「両耳壺」へと変化してゆく。恐らく酒造具から離れた別機能への分化と考えられる。また特殊な形態として縄文中期中葉に「台付有孔鍔付土器」が多用されるようになる。縄文前期の段階に多孔壺形土器として出現するが、中間としての中期前葉にはあまり見られない器種である。容器としての形状に器台が付くということは、この有孔鍔付土器の二次的機能を暗示しているように推察される。

中期前半末から中期後半初頭にかけて、有孔鍔付土器の盛行期が到来する。土器の大型化はもとより、中部高地の大集落跡からは必ずと言ってよいほど一～二点は出土する。有孔鍔付土器を酒造具とした場合、同時期の集落規模の拡大と比例し、集落構成人員の増大に起因すると思われる。有孔鍔付土器を太鼓とする諸説とは別な視点で捉えられ、酒造量の増大としての大型化、複数の有孔鍔付土器の使用が考えられるのである。中期後半中頃(曽利Ⅲ式期)になると、小孔は鍔自体に貫通されるようになる。有孔鍔付土器はこの時点から「鍔付土器」となり、小孔はガス抜き穴から口縁に張った皮膜（皮のフタ）の紐止め穴と使命を変える。器形は浅鉢形及び広口壺の二形態に集約されてしまう。このように中期末段階になって、広口壺や両耳壺への分化は何を意味するのであろうか。盛行から衰退への変化は、酒造具としての一次的な使命から二次的使命としての葬送儀礼が主目的になったためと推測する。広口壺・両耳壺は、二次埋葬用の納骨器、あるいは献上具へと変化したと考えられる。研究史でも少しふれたが、金井正三・太田文雄両氏の指摘のとおり、有孔鍔付土器の発生期にすでに事例が示されている。有孔鍔付土器の一連の変遷を追うとき、「酒」は葬送儀礼の一部分であった。見方を変えれば、有孔鍔付土器は真の目的であった葬送儀礼に付帯した二次的機能を備えた醸造用の容器であった。これが真相であろう。

次に有孔鍔付土器の小孔と鍔の形態関連図について見てみよう。多孔浅鉢形土器と呼ばれた前期「有孔土器」は、呼称どおりに口縁下部に多数の小孔が横列している。発酵ガス抜き穴と蓋の紐止め穴との使用別が考えられる。③の段階での口縁部立ち上がりが完成されると小孔は少数となる。要するに「小孔・鍔・紐止め」のそれぞれの機能が明確に分離することにより「有孔鍔付土器」として完成される。

縄文中期前半の樽形の発生は、酒造量の重要増大により考え出された形状であろうか。需要増大の原因としては特殊儀礼の変化として、少数参加から多数参加への移行が考えられるが、中期前半の大集落化に起因するものか検討を要する。なお他の用途としての深鉢形土器においても大型化の傾向が見られるなど一概に言えないことも事実である。鍔の形状も二重に巡るもの、鍔の突起が著しい物とそうでないもの等、均一でない。小孔については三～五㎜位の穴を鍔上根元を土器内部に向かって斜めに貫通している。これはどの有孔鍔付土器にしても共通している。樽形・壺形・深鉢形・台付壺等器形がバラエティーに富むが前期からの浅鉢形がないのがこの時期の特徴であろう。

中期後半の鍔付土器への変化の最大の特徴は、小孔が鍔自体に穿孔されることであろう。酒造としてのガス抜き穴は不用となったのであろうか。筆者の考えでは、口径部の皮膜の部分が穿孔されたと考えられる。本来口径には、有孔土器の時代から皮膜が使用されていたものであり、木蓋・竹細工の蓋は使用していなかったと考える。鍔への小孔貫通は、紐止めの穴となり、鍔自身も紐止めに都合のよい形態へと変化してゆく。⑥が穿孔と紐止めの推測図である。

中部高地では、縄文中期中葉の有孔鍔付土器は、形態変化をして中期後葉の鍔付土器となる。そして機能分化して「両耳壺」・「広口壺」へと変化吸収されてゆく。一方関東平野では、中期終末になると、有孔鍔付の形状を残し、新たに注口部を持った土器が出現する。この注口部を追加する形態は大変重要な意味を持つことになる。有孔鍔付の形態を残し、新たに注口部を付けた土器。いわゆる「有孔鍔付注口土器」は、土器の内容物が液体であることを示している。筆者が有孔鍔付土器の形態を観察する中で、鍔の機能を内容物の液体を一点に集め、小さな容器に液体を注ぐ「注ぎ口」の役目を果たすとの発想は、この有孔鍔付注口土器の出現からの視点であった。器形は胴部がくびれたヒョウタン形を呈し、胴部両側面に吊り紐掛けの小把手を配している（久保上ノ平遺跡出土の有孔鍔付土器が、吊る機能を備えていることを知った筆者は咄嗟に有孔鍔付注口土器を連想し「吊手」を考えたのである）。これは、次の後期に現れる土瓶形注口土器の吊手の初期形態であろう。

中部高地・関東平野では、鍔付土器から分化した「有溝小把手付土器」が発生する。有孔鍔付土器の最終の姿である。

有孔鍔付土器の研究を始めて二十年の歳月が流れた。以来、不明であった有孔鍔付土器の一形態である「鍔」の機能実験を実施することにより、鍔の機能が土器の内部で醸造された酒を外部に取り出すための液体の注ぎ口であることを実証し、有孔鍔付土器の用途論として「酒造具」説を十年来支持してきた。平成七年（一九九五）に久保上ノ平遺跡が調査され、出土した有孔鍔付土器の胴部のクビレの存在から、有孔鍔付土器が、「吊る機能」を備えた器種であることが新たに確認された。そして用途論についても新たな展開を予測させた。

筆者は、この報告会の席上で発表された前記の吊る形態から「吊手の構造」を咄嗟に連想したのである。長年続けてきた有孔鍔付土器の器形変化の流れの中に「吊手」の存在を前から薄々感じていたからである。

今回、『有孔鍔付土器の研究』を、公に表してみたいと思い立ったのは、伊那谷の領域内で発見された有孔鍔付土器が、今後の用途論に重大な示唆を与えていることへの直感であり、自発的な刺激によるものである。

四　有孔鍔付土器による鍔の機能実験

有孔鍔付土器の三十年以上に及ぶ研究史の中で、「穿孔」形態の検討ほど「鍔」の機能について究明はなされていない。前述の武藤雄六氏が提示した「土器口縁部補強」説、長沢宏昌氏が提示した「不用物」説が、有孔鍔付土器＝酒造具説の見解である。いずれも鍔についての検討、究明が不十分であるために導きだされた機能論であり、結論的憶測であった。武藤氏は、「有孔鍔付土器の再検討」の中で、鍔について重要な指摘をしている。

「鍔は構造上の欠陥でもある口縁部と胴部の接合部の補強が主目的であると考えるが、不明な点が最も多く、今後の研究によって用途の考証を左右するのではないか」と、鍔の機能究明の重要性を展望として述べている。

以上のように、鍔の機能検討・究明は不十分であり、なお一層の研究努力が必要であろう。そこで筆者は、今まで述べてきたように有孔鍔付土器＝酒造具説を仮定し、土器内容物を液体と考え、鍔の機能実験を試みる。実験結果から得たデータは、貴重な資料を提示するはずであり、机上での考証では得られない真の鍔機能を明確に示すはずであると考える。

有孔鍔付土器の用途は、私自身幾度か行なった実験結果から「醸造具」と解釈している。土器とは、中に入れる内容物が固体か液体かのいずれかである（太鼓説のような非容器もあろうが）。容器としての縄文土器の器形は、内容物によって自然と器形に表れ、目的によって器形が決定される。この基本原則を重視する場合に、「鍔」の機能追求は極めて重要であろう。縄文後期の注口土器を見て、誰しも内部に入れた物は液体であろうと考える。それは、注口の形態を見て直視的に内部の液体を一点に集める注ぎ口を連想するからである。では有孔鍔付土器を使用して実際に実験してみよう。

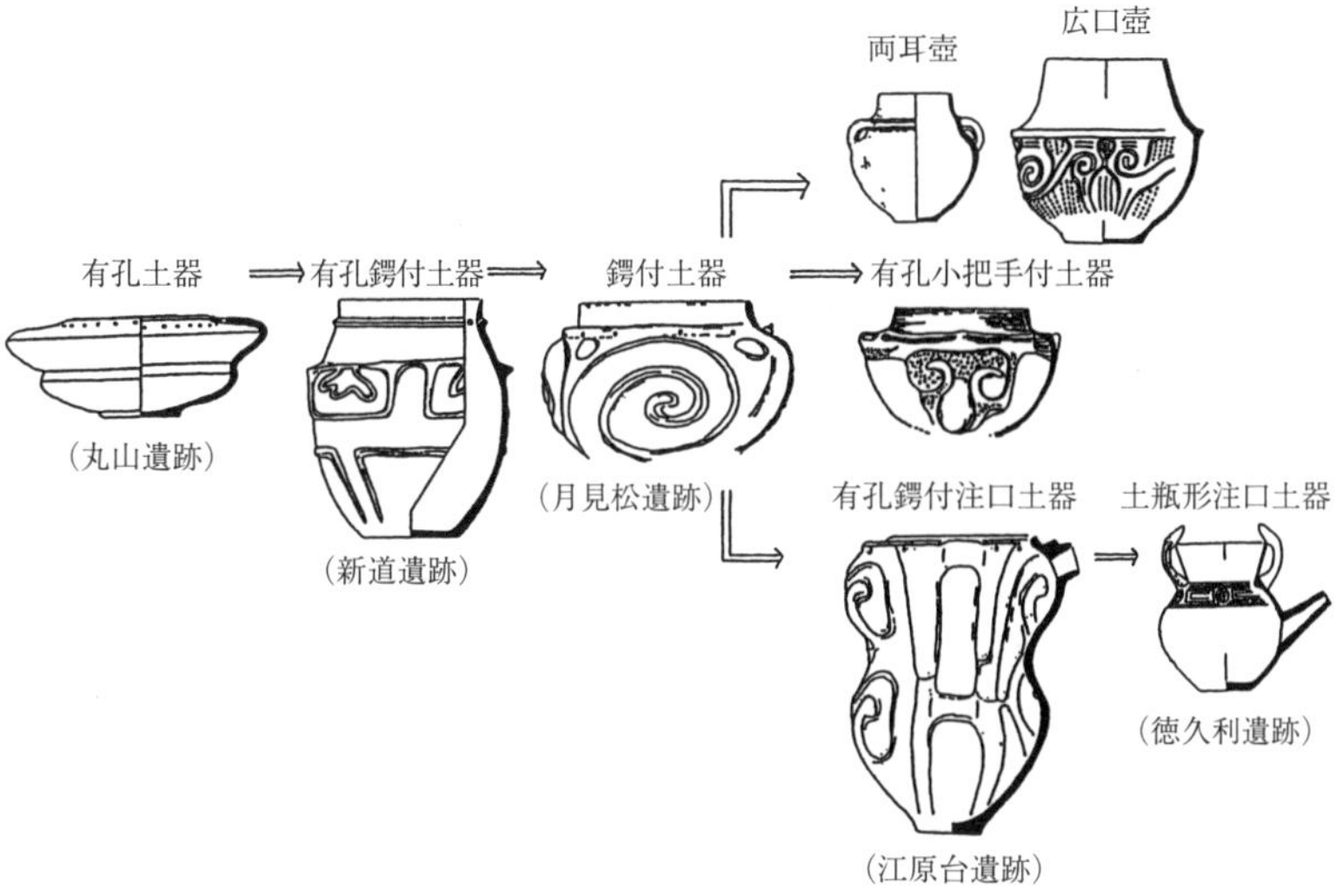

有孔鍔付注口土器から土瓶形注口土器への変遷（縮尺不同）

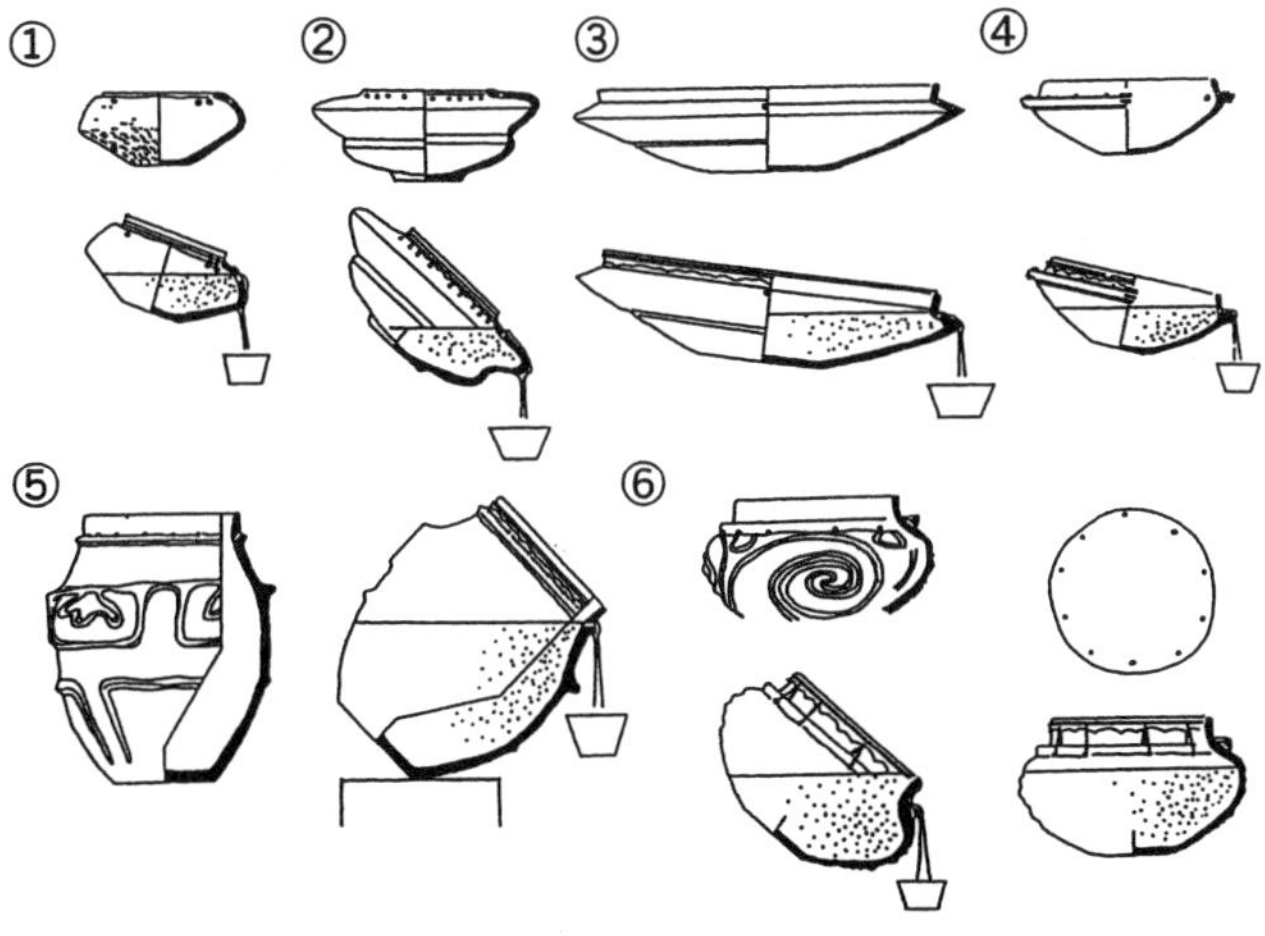

有孔鍔付土器の小孔と鍔の形態関連図

(一) 口縁部は平坦で、口縁部から鍔までに三～四cm位の無文帯があり、鍔の上部に外部から内部に向かって斜めに小孔があいている。②はこの無文帯の部分に口縁上部より被せた皮膜を紐止めしたもの。

(二) ③図は、有孔鍔付土器を斜めに傾けた図である。この時、上部の蓋は取らずにそのままで傾ける。すると、発酵ガス抜き穴であった小孔から自然に内部の液体が流れ出る。そして、この鍔をつたって鍔の一番低い部分へと液体が集まり下方に流れ落ちる。④図は、これを正面から見た図である。

以上が実証的研究としての実験結果であり、鍔の機能状態を図示したものである。実験から得た結果のように、鍔は注口と同じ役目を果たすわけで、大きな土器（有孔鍔付土器）から小さな容器に液体を移すのに誠に具合がよい形態を有している。しかし、この実験で一、二の問題が発生した。

その一つは、液体が濃い場合、二つ目は、液体の中に不純物が混じっている場合である。液体の中に不純物が混じっている場合は、最初に傾けた小孔に不純物が詰まった時は、土器を回転することにより解消する。醸造には当然土器内部に不純物は混じるものと思われ、縄文人は有孔鍔付の形態の中に、「ろ過・回転」を計算に入れての土器形態を考案していたと予測できる。

液体が濃い場合であるが、いろんな物を入れて実験した結果は、土器内部にある液体が小孔部分まで流動する液体であれば、必ず小孔より流出することが判明した。実際に穀物酒を造り実験するとよいが法的な問題もあり代用として家庭にある醤油、ソースなど使用して実験を試みた。実験結果から想像できる「酒」の醸造状態は、甘酒・どぶろくといった酒造に加味された物が混じらない、ビール、清酒、ウイスキーなどのような極めて精製された醸造酒に近いものであったと考えられる。

鍔の機能実験から次の三点が判明した。

㈠　上部の口は、内部に醸造のための物質を入れるだけの口であって、内部の液体（酒）を取り出す口ではない。内部の液体は、有孔鍔付土器を傾けることにより小孔より流れ出し、鍔をつたって流れ落ちる。ただし、使用後に中に残った醸造カスを撤去する口でもある。

㈡　鍔は内部の液体が小孔より流れ出る場合に、液体を一点に集める役割を果たす。そして、小さな容器に液体を移すのに誠に具合のよいようになっている。

㈢　右記のような事実から、口縁部の蓋（皮膜）は開口せずそのままで土器を傾けると、自然と内部の液体が流れ出る。蓋をそのつど開閉する必要がなく、使用後の保存も容易である。

右記のような機能が、実験から明らかになった。次に鍔と小孔の関係をも実験してみた。

まず口縁部の補強のためだとする武藤氏の説によると、小孔は鍔自体に貫通するのが最良であろう。しかし、そのよう

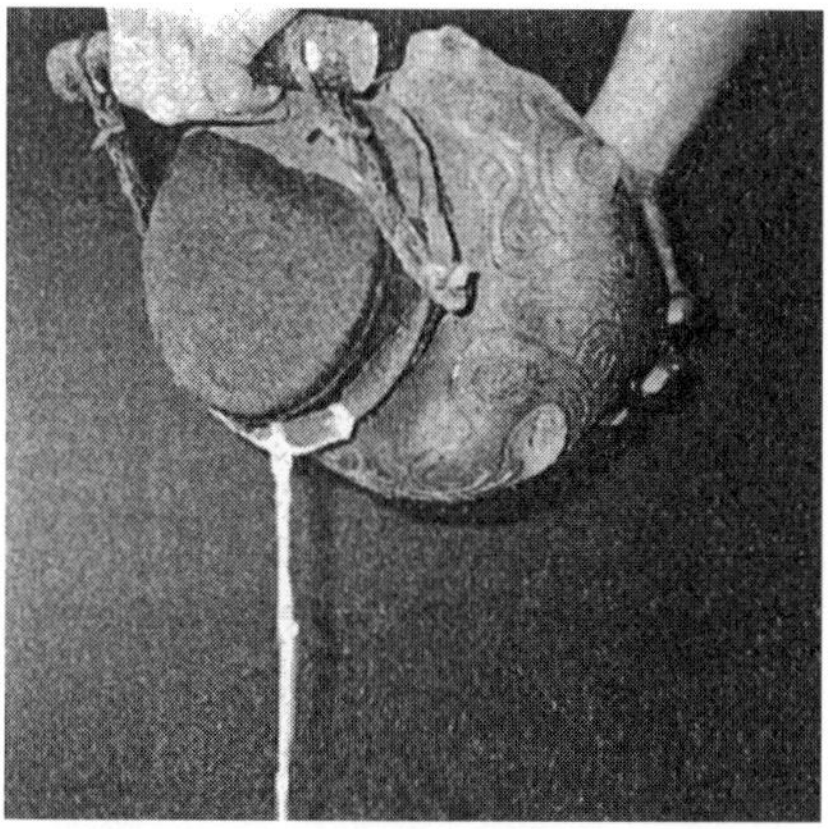

有孔鍔付土器の鍔の機能実験
中越遺跡第147号住居址出土土器の複製品

な有孔鍔付土器は、今まで一点も出土事例がないのが実状である。では小孔が鍔より下に付いたらどうなるか実験してみた。すると土器の傾斜角を一気に九〇度以上にすると、上部に小孔がある場合と同じ結果となる。

平成四年（一九九二）十月、駒ヶ根市立博物館主催による「土器製作講座」が開催された。筆者はかねてより有孔鍔付土器の使用実験を実施してみたいとの願望があり、ちょうどよい機会であるので、有孔鍔付土器製作に挑戦してみようと、土器製作講座に参加願いを提出した。

最初、駒ヶ根市福岡辻沢南遺跡第三二号住出土の一段クビレの大型有孔鍔付土器を作ろうと試みたが、胴部張り出しが思うようにならず断念。時間をかけて少し乾かしながら順に積み上げる方法をとらないと完成できない。時間の制約の中での土器づくりは、未熟な作者の技量ではとても無理な相談である。

次に、駒ヶ根市赤穂上赤須丸山南遺跡第四九号住出土の壺形有孔鍔付土器（蛙文土器）にチャレンジすることにした。小型の壺とはいえ初めての土器づくり。幾度か失敗の上にようやく完成。実験考古学の第一段階がようやく完了した。

次はいよいよ土器焼成である。マニュアルどおりに一ヶ月間日陰干しをした上で野焼の段階になる。どんな焼き上がりになるのか、この時点が一番楽しみな時間である。

結果は失敗であった。苦労して仕上げた土器は、野焼の五分後にパーンと音を発して口縁部の一部が粉々になって飛び散ってしまった。日陰干しに問題があって、水分がまだ残っていたのだろう。しかし、この失敗が、有孔鍔付土器の「鍔」の機能実験に思わぬ成果をもたらした。結果は次のようなものである。

第一回目の実験は、口縁部破壊のままで皮膜を張り実施。結果は小孔から液体が別々に流れ出し一点に液体が集まらない。

第二回目の実験では、破損部分にガムテープを貼り密封状態にして実施。すると、小孔の三つの穴より流れ出た液体は、鍔の先端部にて一点に集中し、下に流れ落ちた。

実験は大成功を収めることができた。有孔鍔付土器は、小孔を除いてすべて密封状態にすることも重要な条件であったのである。

五　有孔鍔付土器の文様モチーフ

中部高地の有孔鍔付土器変遷図をご覧のごとく、具象文様モチーフとして蛇体文が表出する。出現は藤内式期からであり、井戸尻Ⅲ式まで盛んに多用されている。中でも山梨県一の沢西遺跡出土の「猪《いの》蛇《へび》」文様付きの有孔鍔付土器は特異な存在である。近年諏訪盆地から山梨方面にて出土事例があり、年々資料の増加が予測されるが、有孔鍔付土器への施文は、現在一の沢西遺跡の一例のみである。

渡辺誠氏は、長野県諏訪市穴場遺跡の猪蛇文様付きの釣手土器の説明に、この猪蛇装飾文を「イノヘビ」と命名した。縄文人が仮想した動物とみなし、両性（猪をメス・蛇をオス）の合体を意味するものだとした。釣手土器・有孔鍔付土器の特殊土器に、両性の合体を意味する「猪蛇」文を施文した理由の奥に、特殊土器の用途解明への糸口が内在しているものと予測させる。

次に特徴的な文様モチーフは、「蛙」文様の存在である。確実に蛙と判断できるものとして、駒ヶ根市丸山南遺跡、上伊那郡宮田村中越遺跡例（実測図1）であり、実測図2の長峰遺跡、実測図3の中道尾根遺跡の出土例なども蛙の抽象文として認められる。長峰出土例は、文様部分に赤色・黒色顔料が塗布されていて、極めて呪術的雰囲気を醸した有孔鍔付土器である。

次は藤内遺跡（実測図4）に代表される三本指の「半蛙人体《はんあじんたい》」の文様モチーフに変わる。実測図5・6は、この時期に類するものと思われる。上伊那郡南箕輪村久保上ノ平遺跡の後向き人体文有孔鍔付土器は、札沢遺跡の背面人体文と同じ表現である。足のふくらはぎの造形が同じである。

半蛙人体文は、勝坂式終末段階になって、実測図7の神奈川県林王子遺跡出土の「人体文」をもって終結する。

蛙具象文→蛙抽象文→半蛙人体文→人体文

黄泉の国（月）への使者蛙　　中間形態　　呪術師

藤内式期から井戸尻式期のわずかな期間に「蛙」文様は、右記のごとく変化する。私はこの文様モチーフの中に、日本列島に仏教が伝来する以前の人の死にかかわる葬送儀礼の初源的なものを見出す。縄文時代といえども人の死は悲しい出来事に相違なく、黄泉の国への送者として、まず蛙が現れ、半蛙人体文を経て葬送者としての人体文となり終結している。神奈川県林王子遺跡出土の有孔鍔付土器は、冠頭の表現により地母神になったシャーマンの姿であり、頭上への両手の配置より祈りの姿勢を表現したものであろう。

初期に現れた蛙文様である中越遺跡出土例は、水の渦巻き文を施している。蛙文は、水面、大地に密着した表現であり、次に続く半蛙人体文についても大地に伏した姿勢であって、有孔鍔付土器を傾けて液体を注ぐ行為の際に行う祈りの表現と推察される。山内清男博士が述べるような踊る人体文などではなかろう。いわば大地にへばりついて無心に祈る葬送者の姿を連想するがいかがであろう。

実測図4の藤内遺跡出土の有孔鍔付土器の裏面には円形文様が現されているが、これは従来いわれている太陽文様ではなく、蛙との関係から「満月」を思わせる。

月夜の晩に住居内で行なわれた葬送儀式を連想させる遺構が、上伊那郡箕輪町御射山遺跡第二号住居址より出土した。炉端上には釣手土器が吊られ、赤い炎が室内をうす暗く照らしている。夕刻まで東の空にあった下弦の月も、今はもう辰巳の方角まで進み、戸口の四角いスペースに浮かんでいる。葬送者(呪術師)は、その戸口に向かって無心に祈りを捧げている。

そんな情景を思い起こさせる出土事例が、御射山遺跡第二号住居址出土の有孔鍔付土器である。住居址中央部に破壊された土器片を半月形に二列に配列している。住居内葬送儀礼の土壙であろうか。第二号住より出土したX字状把手付有孔鍔付土器は、土器集中区より破片で出土したものである。中央部の一㎡の空間は、近年の電柱杭とみられるが定かでない。

下伊那郡箱川原遺跡では、火災に遭った住居址から有孔鍔付土器・釣手土器・卵形の丸石が各一点ずつ集中して出土している。特に注目すべきは、釣手土器の口縁部に片方の耳をかけて底部を上にした有孔鍔付土器が、床面に接して出土している。この出土状況は偶然ではなく、有孔鍔付土器と釣手土器との関係、また丸石を含んだ三点のそれぞれの遺物は、何事かの意味を私達に語っている。

有孔鍔付土器の文様モチーフとして特徴的なのは、縄文中期後半期になると「男性器」表現の出現である。前項でもふれたが、駒ヶ根市赤穂福岡辻沢南遺跡第三一号住・駒ヶ根市東伊那殿村遺跡第三九号住の二点の有孔鍔付土器の四個の把手形状は、明らかに男性器をシンボライズした隆帯把手である。筆者は、以前に岐阜県宮之脇遺跡第一九号住居址出土の有孔鍔付土器に施文された男性器表現を見ていたため、辻沢遺跡から出土した時、すぐに男性シンボルと直感した。ただ宮之脇出土のものは、男性器が上を向いているのが異なっている。縄文後・晩期にみる土瓶形・急須形注口土器に表現される注口部の男性器表現に継承されていくものであろう。

有孔鍔付土器の文様モチーフについてまとめてみよう。

有孔土器の文様は、抽象幾何学文が一般的である。縄文中期に入ると、動物意匠文として蛇体文がまず現れる。次に蛙具象文・蛙抽象文に変化しながら半蛙人体文に移る。この時期が有孔鍔付土器の盛行が頂点に達した時期である。半蛙人体文は人体文となり、蛙は姿を消す。縄文中期後半の「男性器」出現は、人体文から更に人体部分の細部へと表現が移り、縄文後期へと変遷してゆく。

六　酒造の背景にあるもの

有孔鍔付土器の研究の中で、不明となっていた「鍔」の機能について、鍔の機能実験を実施することによって明確に示した。今後は有孔鍔付土器が醸造具として存在する背景には何があるのかを究明する段階にきていると実感する。そこで予測されるいくつかの問題点を摘出してみると、次のようになる。

㈠　酒造原料の問題

野性の果実または穀物種の選定になろうかと思われる。近年の縄文文化の見直し等により、酒造原料が栽培種に限定されるきざしが見えてきた。五穀のアワから、ムギによる麦酒へ、更に縄文後期から陸稲による禾稲酒への変遷が推定される。縄文時代に酒造があったとなると、果実酒を想起されるが、東アジアの古代の酒づくりは穀物酒が一般的である。

㈡　文様モチーフからの検討

蛙・半蛙人体文の有孔鍔付土器への施文は、この特殊土器に内在している縄文人の精神性の表出と考えられる。今後東アジア的視野での視点にて、古代中国大陸文化との比較検討が重要であろう。

㈢　酒と葬送儀礼との関連性

この問題に関しては、発掘調査における資料の増加が一番の有効的成果と考える。有孔鍔付土器の出土例の細部の注意が必要であろう。

以上三点の問題は、それぞれ因果関係を結んでいると考えられ、筆者が想定するように酒造の背景には、①穀物酒→②中国大陸の月信仰との関連→③葬送儀礼としての酒、ということになり、そのバックボーンとなるものは、「縄文農耕」に帰着するということだろう。

近年、中国浙江省余姚県にある河姆渡《かぼと》遺跡からは、水田耕作の痕跡と家畜の飼育を行なっていたことが確認されている。年代は、今から約六五〇〇年前であり、日本の縄文時代の前期に当たる。またこの遺跡からは、漆の木碗が出土しており、相当進んだ文化が存在していたことが確認されている。なお藤田富士男氏が問題提起をした『玉とヒスイ――環日本海の交流をめぐって』は日本列島の抉状耳飾りと、東アジアの各地に発見された抉状耳飾りの対比を通じて縄文文化を考えている点が注目される。縄文文化を日本列島内固有のものとして捉えていた従来の研究に対して新たな展開であり、原始・古代人の航海術を再度見直さなければならない時期にきているといえよう。

有孔鍔付土器を縄文時代の酒造具と考え、縄文農耕論を積極的に論じた先学藤森栄一・武藤雄六氏の努力と業績が、きっと近い将来、酬われる時が必ずやってくる。そんな予感が「有孔鍔付土器」の文化史的意義の中に内在していると私は考える。

武藤氏は、有孔鍔付土器研究の一応の目処を一五年前にすでに果たしている。有孔鍔付土器を検討した筆者は、結果的に後追いの形となり新しい視点など何も見出せない結果となった。しいて言えば、不明となっていた鍔の機能を実験によって示したことであろうか。そして、今回新たに提示した「吊手」の機能についても、有孔鍔付土器＝酒造具説を補強する重要な論点であると推察されるのである。

以上、有孔鍔付土器の鍔の機能実験を通じ、文様モチーフの検討、酒造の背景にある二次的機能を考察してみた。なお酒造が何故行われたかについて「月信仰」との関連にて今少し追求してみたい。

七　葬送儀礼としての「酒」

「酒造が何故行われたか」という問いには簡単には答えられない。しかし、この問題に関連して考えられる根拠、及び視点が、有孔鍔付土器の文様モチーフの中に隠されている。他の土器には見られない「蛙」文様が、有孔鍔付土器の特異性を端的に示している。

長野県諏訪郡富士見町藤内遺跡出土の半蛙人体文の裏面には、円形文が施文されている。従来この文様を、踊る人物と太陽文として理解されていた。今回筆者は、有孔鍔付土器の文様モチーフの再検討の中で、新たに半蛙人体文と満月の表示であり、古代中国にみられる「月象内の蟾蜍」（ヒキガエル）に関連をみた。要するに縄文文化に存在する有孔鍔付土器は、古代中国における月象と蛙を結びつけて崇拝する呪術に関連するものであり、中国仰韶期の彩文土器文化のうち、酒造の技術と共に渡来した呪術であると認識したい。

古代中国における「月と蛙象」表現について、池田厚史氏は『蛙紋考』の中で次のように述べている。「蛙の図象は、単に装飾という目的のほか月の象徴、雨神、辟邪、器物の承托あるいは再生、復活の象徴など多様で一定しておらず不明の点も少なくない」としながら、蛙が請雨の呪術において重要な役割を担っていたことを述べている。なお漢代の月象の中に、蛙と共に兎の表現があり、その出現の時期について論述されておられる。これらの諸習俗、及び酒造技術の渡来は、仰韶期の彩文土器文化と比較されるべきものであり、縄文前期の漆技術の出現と時を同じくする。

No.1の長沙馬王堆一号墓出土の帛画の左肩に三日月とヒキガエルと兎がおり、右肩には、日象の中に神の使者「烏」が描かれている。

No.2は、武威磨咀子五四号墓の銘旌に描かれていた円形の月象と、黒い斑点のあるヒキガエルと兎である。No.3は、河南唐河南関外出土の画像石である。星座の中央に月象が彫られ中に蛙が両手両足を広げている。

月と蛙との結び付きは、雨乞いから出発していると考えられる。水辺の動物「蛙」は、古代において「水を司る神」として捕えられ月を黄泉の国として想定した縄文人。蛙、半蛙人体文によって表現したもの、それはまぎれもなく「黄泉の国への使者」であった。

釣手香炉形土器論〜地母神が生んだ聖火〜
——縄文中期焼畑陸耕における聖なる種火——

昭和四十一年（一九六六）三月十日に発掘調査した、長野県伊那市御殿場遺跡出土の国の重要文化財「顔面付釣手香炉形土器」は、愛らしい少女のような顔面と、釣手状器形を成す香炉形の土器であった。釣手香炉形土器を一点、国宝に推奨するとするならば、この御殿場遺跡出土の香炉形土器をおいて

顔面付釣手土器　左：正面、右上：側面、右下：背面（所蔵・写真提供：伊那市教育委員会）

ほかにはないだろう。現在（平成二十六年）での出土総数四五〇点の最高峰に位置する造形美であると、私は思う。

この香炉形土器の重要性は、特徴の一つである「顔面」が備わっていることにある。顔面付であることによって、美術品的価値のほかに、文化史的価値を決める謎を秘めていた。釣手香炉形土器本来の使命を考えてみたいと思う。

一　伊那のヴィーナス誕生

釣手香炉形土器の機能・使命を論ずる上で、伊那市富県御殿場遺跡出土の顔面付釣手土器について語るのは、自身の考古学研究上で必要かつ重要な視点からである。特にこの土器に思い入れを感ずるのは、発掘調査に参加はしなかったが、御殿場遺跡調査副団長であり、考古学の師でもあった林茂樹先生から本土器を文化庁からの通達のあった国の保有から守るため、郷土保有の意義を作文してほしい旨の依頼があり、その嘆願文が新聞紙上に掲載されたことにある。今日、伊那市創造館に展示公開され、いつでも見学できる条件下にあるのは、林先生はじめ上伊那考古学会員、そして多くの伊那市民の熱意が、地域保有の必要性を示したと思う。そのメンバー会員の一人として、顔面付釣手土器に思い入れを感ずるのである。

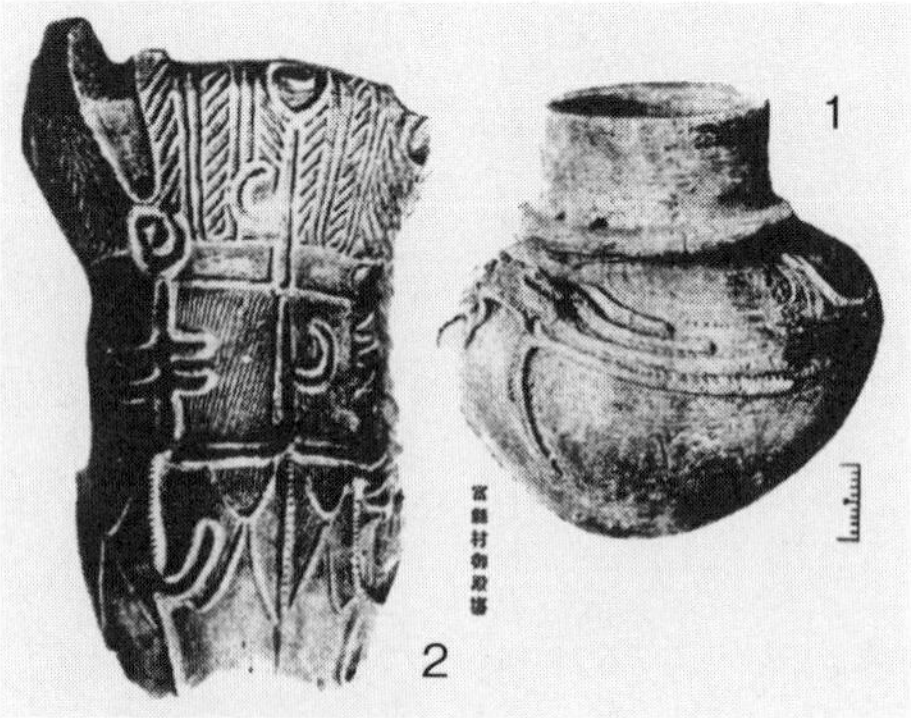

1　伊那市富県御殿場出土
2　旧伊那町御園宮ノ前（上野の森博物館所蔵）
（鳥居龍蔵『先史及び原史時代の上伊那』より転載）

大正末期に、伊那市御園宮ノ前から出土した唐草文土器の初段階の深鉢形土器は、上野の博物館に寄贈されたが、いったん国保有となれば、伊那地域とは絶縁状態になることを、伊那市民は経験済みであったのである。

調査副団長の林先生は、御殿場の釣手土器を「伊那のヴィーナス」と、愛称で命名していた。後の棚畑遺跡出土の国宝「縄文のビーナス」土偶以前より、「ジョウモンのヴィーナス」と、親しみを込めて呼称していたのであった。国宝となった縄文のビーナスが全国デビューを果たして、一足先に人気者となったことを残念がっていたが、決して「伊那のヴィーナス」も、国宝土偶に負けず劣らずの立派な釣手香炉形土器であると、言いたいのである。

伊那のヴィーナス発掘劇は、林先生が、相沢忠洋賞受賞を記念して出版した『伊那《いな》の石槍《いしやり》』（第七項「伊那のヴィーナス誕生」）に詳しく記録している。この本は、先生が受賞対象となった日本旧石器文化研究に関する「神子柴遺跡」の調査や、その他縄文遺跡発掘中のメモを一冊にまとめたもので、御殿場の遺跡緊急発掘、県史跡への指定経過、釣手香炉形土器の地元保有の三項目を「余話その一〜三」として構成し発表している。昭和四十年の遺跡の破壊危機から、遺跡を守ろうと林先生の奮闘が始まり、文化庁への発掘予算捻出交渉、上伊那考古学会メンバーの発掘調査への参加等、いずれの部分が欠けていても、伊那のヴィーナスは、この世に存在しなかっただろう。

伊那市が捻出した当時の金額一四万と、国の補助金である一四万（地元と同額しか助成金は出ない）の計二八万円の少ない資金での発掘調査であったが、一四万円という少額で、国の重文級の顔面付釣手土器を得た伊那市は、誠に好運であった。この事実について端的に言い表した言葉がある。諏訪考古学研究所の藤森栄一先生は、「伊那の人達は凄いものだ、一四万円で八ヶ岳西南麓地方にもない国宝級を掘り出したのだから」と所見を述べているのだ。

昭和四十年頃の伊那谷では、農業構造改善事業の開始時期であって、発掘調査実施のノウハウなど何もない時代でもあった。林先生が先頭に立って行動しなければ、伊那の御殿場遺跡は、ブルドーザーの破壊からは免れなかったであろう。発掘調査は手弁当で実施したのである。

御殿場遺跡を守った陰の功労者、その人は上伊那郷土研究会『伊那路』の初代創設者の伊藤泰介先生の存在である。昭和三十三年の神子柴遺跡発掘調査以来、世話になった林先生の先輩教師であり、御殿場の重要性を発掘前から伝示していたのである。『伊那路』刊行などにみる伊藤先生の郷土愛と、先輩教師の役目として、御殿場の重要性を表採資料を通じて林先生に伝えていたのである。

二　藤森栄一「縄文中期農耕論」と釣手土器論

① 縄文中期農耕論についての学史

大正十一年（一九二二）、鳥居龍蔵「日本石器時代民衆の女神信仰」東京人類学雑誌が、農耕に関する最初の文献であろう。顔面把手付土器・土偶を女神式意匠と捉えた氏は、大陸の新石器代遺物と対比して、日本縄文農耕と関係するとする「女神による地母神信仰」をすでに感知していた。

藤森栄一による縄文農耕に関する論考は、「夕刊信州」に投稿した「日本焼畑陸耕の諸問題」が始まりであった。新聞に掲載された昭和二十三年（一九四八）のこの頃、日本の考古学会は敗戦によって天皇専制主義の皇国史観から、民衆の真の歴史解明への扉が、やっと開かれた時期にあたり、登呂遺跡の発掘によって、日本の弥生時代における稲作が認められようとしていた頃の話である。しかし、自身の少年期から青年期に培ってきた信州の縄文中期遺跡の集落構造と遺物から、弥生時代の水稲栽培以前に、縄文中期の「焼畑」陸耕を、おぼろげに思い描いていたのである。

昭和三十四年から開始された「井戸尻遺跡群」の発掘調査は、藤森「縄文農耕論」に一層の拍車がかかっていった。

御殿場の縄文遺物埋蔵地が、破壊の危機に遭っていた頃の昭和四十年。藤森先生は「釣手土器論―縄文農耕肯定論の一資料として」という論文を「月刊文化財」に寄せている。この論考は、五年後の昭和四十五年三月十日に、藤森栄一著『縄文農耕』学生社版に結実している。本文構成中、「三　釣手土器論」は、考古学ミステリーから導入し、釣手土器の編年・釣手土器の本質と展開し、「中期縄文人の神の灯」

にて結語としている。「神の灯」とは、「釣手土器で燃やされた火、ともされた灯は、ただの照明ではない。何かの目当てのための灯明であったと考えるのが妥当である」として、「それは神で、その特定の家の中では、色々な呪術が行なわれたのであろう」と記している。

釣手土器の発生から終焉を、井戸尻式期〜曽利前半期と想定した氏は、中部高地の火山灰台地の広大な丘陵が最も文化の栄えた時期に当たるとして、蛇・蛙をはじめ、冬眠から目ざめる春の新しい土中から沸き出てくる「あらたま」の生命を迎えるため、釣手土器は真にうってつけの灯火具であろうと、言っているのである。

② 藤森栄一の釣手土器論から若い学徒へ

藤森の燈した釣手土器の火は、暗闇から一点の光明が差すごとく、次の若い研究者へと引き継がれていった。

藤森の分類した昭和四十五年（一九七〇）当時は、東京・山梨・長野・岐阜の一都三県の三三例を集成し、論述している。これらの釣手土器は、勝坂式期の末葉（井戸尻期）から曽利Ⅲ式までのもので、勝坂式文化圏からその後に、関東の加曽利E式、山梨県では曽利式に、伊那谷と松本平では、唐草文土器文化圏内に受け継がれ、中期後葉Ⅲ期まで存続をしている。時期がくだるにつれて器形が単純になっている。

昭和四十一年の藤森論文「釣手土器論」から一六年後の昭和五十七年、宮城孝之氏による「縄文時代中期の釣手土器」長野県考古学会編『中部高地の考古学Ⅱ』が発表された。集成した釣手土器一三二点で、初期の四倍の事例となっている。論考は、基本形態及びその変遷、出土状態と伴出遺物、集落における釣手土器の在り方を論じ、昭和五十年代以降、中部圏の各地で行われた緊急発掘調査資料を基に考察している。中でも実見可能な四六個体を細部について観察し、釣手土器を検討している点が評価される。

なお「形態」の項の文中、第Ⅰ種～第Ⅳ種の四種分類した後の文末に記述がある「釣手部破片」とした土器に対し、「一器種として独自の位置付けがなされるべきであろう」としている。釣手香炉形土器が、浅鉢形を基本としているのに対し、この土器は深鉢を基調として、円形あるいは楕円形になる単純な棒状の釣手を成していて、今後詳しい検討が必要であろうと、問題提起をしている。

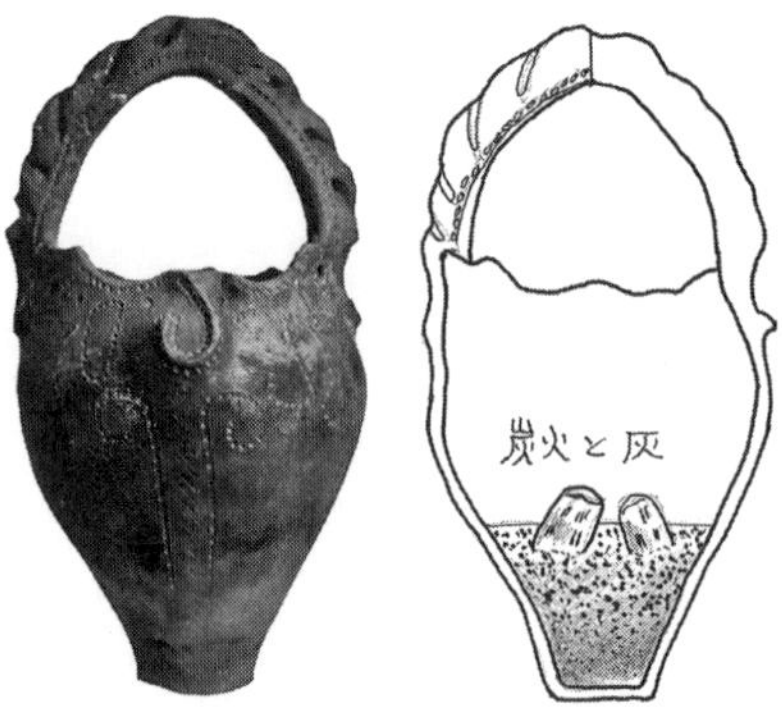

釣手付深鉢土器の推定用途図
焼畑点火のための携帯用種火入れ土器
（駒ヶ根市門前遺跡）

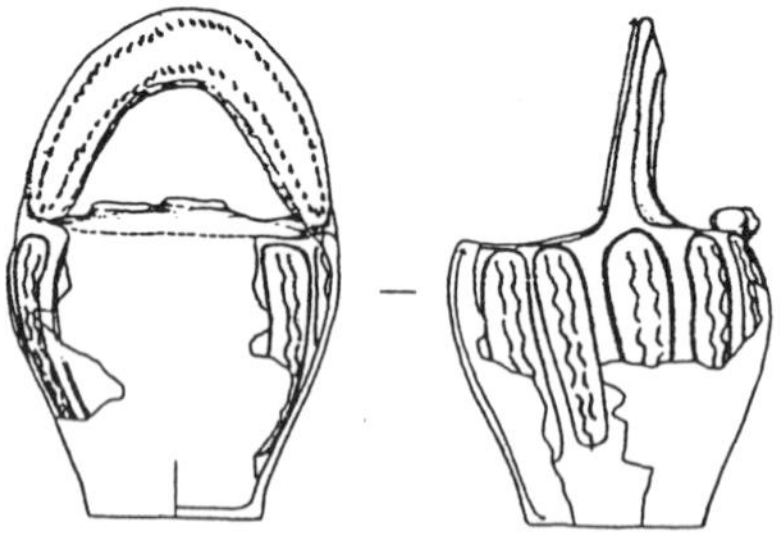

「釣手土器」から分離した深鉢を基調とした一群
（駒ヶ根市原垣外171号土坑）

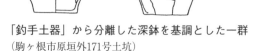

釣手土器と分離される深鉢を基調とする土器一覧

個体番号	所在地	遺跡名	遺構	完欠	時期	高さ×幅cm	文献	備考
1	長野県松本市波田	葦原		完	(曽利Ⅳ～Ⅴ)	32.0×17.9	1	第19図1
2	長野県駒ヶ根市	原垣外	171号土坑	欠			13	第19図2 ほかに破片あり
3	長野県松本市梓川	荒海渡		欠			14	第19図3
4	長野県駒ヶ根市	辻沢		欠			7	全形を知りうる。 ほかに破片あり
5	長野県安曇野市三郷						15	破片
6	長野県諏訪市	城山					8	破片
7	長野県上伊那郡辰野町	樋口内城館址					9	破片
8	長野県上伊那郡飯島町	町谷					11	破片多数
9	長野県上伊那郡飯島町	山溝					4	破片多数
10	長野県上伊那郡飯島町	尾越					3	破片多数
11	長野県上伊那郡中川村						2	破片
12	長野県駒ヶ根市	日向坂					16	破片
13	長野県下伊那郡高森町	角田原					5	破片
14	長野県下伊那郡喬木村	帰牛原城本屋					6､12	破片
15	長野県飯田市	前の原					10	破片
16	長野県飯田市上郷	姫宮					17	破片

宮城孝之「縄文時代中期の釣手土器」〈『中部高地の考古学Ⅱ』（長野県考古学会）〉より転載

図版に見るように釣手香炉形土器の範ちゅうから分離すると考えられるが、何らかの関連性を持つ一器種として把握している点が、宮城氏の卓見であろう。近年に至り、長野県南部伊那谷の唐草文系土器文化圏のⅣ期の結節縄文系の一形態土器として、多数の出土例が見られる。

釣手香炉形土器が消滅する頃の縄文中期後葉Ⅲ期以降に、先記した釣手付深鉢土器が登場する背景に、香炉形土器の灯火具の機能のほかに、重要な役目であろう「種火」を、住居外に持ち出す容器としての機能を連想させる。戸内で行う釣手香炉形土器による地母神が生んだ聖なる火の祭祀・呪術と、その聖火を種火として戸外へ持ち出す二つの祭祀行為が、内在していると考えるのである。

これこそが、縄文中期焼畑陸耕肯定論の到達点と考えたい。

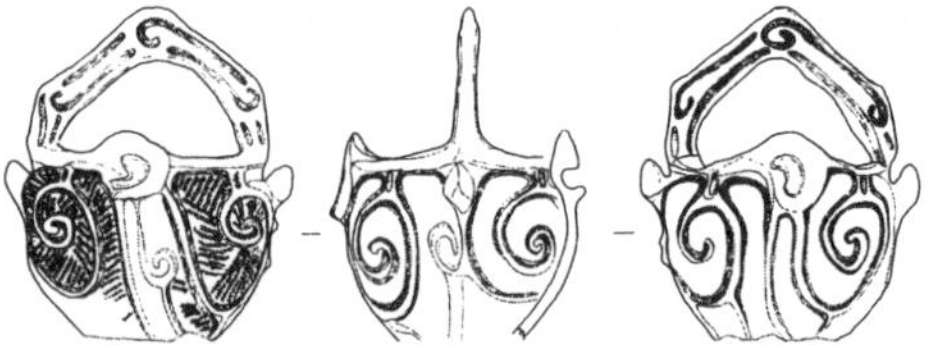

駒ヶ根市辻沢南遺跡　第40号住居址

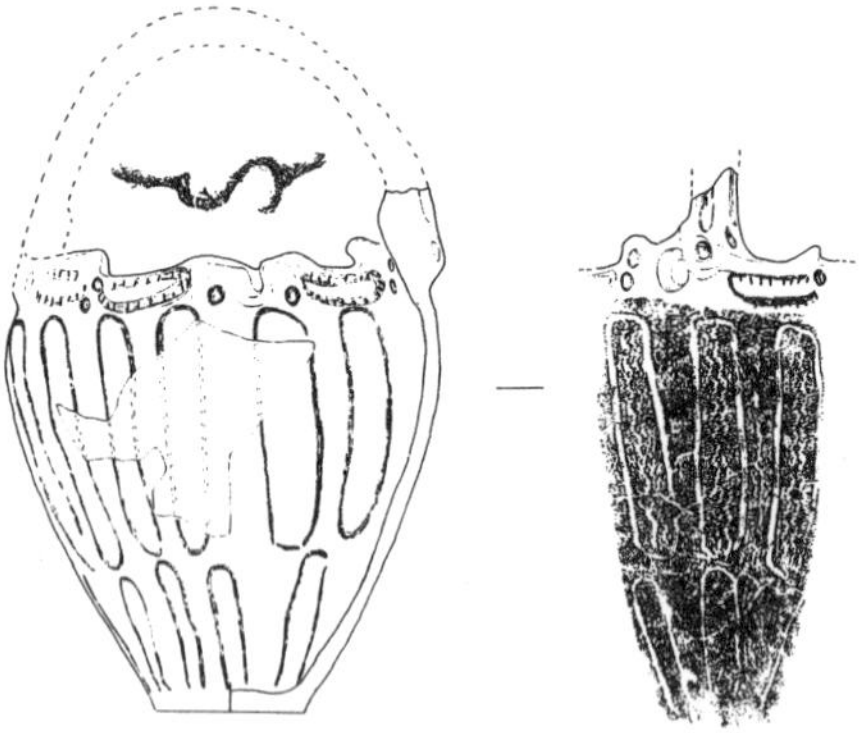

辻沢南遺跡土坑出土

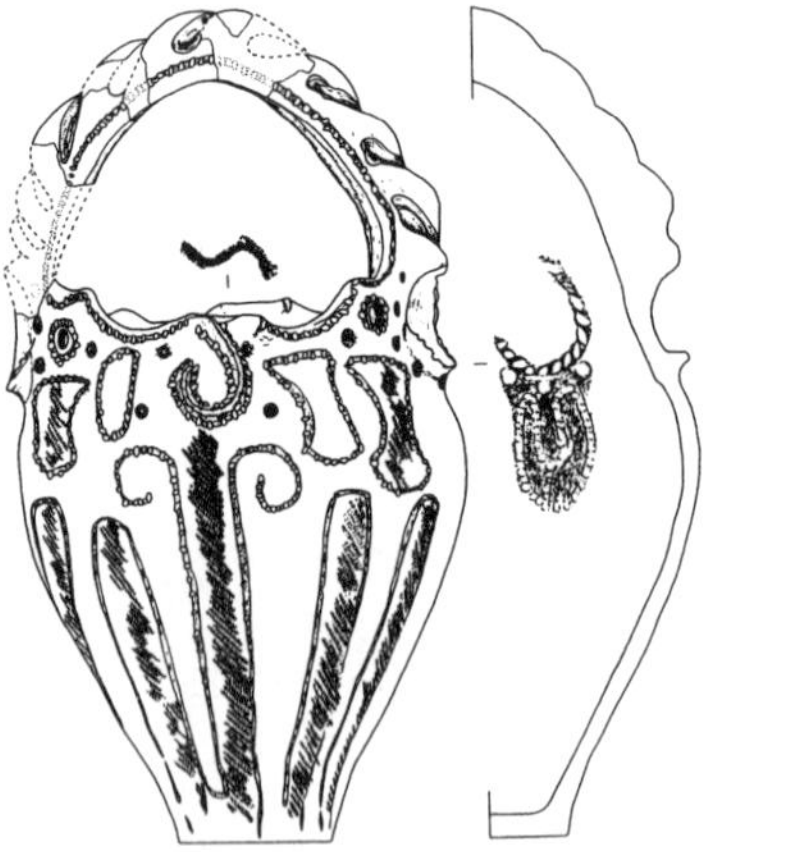

駒ヶ根市中沢門前遺跡土坑出土

釣手付深鉢土器の各種（駒ヶ根市教育委員会発行の各遺跡発掘調査報告書より転載）

③　顔面把手から顔面付釣手土器へ

御殿場遺跡出土の「顔面付釣手香炉形土器」は、香炉形の浅鉢の頂部に「顔面」が備わっていることにより、文化史的意義を秘めた土器であると記した。その背景には、この香炉形土器の顔面は、勝坂式期に盛行したであろう、顔面把手付土器の「顔面」を引き継ぐ特徴ある表現を成しているからである。

顔面把手の顔は、地母神を具現した女神像の顔であって、同じ顔を持つ御殿場の釣手香炉形土器も、地

顔面把手部から釣手土器へ（井戸尻Ⅰ～Ⅲ式期）

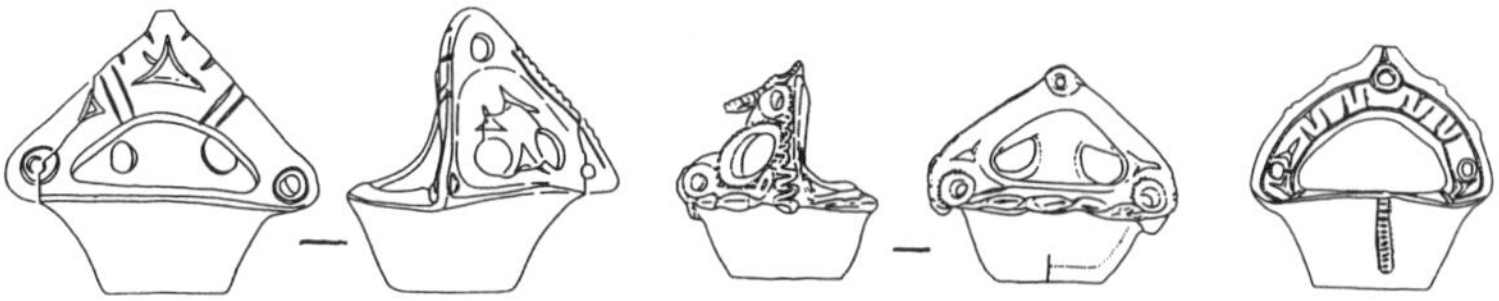

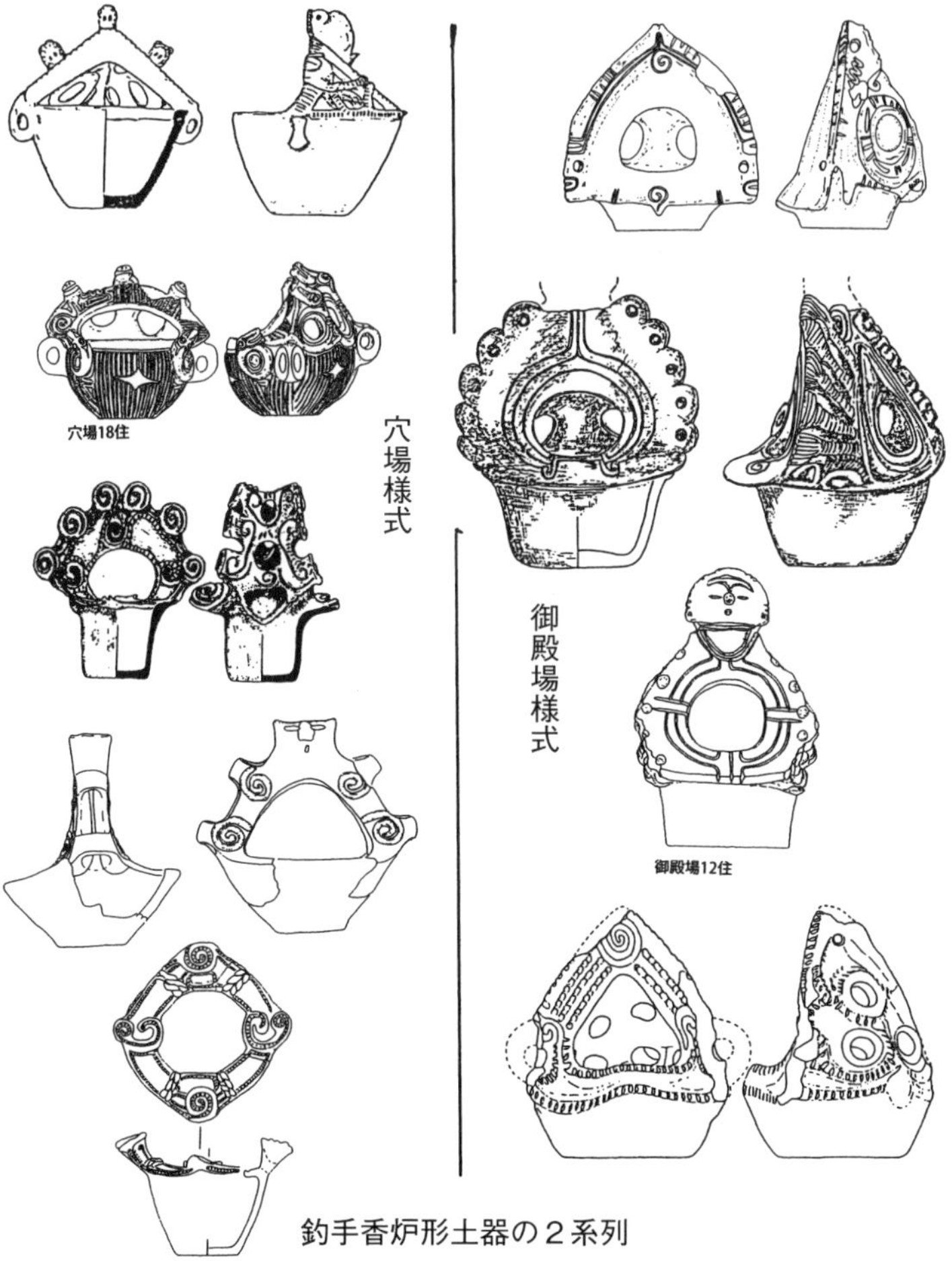

釣手香炉形土器の２系列

母神を表現したものと捉えられる。
この着眼点により、顔面把手から釣手香炉形土器への移行が、容易に理解することができるのである。

勝坂式文化を代表する土器に、顔面把手付土器がある。この土器の機能・用途については、縄文農耕により栽培され収穫された穀物を、次の作付のための種子保存容器の役割を考えている。この土器は、縄文中期中葉の藤内Ⅰ・Ⅱ期から井戸尻Ⅰ期に盛行をみて、井戸尻Ⅲ期には衰退する過程を示す。ちょうどこの頃より「釣手香炉形土器」が発生を見るのであるが、互いに一つの目的であろう縄文農耕と結ばれていたのである。そしてその手段は、「焼畑陸耕」による。釣手香炉形土器の誕生は、顔面把手付土器による顔面＝地母神に願う「豊穣祈願」から、釣手香炉形土器による地母神が生んだ聖火へと祭祀・呪術形態がより明確化するのである。縄文人が、火を祭祀の手法に持ち込んだ本来の目的は、地母神が生んだ聖火としての「灯明具」である二次的用途よりは、焼畑に必要な聖なる種火が、一次的な目的にあったのだ。

釣手香炉形土器の集成及び形態変遷を追求する段階で発生期には二つの様式を持つ個別の変遷を辿ることができる。一つには、伊那市富県御殿場遺跡一二号住居址出土の顔面付釣手土器を「御殿場様式」として分類し、ほかは諏訪市穴場一八号住居址例をもって「穴場様式」と命名し分類した。これら二つの釣手土器様式は、井戸尻Ⅰ式に発生を見て、次の曽利Ⅰ式に受け継がれ、曽利Ⅱ式には相方共に単純形へと改良され、曽利Ⅲ式段階に至っては、橋を形成しない二つの把手部を残す、まったく新しい姿である「単純様式」となって、曽利Ⅳ式以降には消滅してしまう（関東圏では一部後期まで引き継いでいる）。この変遷を示したのが図示の模式図である。

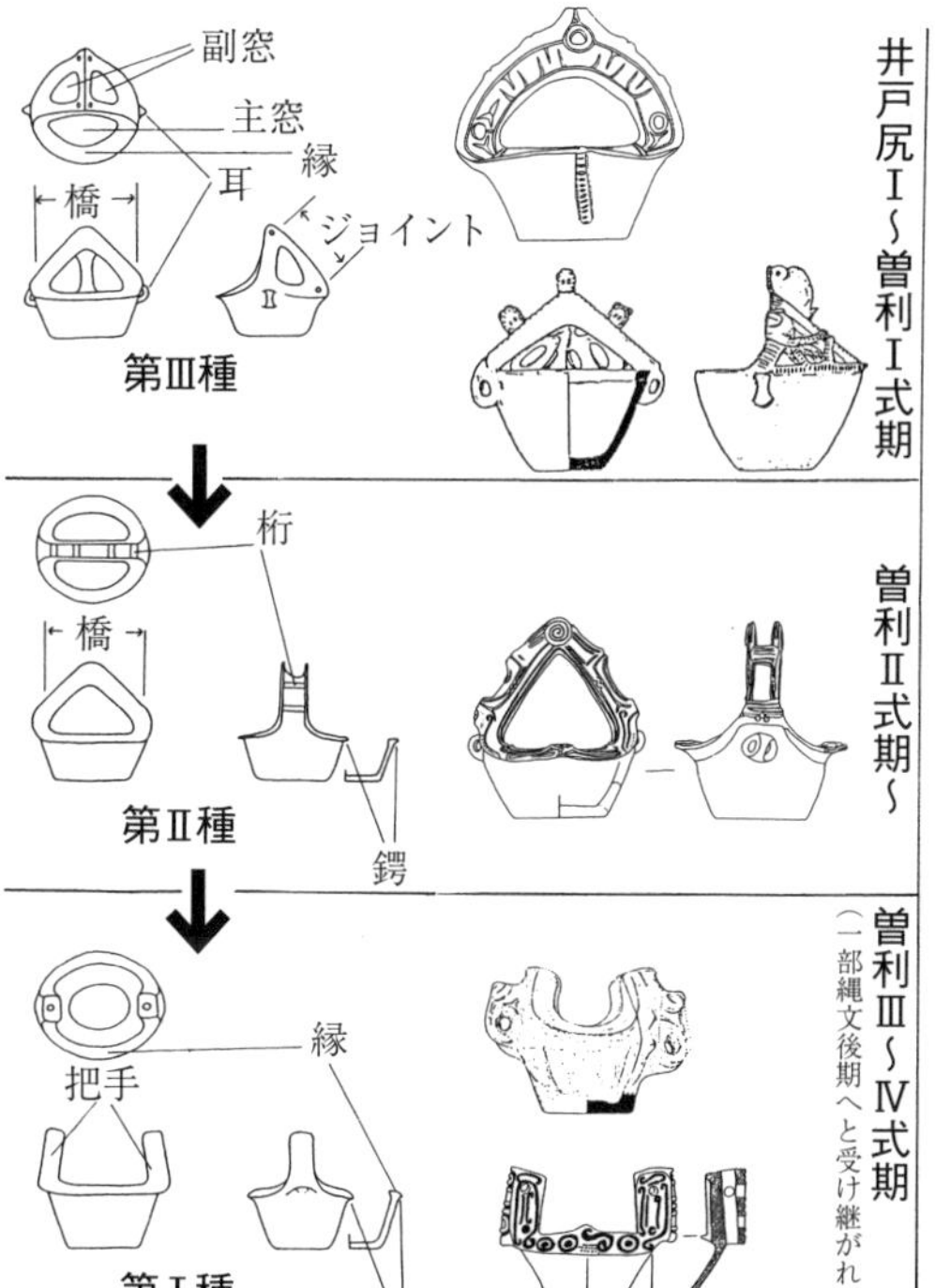

基本形態と各部呼称

宮城孝之「縄文時代中期の釣手土器」〈『中部高地の考古学Ⅱ』（長野県考古学会）〉を参考に作成

④　御殿場様式と穴場様式

釣手香炉形土器は、二つの様式（スタイル）をもって独自の変遷を遂げていることが分かる。「御殿場様式」とした器種は、いずれも顔面把手部に浅鉢を付加した形状より成立していることが容易に判断される。長野県川上村大深山遺跡一五号住居跡出土の香炉形土器は、顔面把手そのものである。香炉形土器の主窓部に顔面をはめ込めば、顔面把手そのものとなる（『諏訪史』一巻に鳥居龍蔵がすでに指摘している）。

一方の「穴場様式」に分類した器種には、穴場遺跡一八号住居例でも特徴がある「イノシシ面」が施文されていることが共通している。なお変遷過程において、島田恵子氏が分別した猪の鼻口状突起「の」字状モチーフへと推移するようである。「の」字状モチーフについて、島田説によると「イノシシの鼻口の働きを象徴した記号」であるという。縄文前記後半の「獣面装飾把手」終末期の「の」字状モチーフの再来が、釣手土器に表現されたものか。獣面装飾把手から顔面把手への移行を、地母神信仰との共通項と捉える筆者は、島田説に同調するものである。以上のように「穴場様式」は「猪」をモチーフに施文されたグループとして集約される。

⑤　曽利二九号住居跡の釣手土器は伝世品

田中基《もとい》氏は、平成十八年（二〇〇六）十一月三十日に『縄文のメドゥーサ』土器図像と神話文脈を出版した。氏は富士見町曽利二九号住居跡出土の二個の釣手香炉形土器のうち、大型釣手土器を「メドゥーサ型ランプ」と命名し、世界各地の神話・民族例を多用して、事象に富む論考を刊行した。

この論文の曽利二九号住居跡の遺構と遺物を合成した図版は、氏の労作であり、釣手香炉形土器を考えるうえで大変貴重な資料となっている（図参照）。氏が遺構と遺物を合成し、より具体性を表現したことで、二つの問題点が浮上したのである。まず小型釣手土器を観察してみよう。この住居跡は、二個の釣手香炉形土器のほかに、曽利Ⅰ式と思われるカップ形土器の高台部を欠いた埋甕使用の土器と、炉辺には、梨久保Ｂ式の典型的な深鉢形土器が出土している。これらの土器により曽利Ⅰ式後半期に営ま

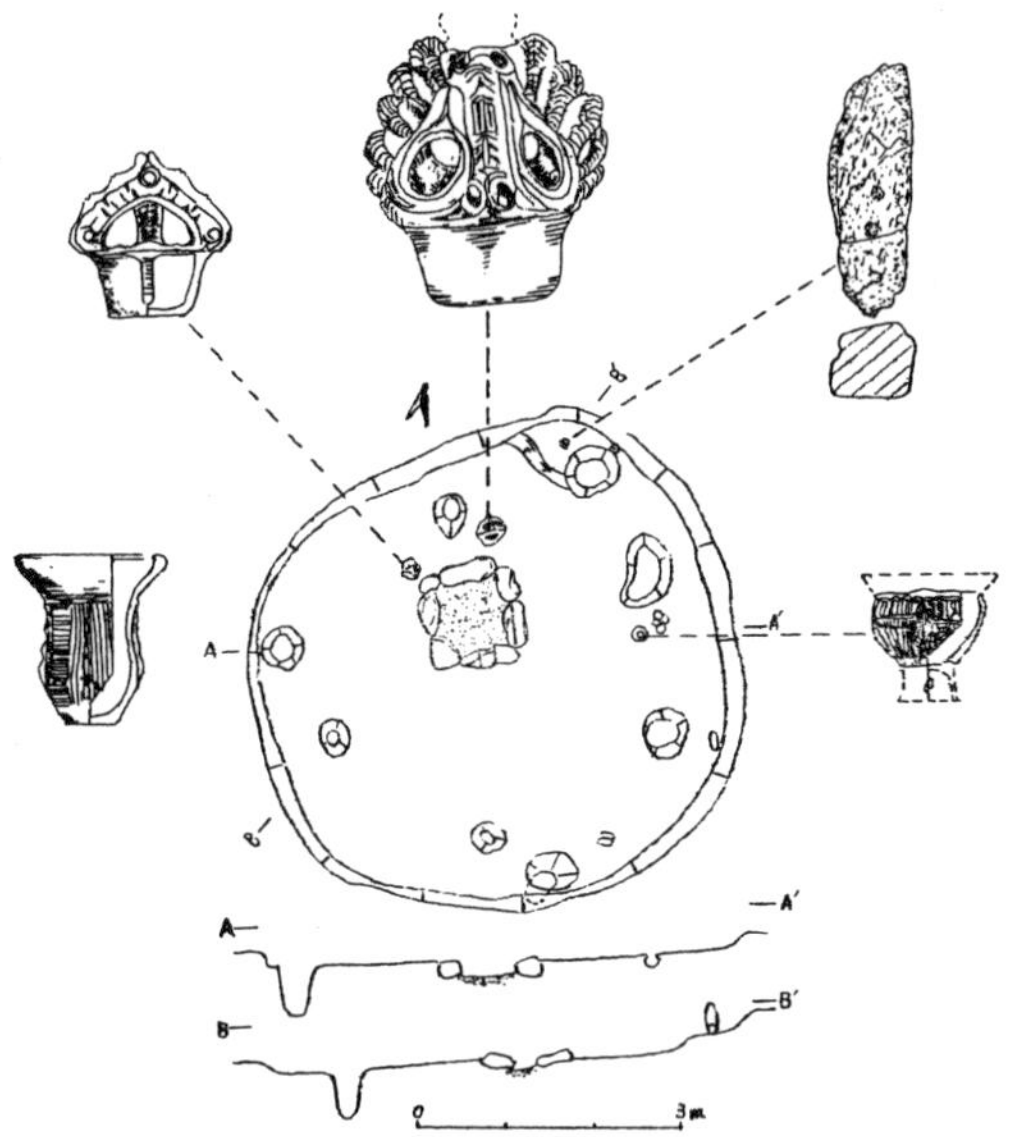

曽利29号住居跡の土器出土位置
〈田中基『縄文のメドゥーサ　土器図像と神話文脈』（現代書館）より転載〉

れた火の祭祀を司った特殊な住居跡と考えられている。この二点の土器は、住居跡に伴うものと理解されるが、小型ランプは、「橋」部施文に藤内・井戸尻期に多用された、典型的な「玉抱き三叉文」が見られるのである。明らかに数代前の伝世品であることが伝わってくる。少なくとも井戸尻Ⅰ期の先祖の製作した釣手土器が、曾祖父〜祖父〜親（父）から子へと、百年以上伝世した釣手香炉形土器であったと、施文系譜から読み解くことができる。

川上村大深山遺跡一五号住居跡出土の釣手土器は、曽利Ⅱ期後半とされているが「御殿場様式」（田中基氏がメドゥーサ型ランプとされているもの）の発展段階から推測すると、井戸尻Ⅲ式に相当すると考えられ、少なくとも三代前に作られて、曽利Ⅱ式まで伝世されたと考える。なお御殿場一二号住居跡、曽利二九号住居跡出土の顔面付の釣手土器も、井戸尻Ⅲ期後半の製作と思われ、いずれも一期前作成の伝世品であろう。この二個の釣手香炉形土器は、釣手部の内側にタール状のカーボンの付着が認められず、「灯火具」としては未使用であったことが裏付けされている。『曽利』報告書の解釈では「小型ランプの照明によってこの大型香炉形土器を下から浮かび上がらせただろう」としている。近年に至り、筆者分類の「御殿場様式」の釣手香炉形土器の「灯火具」とした機能を疑問視する研究者の意見がささやかれているのだが、それは何故だろう。問題解決のために、この種の香炉形土器の器形観察を、より深く追求する必要があると考える。

⑥「御殿場様式」の釣手土器は焼畑点火用種火容器

竪穴式住居内で行う灯明具に、火を燈す祭祀行為は、主に「穴場様式」の釣手香炉形土器が使用されたと考える。一方「御殿場様式」の釣手香炉形土器は、主窓・副窓二ヶ所の開口部が狭く作られていて、穴場様式よりは一見遮へい的に造作されているように感じられる。なお穴場様式より極度に出土点数が少ないのである。これらの異なりは、基本的に使用目的の違いによって生じた異差であり、注視しなければならない特質と考えている。

前項にて度々記したが、御殿場様式の釣手香炉形土器は形状は同じ姿をしているが、戸外へ持ち出す「焼畑点火用の種火」容器ではないかと考える。そもそも縄文中期の縄文人が、釣手付香炉形土器を考え出し、灯明具を考えて「火」の明かりによる祭祀法を考案した裏には、焼畑による縄文農耕が介在しているのだろう。戸外に種火を持ち出す方法として、直接「火」ではなく「炭火」として持ち出したと想定する。釣手土器の底部に灰を敷き詰め、炭火の一・二片を灰に埋めて戸外に持ち出したのだろう。これら原野に点火までの一連の祭祀行為が、両者は同じ器形を成している理由と推理するのである。

藤森栄一が提唱した「縄文中期農耕論」をテーマに、釣手土器に内在する諸問題について①〜⑥を論述した。結語として、釣手香炉形土器の「灯明具」とした役割の背景に、縄文中期焼畑農耕が内在していることを試論として記した。この問題の着眼点になったのは、伊那市富県御殿場遺跡出土の「顔面付釣手香炉形土器」が終始問題解決の鍵を示していたのであった。想えば、大正十一（一九二二）の鳥居龍蔵「日本石器時代民衆の女神信仰」執筆による女神による地母神信仰の着想以来、このことが火種となって、藤森栄一の「日本焼畑陸耕の諸問題」へと、トーチの聖火が受け継がれ、宮城孝之氏以降先学諸氏がこの問題に関心を寄せ、研究が推進され現在に至っている。

宮城氏以降、藤森が受け継いだ「釣手土器の諸問題」解決への研究（トーチの聖火）は、何故に釣手土器の聖火が必要であったかという、縄文中期の社会構造解明への過程と考える「聖火台」に未だ点火されてはいないのだ。たと

釣手土器（長野県駒ヶ根市中沢　的場第11号住居址出土）

釣手付深鉢土器（長野県駒ヶ根市辻沢南遺跡出土）

えて言えば、先学諸氏によって受け継いだトーチの聖火は、競技場のトラックを堂堂巡りを繰り返し、未だ聖火台に火が点灯されていないのが現実なのである。

問題解決のため、釣手香炉形土器の祭祀復元を試みたい。

三　釣手香炉形土器による祭祀復元

（一）　焼畑農耕による「火」の祭祀の始まり

縄文時代における初期原始農耕の開始期を、縄文早期からと思わす事例が、リョクトワ炭化物、ヒョウタンなどの栽培品種が、遺跡の埋蔵地より発掘されているからだ。これらは集落周辺の栽培地にて管理栽培が行われた小規模のものであっただろう。そしてこのような初段階の農耕が、規模を拡大されていく過程の中で注目されるのは、縄文前期諸磯ａｂ式期であると捉えている。その理由は、地母神信仰と関係をみる「獣頭装飾把手付土器」による「猪顔」の口縁突起や、有孔鍔付土器の初期段階の「有孔土器」の発生など、従来みられなかった新たな土器が追加された時期に当たるからである。この縄文前期後半より植物性食品生産が、本格的に開始されたと思われる。恐らく、五穀のうちのアワ・キビが焼畑により栽培が始まったと考える。そして、この時期より焼畑陸耕による「火」の祭祀の始まりが予測されるのである。

縄文中期中葉末の井戸尻Ｉ式頃に始まる「釣手香炉形土器」による聖火の祭祀・呪術は、突然始まるのではなく、その前段が必ずあったと考えられる。それは特別な住居内にて行われた「炉端の祭祀」いわゆる炉辺を中心に火の祭祀が行われたものと推測できうる。縄文中期の人々の考えの中に、石囲炉＝女性原理の施設とみなされ、諸々の祭祀行為が執り行われたであろう。その祭事の一つが、焼畑点火用の火種の採取ではなかったか。一方の男性原理を象徴する石棒の初源が縄文中期前葉の五領ヶ台式併行期にあるとされ、住居跡からの出土は、中期中葉の勝坂式期に至ってからとされている。

これら女性象徴の石囲炉と、男性象徴の大形石棒の存在は、炉内で行う模擬性交による新たに生まれ出る生産への願望表現ではないかと思われる。石棒先端部が被熱を帯びて出土する事例があるのは、そんな祭祀行為が推定される。これらは焼畑陸耕の最盛期を迎えた勝坂式土器文化期になっての「火」の祭祀儀礼と考えられるのである。

以降、女性原理の祭祀具は石囲炉から石皿へと姿を変え、男・女象徴儀礼も変化しながら縄文中期後葉へと変遷する。住居内による炉辺の「火」による祭祀は、井戸尻Ⅰ期になると釣手土器による儀礼へと姿を変える。

①　朝日村熊久保遺跡第六号住居址例より復元

長野県東筑摩郡朝日村の熊久保遺跡は、昭和三十七年（一九六二）の第一次調査を皮切りに、平成十二年の第一〇次の発掘調査が続けられ、大規模な縄文中期集落であったことが報告されている。中でも朝日村美術館建設に伴う第一〇次発掘調査によって、縄文中期前葉から中期後葉に至る三一基の住居址群が、折り重なるようにして見出された。中心は縄文中期井戸尻Ⅲ期～梨久保Ｂ式（古）の時期に当たる（六・九・一四・一八・二三号）五軒の住居址が、同時期集落と推定された。特に注目された住居は、六号住居址の土器組成であった。図上復元可能な深鉢土器一〇点の組合せと、ほかに有孔鍔付土器と、筆者仮称の筒形横帯隆線文土器が出土し、この住居址の特性が感知される。筒形横帯隆線文土器は、顔面把手付土器の退化式の土器であって、当住居址炉の南側より顔面把手部が出土していて注目される。普通に考えると、この顔面把手付部片は混入品とされようが、出土状況から明らかに井戸尻Ⅰ期より伝世された二代後の遺品なのである。この辺の事状について検証したいと思う。

熊久保遺跡第六号住居址出土の顔面把手部の出土は、大変重要な情報を秘めた事例であると考える。まずは、顔面把手部片そのものについて観察、検討してみよう。

この顔面把手は、長野県岡谷市海戸遺跡例と同じく、顔面外向き例であること。外向きに顔面部を設けた理由は、顔面下部のレリーフ状土器文を表現するためのものであり、なおかつこの「レリーフ状土器文」を残すように顔面把手付土器よりはぎ取っているのである。このように、顔面把手部分の重要性は、この土器片に施文されているレリーフ状土器文が象徴していよう。

第二に、では何故この顔面把手部分が二代後まで伝世されたのか。筆者はかつて、顔面下のレリーフ状土器文を、顔面把手付土器であり、種子壺説を提唱したことがあった。所謂「顔面把手付土器による顔面把手付土器表現」としたのである。ややこしい言い廻しではあるが、事実顔面把手付土器そのものが、自らの使命（用途）を示していたのであった。そして、第六号住居址で行われた祭祀例は、他集落では釣手土器による火の祭祀に転換しているのに、顔面把手部を「火の神像」として炉辺の祭祀を旧態

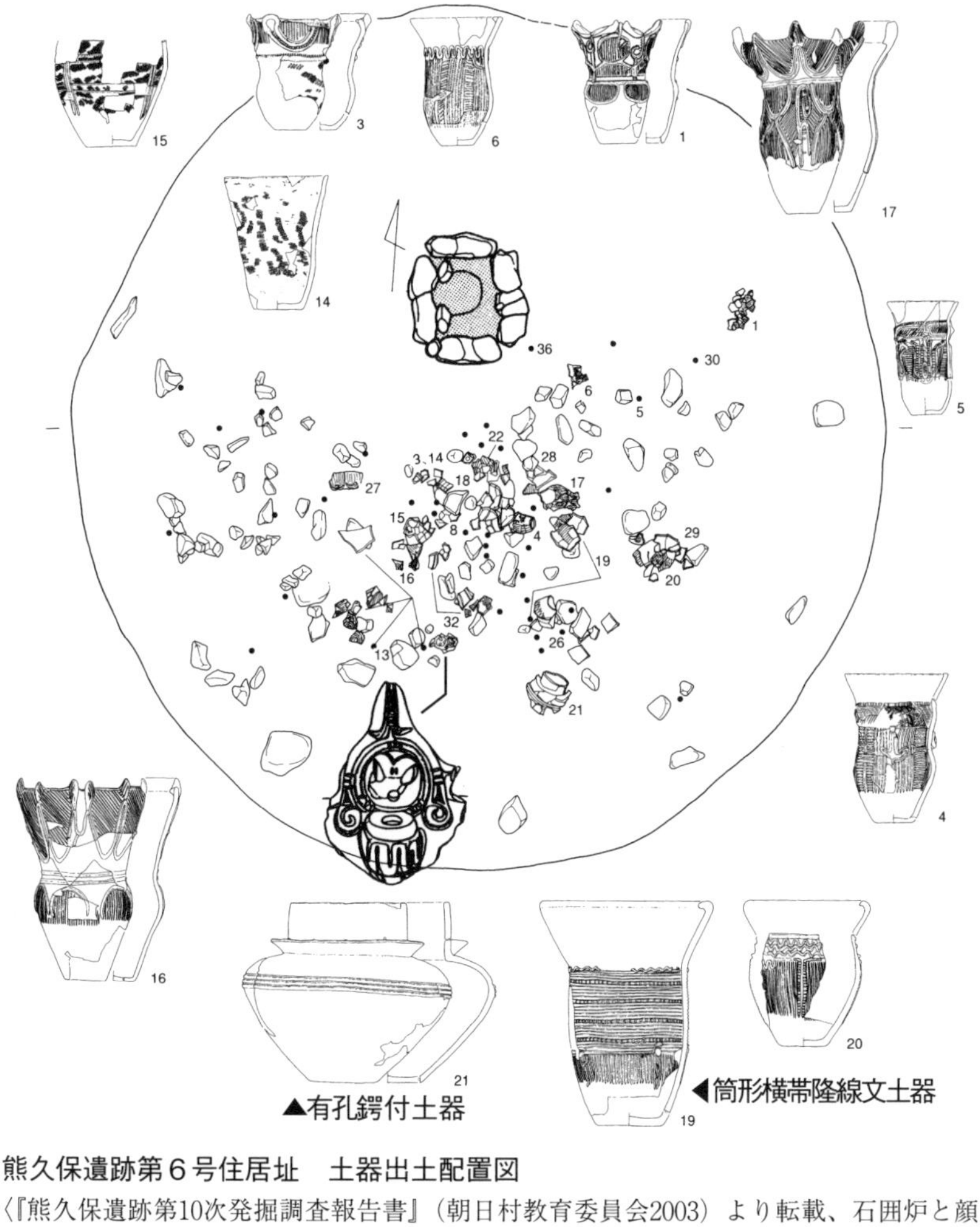

熊久保遺跡第６号住居址　土器出土配置図

〈『熊久保遺跡第10次発掘調査報告書』（朝日村教育委員会2003）より転載、石囲炉と顔面把手部を加筆〉

依然のままで実行した事例と考える。このような祭祀は、藤内期まで辿ると予測できるのである。なぜならば、釣手香炉形土器の初期段階を観察すれば、一目瞭然だからだ。釣手付土器は顔面把手部の転化により成立しているのである。従来よりいわれている顔面把手部分切り取り例は、再生復活願望のほかに、炉辺によって行う「火の神像」としての役目を負っていたと考えたい。

顔面把手付土器は、煮沸用ではなく、焼畑によって収穫した大切な種子を貯蔵しておく容器と考える。そのため、焼畑に大事な聖火を得るのに必要な神事（祭祀）に地母神＝顔面把手部の神像の顔が、役割に登場するのだ。井戸尻Ⅰ〜Ⅲ期にかけて顔面把手付土器は衰退に向かう。代わりに顔面付釣手土器が登場し、顔面把手付土器より退化した筒形横帯隆線文土器に移行するのである。ちょうどこの時点が、熊久保遺跡第六号住居址の時期に重なるのである。釣手香炉形土器における火の祭祀の前段事例を残す、最終の姿と思われるのである。

② 焼畑による点火時期について

釣手香炉形土器の存在は、縄文時代中期の焼畑農耕と密接に関係していることを、前項にて論述してきた。

かつて藤森栄一は『縄文農耕』の中で、次のように書いている。

「蛇・蛙をはじめ、冬眠から目ざめる春の新しい土中から沸き出てくる「あらたま」の生命を迎えるため釣手土器は真にうってつけの灯火具であろう」

長い冬の死の世界から抜け出て、動植物が活動する春の訪れは、縄文人にとっても待ち遠しい季節の到来にちがいない。土中からの生命を迎える釣手付土器の火の需要は、焼畑の種火とも重なって、暗示的に表現したものとも思われる。釣手付土器の存在を、縄文農耕論の肯定一要素としているところを推察するに、暗中模索の中での文面と受け取ることができる。藤森の記した論考から、釣手付土器による祭祀時期を、冬の終わりから春の初めの季節の変わり目と読むことができる。この時期は、焼畑の点火時期としても適合するものでもある。落葉樹や草木が芽吹く直前の三月中旬が最も適した時期に当たる。自然界の変化や、年間太陽軌道の動きを熟知していた彼らは、現代人の我々が節目とする「春分の日」を、釣手香炉形土器による祭祀の日と定め、夜間に特定の家に集まり祭祀を行なったと推理する。そして早朝より「焼畑の点火」が始まったものと考えるのである。

（二）　焼畑陸耕による栽培種は何であったか

火は人為的発火以前に、自然発火する落雷や火山噴火、木の摩擦によるものなど様々であるが、これら自然に発生した山野の野火は、その跡地を肥沃にする力がある。この有効性を知った縄文人達は、野火を住居内に持ち込み、石囲炉の火種とした。一方、発火具を使い火を熾す弥生時代の発火法とは、根本的に異なると思われる。縄文人は、自然界からの恵みの火を聖火とみなし、炉辺の火を神聖化したのであろう。この炉の火をより以上に尊ぶ形態が、「釣手香炉形土器」による祭祀・呪術ではなかろうか。生活に欠かすことのできない炉辺の火を、生活面から中空に吊ることにより火は灯明となり神になる。

釣手香炉形土器の存在を、諸々検討すると「火」にかかわる「焼畑」との関係が内在していることが分かる。一見無関係に思われる釣手土器による祭祀・呪術の中に焼畑点火に関する神事も含まれ、焼畑陸耕によって得られる「栽培種」の問題にも波及してくるのではなかろうか。

現在の考古学の通説では、初源的な農耕段階と考えて本格的な農耕は、弥生時代からとされている。縄文農耕存在の決定打は、栽培された作物の炭化種子や、その作物の畑地の痕跡見出など、そのものズバリの証明は充分とは言えない。数千年と経過した時間的制約、植物依存体の土壌の問題等、農耕による栽培種割り出しは容易ではないのである。だが近年、考古学研究者の意識の向上とともに、日本列島各地より栽培品種である炭化種子や、栽培種子になる土器表面への圧痕など、報告されるようになってきた。確実に「縄文農耕」存在確定へと近づいているのではないかと思われる。

昭和四十年代より研究が推進されている石器の分析から縄文農耕を実証しようとする研究は、藤森栄一・武藤雄六氏の研究を受け継ぐ形で「山麓考古」同人らにより発展、研究が続行されている。打製石斧は石鍬に、横刃型石器は打製石庖丁にと、農具としての機能を追求した。

凹石は当初には「発火具」説を鳥居龍蔵説を継承した藤森先生が提唱するが、武藤氏の「クルミ割具」説が提起されると、発火具説は影を潜めてしまう。焼畑点火＝凹石は所詮空想の産物でしかなかったのだ。前文にて記したように、点火は神聖な神事の後に、炭火により点火されたのである。

凹石と同様に、古くから論議されている石の道具に、「石皿」がある。石皿は縦三五㎝×横二五㎝で厚さ一〇㎝位の自然石の上面を、幾度となく物体をすりつぶしているうちに、皿状の窪みができる石うすのことで、縄文前期から中期に次第に出土例が増す傾向にある石の道具だ。

石皿は大陸の新石器時代にもあり、「サドル・カーン」といってムギをすりつぶす道具とみている。日本列島の縄文時代においても農耕の存在を肯定する筆者は、石皿を、穀類を対象とする石うすと解釈している。縄文前期諸磯ａ・ｂ式期は「アワ・キビ」の石うすとして、縄文中期初頭からは新たに「ムギ」が栽培種目に加わったと考えて、大陸同様にムギをすりつぶす道具と考えたい。

ムギの炭化種子の出土事例は、現在のところ、まれに見出されているにすぎず、その実証は困難である。しかし、焼畑による祭祀・呪術や、焼畑の点火時期等考え合わせると、一番合理的に適合する栽培種目は、「麦」が選出される。縄文農耕を肯定する方法として、石器の形状、使用法より究明する研究方法のほかに、私は、土器表面に施文された施文工具の中にある栽培種であろう「麦の茎」を施文具とした「ストローl状施文具」について次に記述したい。

① 麦の茎先端による「円環刺突文」について

縄文土器の器面を飾る文様の中に「竹管文・半截竹管文」と呼ぶ刺突文が多用された土器がある。これらの施文をよくよく観察すると、竹管・半截竹管では表現できない、繊細な施文具でなければ施文できない文様もある。私はこれを別の施文具とみて「ストローl状施文具」として分類している。考古学研究の初期の段階から、現在に至るまで、説明に便利な用語であるために、研究者は発掘調査報告書の解説文に、安易に使用してきたのであった。次にこの問題注視のきっかけとなった土器について記述する。

長野県駒ヶ根市南割の「北方Ｉ遺跡」は、県営ほ場整備事業により昭和四十七年（一九七二）に緊急発掘調査を実施した。問題とするのは、北方Ｉ遺跡の第八号住居址内より出土した小形の筒形土器についてである。他の共伴土器から検討すると、藤内Ｉ期に属する住居址であると判断される。

この土器について、発掘調査報告書を書いた駒ヶ根市立博物館々長の気賀沢進氏の文を引用して解説しよう。

「第八号住居址」

「遺構六号、九号、一〇号住居址にはさまれており、一部ずつであるが、それらの住居址によって貼り床されている。しかしながら砂質上のため、貼り床ははっきりと認めることはできない。プランは楕円形をなし、長径五・八ｍ、

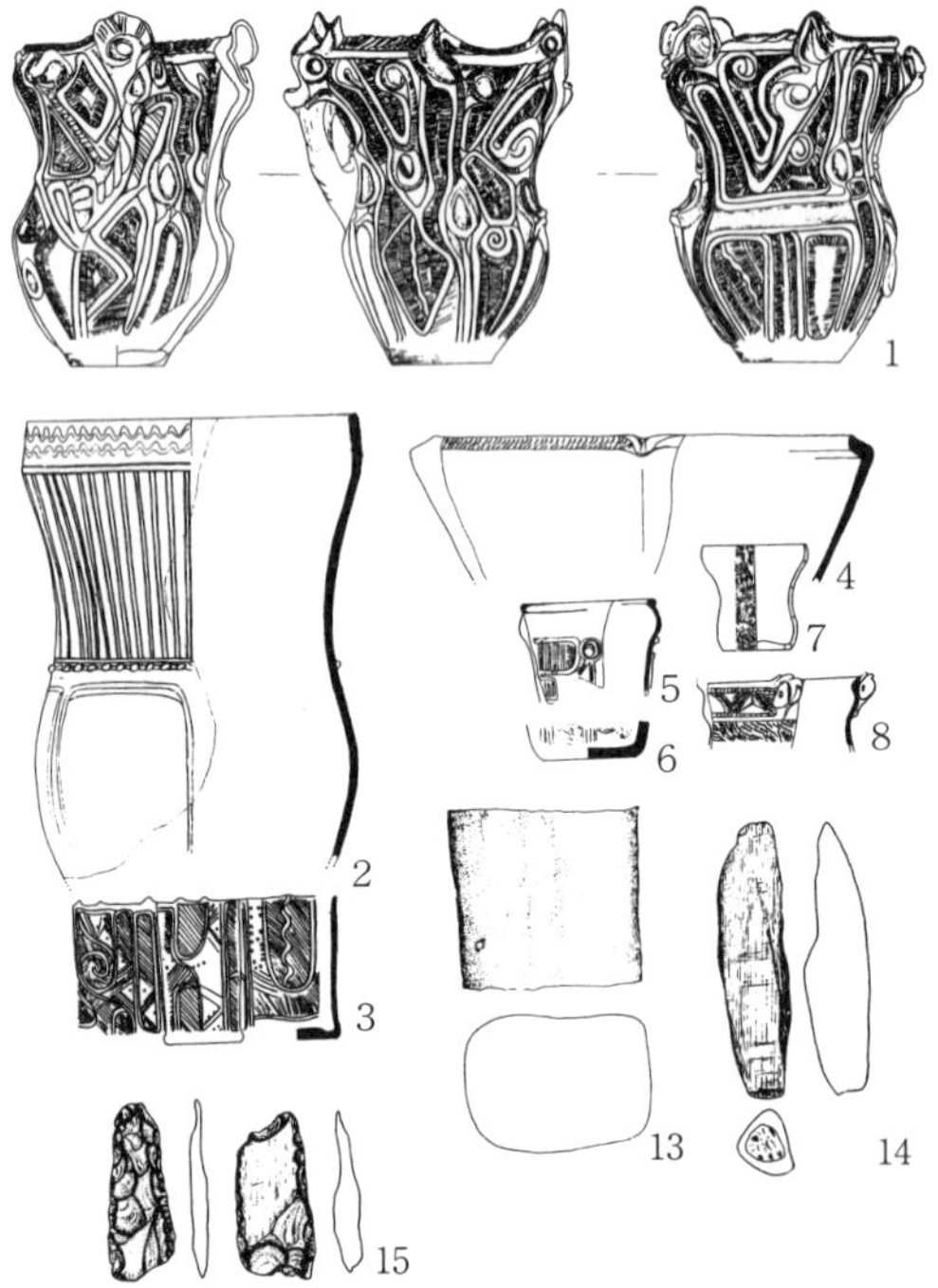

北方Ｉ　第８号住居址出土遺物
〈『北方Ｉ遺跡発掘調査報告書』（駒ヶ根市教育委員会）より転載〉

短径四・四ｍを測る。
床面は若干舟底状を呈し、あまり固くない。炉は中央西寄りに位置し、細長い自然石を利用して変五角形のプランを作っている。掘り込みはまったくみられず、床面に石を置いただけである。内部は炭化物が充満し、底には焼土の堆積がみられる。炉の内部炭化物中に、小形土器（筆者注目の土器）が底を上に斜めに倒れ込むような状態で出土し、更に石棒の欠損品が立って発見されている。」（大城林・北方Ⅰ・Ⅱ・湯原・射殿場南原・横前新田・塩木・北原・富士山発掘調査報告一九七四年）

以上は、第八号住居址の使用最終の姿であろう。文面にある炉址の中より石棒が立って出土していること。なお同じ炉中より底を上にして斜めに倒れ込む形で、特殊な小形土器が出土しているなど、炉を中心とした祭祀を匂わす遺物の出土状況である。

次にこの小形土器について原文に当たり注目してみよう。

「３は小形の筒形土器で底部は藤内期特有のく字の屈折底部を持つ。口縁部には不規則ながらツマミ状突起を持つ。文様は半截竹管によって描かれ、全体に縦位に文様が構成され、区画内は斜走する平行細沈線や半截竹管による連続爪形文や円形竹管文によって充填。」

北方Ⅰ遺跡第八号住居址出土の№３小形土器は、文中に記述があるように、従来よりの半截竹管文により構成されている。だが問題は区画無文部に刺突されている円環文（径三～五㎜以内）は、コンマ数ミリの施文具でなければ成立しない円環刺突文なのである。けっして竹管などではできない繊細な文様であって、注視の的になった。私はこれを「ストロー状施文具」による円環刺突文と認識して、諸々の植物茎を使用して刺突実験を試みた結果、川辺の葦・茅の一部に近似の文様がみられたが、「麦の茎」の先端が一番近いシャープな円環文を描き出した。なお連続爪形文や平行細沈線文も、この麦の茎先端を細工することにより表現できるのである。麦の茎は実りの時期を越すと、施文具になり得るだけの強度を保持するのだ。

この施文具の問題に迫るのが、図版№２に示された土器の「平出三Ａ」の文様構成と土器機能の中にあった。

② 「平出第三類Ａ」の土器文様と施文工具について

昭和二十五年（一九五〇）より行われた「平出遺跡」の発掘調査は、第五次にわたる調査が続行され、昭和三十年二月十五日に『平出』平出遺跡調査会編による研究報告書が刊行された。

当時、長野県埋蔵文化財臨時調査員であった永峯光一氏は、「第二章　発見遺物における縄文土器」を分担執筆し、第三類をＡ～Ｇの七種に分類し、報告している。表題の「平出第三類Ａ」（以降「平出三Ａ」と略称する）について次のように分別して解説した。要点のみを概略記す。

「Ａ、竹管状工具を軽く使用して描出した、平行沈線のみの文様を有するものである、胎土には少量の雲母と長石粒とを多く含み、いずれも黒褐色を呈する。器厚は一糎程の厚さである。」（以下各出土土器文様について解説）

これより三〇年後、長野県の中・南信地域における埋蔵文化財発掘調査をもとにした「平出三Ａ」に関する論文が相次いで発表されて、この土器の系譜が明確化される。

一、林茂樹一九七六「縄文中期土器「平出三Ａ」の系譜―月見松遺跡と山溝遺跡」『長野県考古学会誌』第二七号

林先生の論考は、藤沢宗平氏追悼号の県考古学会誌に発表したもので、縄文中期初頭期につき注意を促した藤沢氏との関係を記して追悼文としている。『平出』報告書以来、いち早く「平出三Ａ」に注目した塚田光氏の論文（「平出遺跡の縄文土器３類Ａ」昭和三十七年考古学手帳二〇号）、その指摘を受けた神村透氏「平出縄文土器第三類Ａの資料」昭和四十年『信濃』第七号巻四号）の二編の論文を中心に、平出三Ａを把握し論じている。土器系統については、第Ⅰ類～第Ⅳ類の九種に分類しているが、解説・図版ともに平出三Ａとは別種も含まれ、不明確になっていて惜しい。

だが、自らが発掘調査した月見松遺跡の資料や、山溝遺跡など、縄文中期前葉から中葉期に至る大遺

跡に着目し論じているところなど、林先生独特な発想によるものである。

二、鵜飼幸雄一九七七「平出第三類A土器の編年的位置付けとその社会的背景」『信濃』第二九号巻四号

鵜飼氏の論考は『平出』発掘調査及び報告書刊行以来「平出三A」を研究対象とした六氏（高橋良治、塚田光、藤森栄一、神村透、佐藤達夫、武藤雄六の諸氏）の先学の研究を踏まえて、結論として「中期初頭末から中期中葉に及ぶ、井戸尻編年の九兵衛尾根Ⅱ式後半から藤内Ⅱ期」までを四段階変遷図にて解説し、各段階がそれぞれどの時期に位置しているかを明確にした（平出三A土器の四段階と各類型図）。

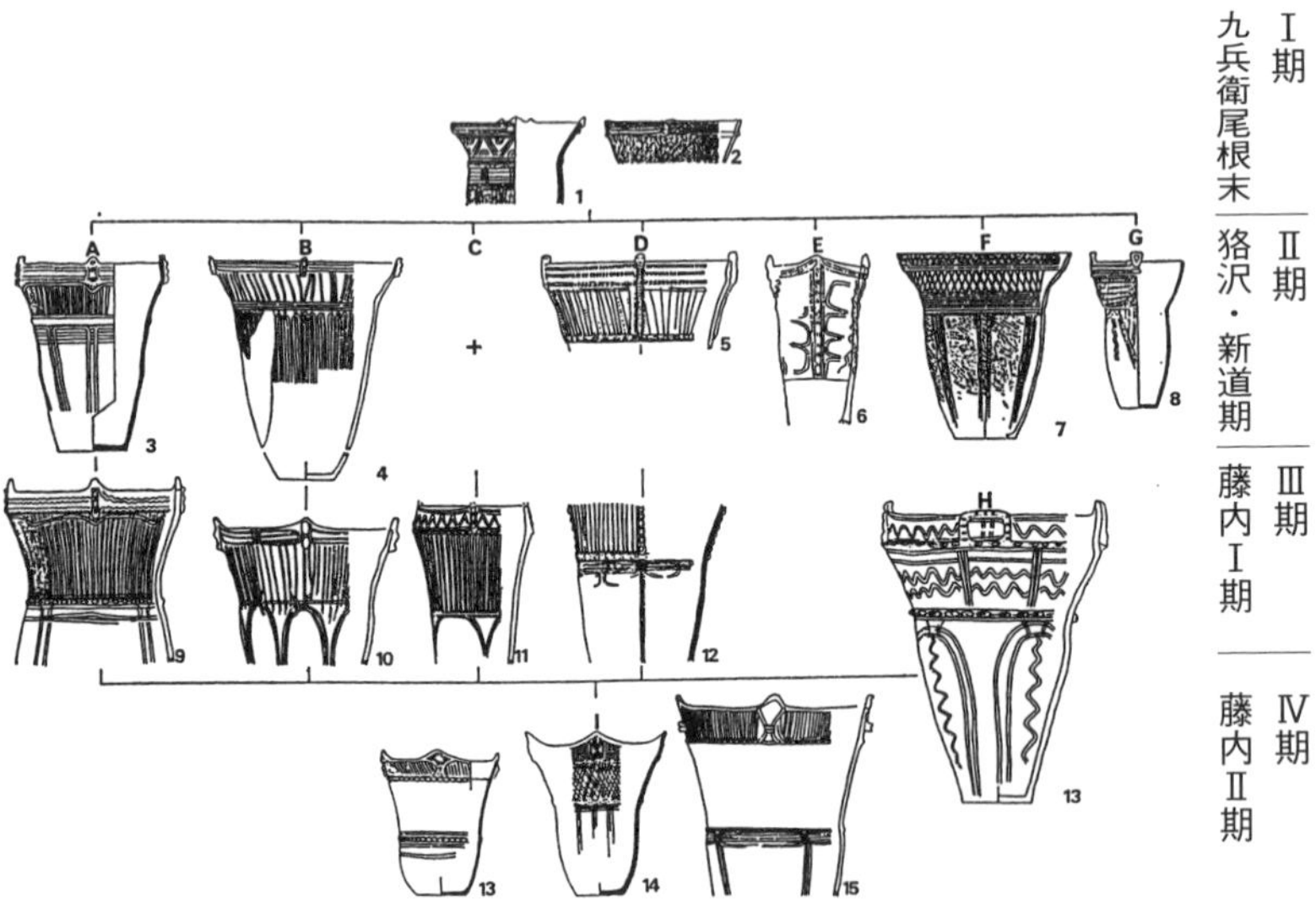

平出第三類A土器の４段階と各類型（縮尺不問）

1・2・7　月見松、3　後田原、4・9～11・14　荒神山、5・13　北丘B、6・12　山溝、8　尖石、15　熊久保、16　乙事沢（「信濃」第29巻第4号、鵜飼幸雄「平出第三類A土器の編年的位置付けとその社会的背景」より転載）

平出三Aの用途上の問題について、生活用具としての土器を追求した武藤雄六氏の究明方針に沿い形態観察を行なっている。器厚が八㎜（五～九㎜以内）の薄手であり、共伴土器の勝坂式の精製土器に対して、粗製土器であるとし、平出三A土器は薄手作りが基本条件にあることにより「煮沸用深鉢土器」であるとした。なお井戸尻期に至り櫛形文土器の「蒸器」へと変遷消滅するとした。

煮沸用として対象となる植物性食品を、荒神山遺跡、大石遺跡出土の禾本科植物の炭火種子の発見例から推察しているところなど、注目する論考である。

平出三Aの分布域については、南信

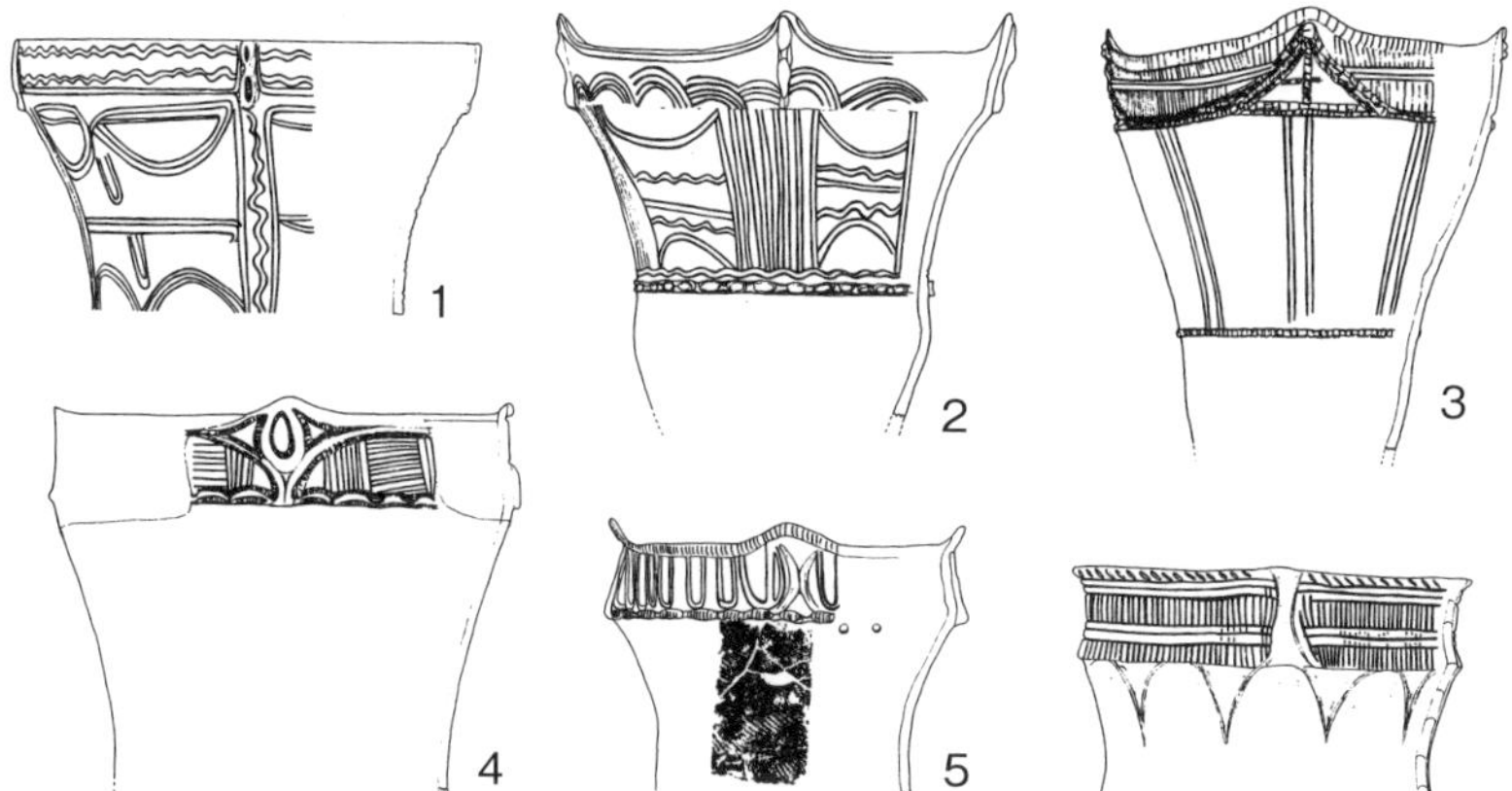

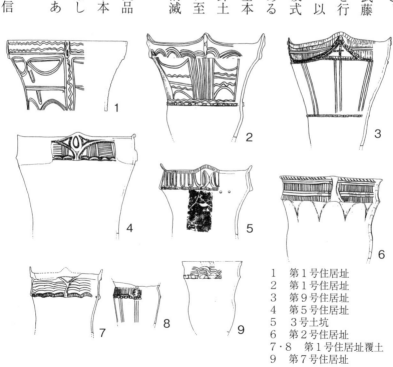

駒ヶ根市上赤須　南原遺跡出土の平出三Ａ土器（上伊那南部の独自タイプ　藤内Ⅱ期～井戸尻Ⅰ（Ⅱ）期）〈『南原遺跡発掘調査報告書』（駒ヶ根市教育委員会）より転載〉

2

1

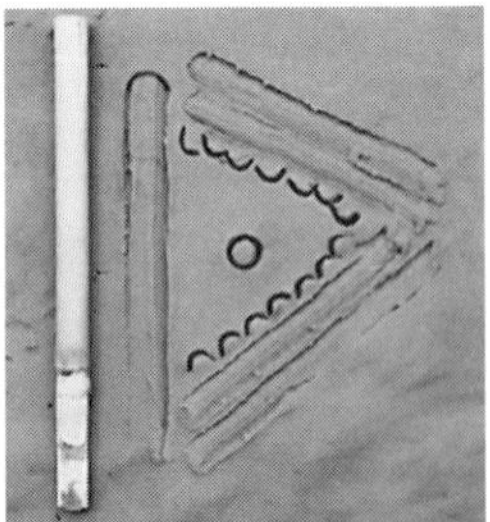

3

1　ストロー状刺突文のある小型深鉢土器
北方Ⅰ第８号住居址出土
（高さ16cm、幅10cm）
2　実験に使用したムギまたはアシの茎
3　粘土版に実験的に施文した円環文

濃が範囲であるとし、勝坂式の広域的な分布状態とは異なる地域色の強い土器様式であるとしている。この平出三Ａの分布域が、後の中期後葉期に発生・盛行をみる「唐草文系土器」の中心領域と重なるなど、唐草文土器文化の主要生産形態の基盤が、平出三Ａの文化内容の中に含まれていると考えられる。次に、平出三Ａの文様構成で重要な「平行沈線文」について、実験を加えて検討・考察していこう。

前文で記述した平出三Ａの「平行沈線文」の施文形状を、永峯光一氏と気賀澤進氏は注意深く観察し、記録している。永峯氏は「竹管状工具を軽く使用して」と記し、気賀澤氏は「斜行する平行細沈線文」であると注意深く観察記述している。「軽く使用」と「細沈線」は、施文工具が強固な物でなく、軽く押引きしないと施文できない物体である証であろう。長い間疑問に思っていた答えが、前述の北方Ｉ遺跡第八号住居址出土の「小形筒形土器」にみられる「ストロー状施文具による円環文」が解き明かしてくれたのであった。そして辿り着いた施文具が、麦の茎による刺突文であり、平行沈線文であったのである。たかが文様、されど小形筒形土器であった（図参照）。

平出三Ａは、勝坂式土器セットの中では、薄手、平行沈線による単一文様より構成された強い約束事により製作されている。私は以上の理由によって、平出三Ａ土器は、麦の茎を施文工具とした、麦専用の煮沸用深鉢形土器であると結論づけたい。

「釣手香炉形土器」論を執筆途中の一月六日、三上徹也氏による『縄文土偶ガイドブック―縄文土偶の世界』が出版された。氏は、第三章「土偶の謎」の「なぜ土偶には小さな孔があいているのか」の疑問に答えるべく、小孔に羽軸を差し込むための孔であるとする仮説の可能性に「円形の竹管文様」を取り上げて論究している。文中「竹管文という名称の由来となった「竹」が工具だとして、いままで無意識・無批判に考えられてきた」としたうえで「竹の肉厚や直径、大きさを考えれば、鳥の羽根の羽軸の先端部の文様である」とした。このように、鳥の羽根を施文工具としたところから、土偶頭部の小孔も、鳥の羽軸を差し込んだものであろうと推察している。三上氏の「鳥の羽軸先端」刺突文と、筆者の「植物の茎先端」のストロー状刺突文の施文具の違いはあるが、従来説の「竹管工具」に見直しを迫る論考であろう。

釣手香炉形土器論もいよいよ最終「まとめ」の段階まできた。伊那市御殿場遺跡出土の「顔面付釣手土器」に視点を当て、そこに内在する焼畑陸耕との関連性に注目した上で、栽培種の可能性まで踏み込んだ内容になった。

ここで記述漏れした恩師林茂樹先生の論文に再度スポットを当て「まとめ」としたい。

昭和六十年に発表した『信濃』第三七巻第一一号に掲載された「縄文中期土器「平出第三類A」の系譜再論」は、一〇年前論文の再考である。翌年に発表された鵜飼氏の論考によほど刺激を受けたのか、行間に熱がこもった内容である。

文中、駒ヶ根市中沢「横山B遺跡」第一号住居址出土土器（図参照）を示し論述している。「籠畑式期に併行する伊那谷の前期最終末の土器文化として位置づけられる」として、「平出三Ａ」の萌芽期土器とみなし発表している。一方「衰退期」については、井戸尻Ⅰ～Ⅲ期まで残るとして、前回論文を補強論述した。鵜飼氏編年案は、「平出三Ａ」の主系列の四段階変遷であり、研究者によっては氏の論考を支持する人も多いのではないかと思う。私は「平出三Ａ」土器の発生・誕生と終焉を、人の一生にたとえるならば、歩行前の母体の体中から出産一年後を、横山Ｂ遺跡の資料に当たることができ、井戸尻期以後には、老衰で病床に横たわる人までが「人の生涯」なのであって、林先生の見解に賛同する。だが鵜飼氏が示した藤内Ⅱ期をもって区切りとした編年案も、重要な指摘であると思う。この時点が縄文中期中葉から後葉への転換の変化初めと考える。大方の土器が、この時点で衰

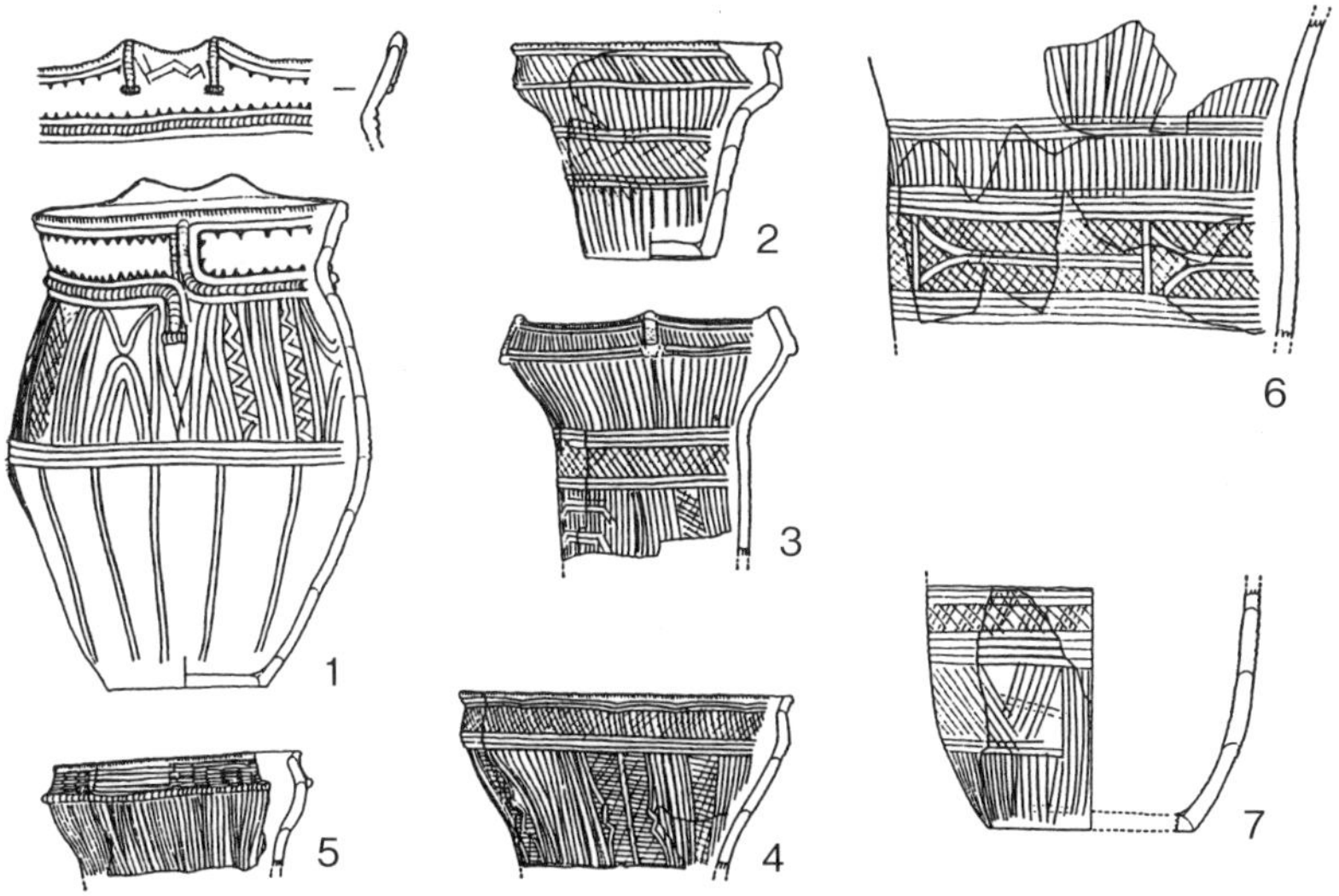

縄文前期末籠畑式併行期の土器　平出三Ａ萌芽期
横山Ｂ遺跡第１号住居址出土土器実測図（１：５）
〈『横山Ｂ遺跡発掘調査報告書』（駒ヶ根市教育委員会）より転載〉

退なり萌芽がみられる重要な時期なのである。

なお住居址内の炉の形態変化と、平出三A土器の変遷を関連づけるなど有効的観察方法であろう。縄文中期初頭における地床炉から埋甕炉へと変遷し、新道式期頃より石囲炉が出現し、中葉末から後葉へと石囲炉がしだいに大形化していく傾向を、平出三A土器の推移と対比しながら推考している。そして、これらの炉址の変化より平出三A土器に内在する「火種信仰」をも推理しているのである。林先生の平出三Aに関する一連の研究の中に縄文中期の繁栄の謎解明の一端が秘められていると思う。

釣手香炉形土器による「火の祭祀」の謎を追って平出三A土器まで辿り着いたのであるが、この土器に内在する存在意味を解き明かすことにより、いっそう縄文中期という時代が明確化すると思うのである。それにしても、「平出三類A」土器は謎に満ちたおもしろい土器である。

引用・参考文献

王小慶『仰韶文化の研究』雄山閣　二〇〇三年　——黄河中流域の関中地区を中心に——
藤沢宗平・林茂樹他「長野県伊那市御殿場遺跡緊急発掘調査概報」伊那路第一一巻一号　一九六七年
林茂樹『伊那の石槍』―フィールドノートから―　一九九五年
鳥居龍蔵『先史及び原始時代の上伊那』一九二四年
鳥居龍蔵「日本石器時代民衆の女神信仰」人類学雑誌　一九二二年
藤森栄一『縄文農耕』学生社版　一九七〇年

宮城孝之「縄文時代中期の釣手土器」『中部高地の考古学Ⅱ』　長野県考古学会編　一九八二年
島田恵子「縄文前期後半の「獣面装飾把手」から中期へと継続する「人面付深鉢」および「釣手土器」についての一考察」　長野県考古学会誌　二〇一三年
田中基『縄文のメドゥーサ』土器図像と神話文脈　二〇〇六年
富士見町教育委員会『曽利』第三次の調査　一九七八年
朝日村教育委員会『熊久保遺跡第一〇次発掘調査報告』　二〇〇三年
山麓考古同好会『山麓考古20』武藤雄六さん喜寿記念号　二〇〇七年
駒ヶ根市教育委員会・南信土地改良事務所『大城林・北方Ⅰ・Ⅱ・湯原・射殿城・南原・横前新田・塩木・北原・富士山』　一九七四年
平出調査会編『平出』朝日新聞社　一九五五年　永峯光一「第二章　発見遺物における縄文土器」平出第三類A～Gの七種分類報告
林茂樹「縄文中期土器「平出三A」の系譜—月見松遺跡と山溝遺跡」　長野県考古学会誌　第二七号　一九七六年
鵜飼幸雄「平出第三類A土器の編年的位置付けとその社会的背景」『信濃』第二九号巻四号　一九七七年
三上徹也『縄文土偶ガイドブック』縄文土偶の世界　新泉社　二〇一四年
林茂樹「縄文中期土器「平出第三類A」の系譜再論」『信濃』第三七巻第一一号　一九八五年

第六章 考古学の旅 ―勝坂式文化圏を訪ねる―

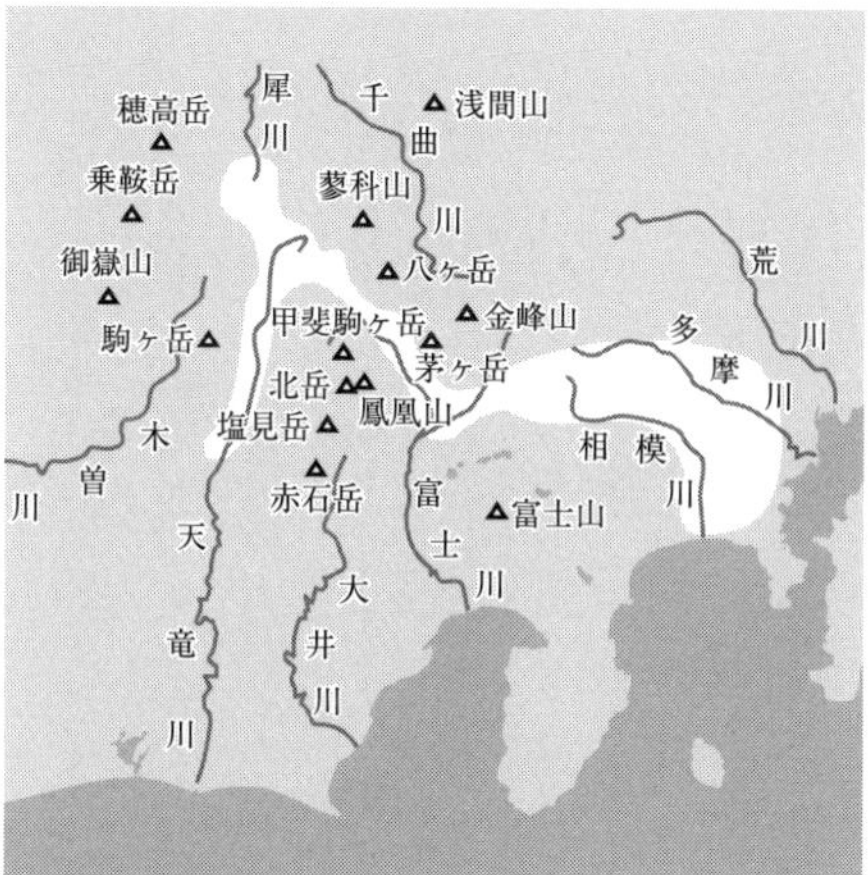

富士眉月弧

勝坂式の遺跡を巡る旅

本書読後に、是非とも現地見学で味わう遺跡と、そこから出土した遺物を、考古博物館にて実見してほしいものである。実物を直接観賞・観察することにより、文章では味わえない感動を得ること間違いなしである。

日本列島各地にて、毎年夥しい数の考古出土品が発見されている。文化庁主催の『発掘された日本列島』展が巡回されて今年で二〇年になるという。毎年開催する同展を見学するもよいが、やはり現地見学に勝るものはない。そこでお勧めするのが、本文にて主体的に記述した勝坂式の遺跡と、その展示が豊富な八ヶ岳西南麓を中心とした「勝坂式の遺跡巡り」を二泊三日の日程で訪ねてはいかがだろうか。

行動する前に必ずやっておきたい事柄がある。考古博物館は「定休日」と、展示替えのための「臨時休館日」があることである。そして、目的の展示品が「貸し出し中」になっていることなど、最近は各地で開催の考古展に出張中の展示物が多くなってきた。博物館のガラスケース越しに「貸し出し中」の貼り紙がしてあり、残念な思いをしたことがある。出発前に博物館とコンタクトを取ることは必須項目と思うべし。

次に、楽しい考古学の旅になるよう事前学習の必要性についてアドバイスしたい。未知なる場所に旅して、その時々の偶然を楽しむ方法も、旅の醍醐味としてあるだろう。だが考古学の旅の目的達成には、やはり少しは勉強しておくことが得策と考える。

文中でも度々登場する藤森栄一先生の著作本の『藤森栄一全集』全一五巻（学生社刊）を、図書館にて読破してほしい。全著作は大変という方は、少なくも八ヶ岳周辺に関連するものだけでも参考となる。良い結果にきっとつながると思う。世の中にこんな楽しい世界もあったのかと、「考古学の旅」が待ち遠しくなるにちがいない。

いよいよ旅の始まりだが、最後に一番大事な用件を記しておこう。当然のことながら、遺跡は街中にはなく人里離れた郊外にある。交通手段として自家用車またはレンタカーの利用が最適であろう。交通安全に心がけてゆとりを持って出掛けよう。予定内で見学できない場合は、二度、三度と再度計画することも旅の楽しみの一つになる。

昨年の「仮面の女神」が国宝に認定されたのに続き、本年は、井戸尻考古館収蔵の富士見町坂上遺跡出土の土偶が、重要文化財指定に決まった。縄文のビーナスと仮面の女神像のほぼ中間の中期後葉期立像土偶であり、同期の土偶の中でも秀品であって学術的な評価を得ている。

このように、八ヶ岳西南麓一帯の縄文遺跡は「縄文王国」と呼ばれるほどの大遺跡群と、考古出土品の秀品が揃った数々の考古館が点在している。「考古学の旅」には正にうってつけの旅先であるといえよう。

次に旅の出発地について述べよう。旅の見学順路によって見学先を選定されたい。関東圏の東側、中京・関西圏の西側、北陸・東北方面は北側の見学順路よりと、それぞれ異なる道順となろう。関東方面の八王子ジャンクションより西方に向かう「中央道」と「長野道」の一部である岡谷~塩尻区間であって、主要交通は高速道路によって目的地近くまでは移動可能である。

現代はカーナビによって目的地まで案内してくれる時代となった。便利な時代となったものだ。文明の利器が登載されていない方でも、地図を持参すれば容易に目的地まで行くことができる。それほどに有名な遺跡と考古資料館なのである。

一　釈迦堂遺跡群と考古資料館

八王子料金所を西に向かう中央高速道は、長い谷間の道を一時間二十分ほど進むと甲府盆地に出る。ぶどうの産地として有名な甲州市勝沼と、白桃の産地、笛吹市一宮町の間に広がる「釈迦堂遺跡群《しゃかどういせきぐん》」が、昭和五十五年、中央道予定路線上の事前発掘調査により、大量の土偶片が出土して注目された。

この地は、御坂山塊を東に背にした京戸川扇状地に展開された縄文中期の遺跡群である。ここは釈迦堂パーキングエリア敷地予定地にあり、西から塚越北A、塚越北B、三口神平《さんこうじんだいら》、野呂原と、四ヶ所の地点の遺跡から成り立つため「釈迦堂遺跡群」の総称で呼ばれている。

上方に見えるのが釈迦堂遺跡博物館　釈迦堂パーキングエリア内の左手に導入口がある。

パーキングエリアから行ける考古資料館

釈迦堂遺跡博物館は、パーキングエリア内から直接行ける稀な考古博物館である。中央道の発掘調査が進行する過程にて、予想以上の成果をもたらした重要遺跡と認められて、関係者の間で、遺跡の近くに考古館を建設する構想があった。高速道路による休憩所との併設計画と相まって現在の姿となった。釈迦堂パーキングの左手に導入口があり、階段を数十段登った上に博物館がある。

二階展示室は、遺跡から出土の考古資料を公開する大展示室と、代表的な土器資料を展示解説した小展示室から構成されている。大展示室での見所は、何といってもひな壇式に陳列された五〇個体位の勝坂式土器の壮観さであろう。中でも曽利Ⅰ式の代表的土器である「水煙式土器《すいえんしきどき》」は、信州の土器より造形的に優れていて一際目を引く。

この展示室で見逃してならないのは「土偶の一括資料」である。釈迦堂遺跡群出土の六〇〇点近い出土品のうち、代表的な一〇〇点位を展示している。土偶は、頭部、胴部、脚部との部分破片から成り、土偶は破壊することに意義がある呪術具であることが良くわかる。展示土偶の顔面がいずれも顔面把手の顔と類似のものであり、土偶創造原理を解明するヒントを示している。なお胴下半に対称弧刻文が施文されたものが多くみられ「地母神土偶《ちぼしんどぐう》」の成立を考えさせる数々が展示されている。

時間の許す方は、一担高速道を降りて「山梨県立考古博物館」を見学することをお勧めする。山梨県下全域の考古資料展示を一覧することができるだろう。

二　史跡「井戸尻遺跡」と考古資料館

次に縄文王国の代表遺跡の一つである史跡「井戸尻遺跡」と考古館を訪ねてみよう。八ヶ岳連山を右手に見ながら進む中央高速道路を「小淵沢《こぶちざわ》IC」にて降りた後に、JR中央本線「信濃境」駅を目標に北西に向かうと、自然に到着することができる。考古館は、ひなびた農村風景の中にたたずんでいる縄文中期を主とする資料館である。

昭和三十五年以降、考古学者藤森栄一先生指導の元、地元住民が主体となって数々の縄文遺跡を発掘調査して成果を上げている。展示のコンセプトに「縄文農耕」を主眼に置いているため、随所にその展示表現がなされている。

展示室に入った所に、縄文の復元家屋があり目を引く。縄文中期の生活必需品が適所に配置されていて視覚に訴える展示方法をとっていて分かりやすい。

展示物の目玉は、国重要文化財の「藤内《とうない》遺跡《いせき》」の一括出土品である。富士見町烏帽子藤内地籍から土器四七点、土偶一点、石器

井戸尻考古館の正面ファサード
前庭が駐車場となっている。

一五一点の総数一九九点を、中部高地における勝坂式期（井戸尻編年では藤内式期）の一括資料として指定し公開している。

展示品の中で特に目を引くのは「神像筒型土器」（重要文化財）である。頭部表現から「蛇《じゃ》」神像として造形されていると思われるが、この土器の命名者は敢えて蛇神像としなかったのが適切であって、縄文人の意を汲んだ呼び名である。彼らは、蛇の造形を表現しているのだが、女性シャーマンが化身した姿の「超越した神」の存在をこの土器から読み取ったと思われるのだ。この超越した神像を表現した土偶が、国立博物館収蔵の「黒駒の土偶」からも見て取れるのである。

井戸尻考古館にて、この一点を観賞するだけでも価値があると思う。と同時に縄文人の思考の奥深さに改めて感じ入るのである。もう一点、本年度から加わった目玉に「坂上遺跡」出土のバンザイ土偶がある。縄文中期後葉期に存在する土偶の内でも、五体揃った優品であり重要文化財指定となった。命名のバンザイ土偶から受ける印象は、喜びの姿と思わせがちだが、本質は邪悪なものを寄せつけない両腕表現と感知する。いかがだろうか。

資料館の外には、井戸尻遺跡が「史跡公園」となり開放されている。館内見学後は自然の緑と接するもよいと思う。天気の良い日は、富士山が遠望され絶景である。

さていよいよ一日目の旅の目的地である尖石遺跡へと向かうのだが、午後の見学地が「中ッ原縄文公園」と「尖石縄文考古館」の二ヶ所となり、時間の余裕がある方は、八ヶ岳西麓に開通する「八ヶ岳エコーライン」がお勧めである。八ヶ岳の裾野に広がる広大な自然を満喫することと、その道筋の乙事《おっこと》にある信州そば処「おっこと亭」での昼食を「信州の旅情」の一つに加えてはいかがだろうか。なお前半時間を要した方は、直接諏訪南ICまで高速道路を利用するのが良いと思う。

三　尖石縄文考古館と二ヶ所の遺跡巡り

八ヶ岳エコーラインを北東に進路をとると、尖石遺跡への入口付近まで辿り着くのであるが、尖石縄文考古館への東方へ向かう取り付け道路がよくわからない。八ヶ岳の裾野という特殊地形と、農業用道路が幾本もあって迷ってしまうのだ。何回訪ねても、一回で行った試しがない。主要道と支道の分岐点に案内看板の必要性を痛感している。目的地に着くまでに疲れてしまうのだ。広大な裾野の同じような地形のため一時間以上も時間を無駄にしたことがある。こんな時は、人に聞くのが一番である。

〈国宝土偶二体を対比して見る〉

尖石縄文考古館では、国宝指定となった二点の土偶見学が、今回の旅の目的で一番の見所であろう。概念に捕らわれず、じっくり縄文人と対話してみよう。無言の内に土偶が何かしらを語りかけて来ることに間違いない。

縄文のビーナスの顔は、顔面把手付土器の把手の顔と同じであると文中で書いた。大展示室にて展示中の顔面把手付土器の顔と、見比べてみてはいかがだろうか。

仮面の女神像の顔面を見た見学者が「カマキリの顔のよう」と言ったという。たしかにそのようにも

尖石縄文考古館の正面入口部　写真では右手奥が与助尾根遺跡への導入口になっている。

見える。なお目の表現が細い紐状に細工してあるが、これは仮面を顔部に被せるための「紐止め」形状であるとされる。

国宝土偶の隣の展示室には、尖石遺跡出土品のみならず、茅野市出土の秀品の土器が多数展示してある。中でも勝坂式期に製作された「有孔鍔付《ゆうこうつばつき》土器《どき》」が、異彩を放ち展示されている。太鼓か、酒造具か、それとも別の用途が考えられるのか。自らの観察眼で土器機能・用途を考えるのも楽しいものだろう。

考古館見学後は、出口左手に「与助尾根遺跡《よすけおねいせき》」への導入口があるから是非立ち寄ってみよう。縄文村の雰囲気が体感できる復元家屋などの施設が点在する。

次に案内したいのは「中ッ原縄文公園」である。国宝土偶の仮面の女神の出土状況を、忠実に再現した遺跡公園である。尖石遺跡と茅野市街地との中間に位置しており、公園内に復元された六個の木柱列の内、二本の八ｍに及ぶ木柱が遠目にも確認され、遺跡所在の目安になりありがたい。随所に遺構の説明板が設置されていて遺跡の概要がよく分かり、見学者に配慮された施設である。

一日目の最後の見学地は、縄文のビーナスが出土した棚畑遺跡である。この地は現在「日本電産サンキョー」の工場の所在地となっていて遺跡の所在地の確認のみしかできなくなっている。横目で位置を確認しながら宿泊地の茅野市街地へと向かおう。

二日目の旅は、諏訪市立博物館からの見学だが、開館時間の関係で、道路の西側にある諏訪神社本宮を訪ねてはいかがだろうか。旅の安全祈願を兼ねて参拝しよう。

諏訪の神は蛇神であると云う。「ミシャグジの神」が縄文時代中期に盛行した「蛇体信仰」と関係があるのか、ないのか。よい機会であるので考えてみよう。今回の旅の目的の勝坂式文化圏を訪ねるの中でも、縄文の地母神信仰との関連で、蛇神は度々登場するのであるが、筆者は、ミシャグジ神＝御蛇霊神と分析・把握している。

この神は、古代中国周代に起った「陰陽五行説《いんようごぎょうせつ》」の創始の神「伏羲《ふっき》」をミシャグジ神と捉えていて、縄文の蛇体信仰とは関係無しとする。諏訪の神は、水稲農耕がはじまる初期弥生時代以降に渡来した「洩矢族《もれやぞく》」の先祖神と考えている。諏訪の地に入った

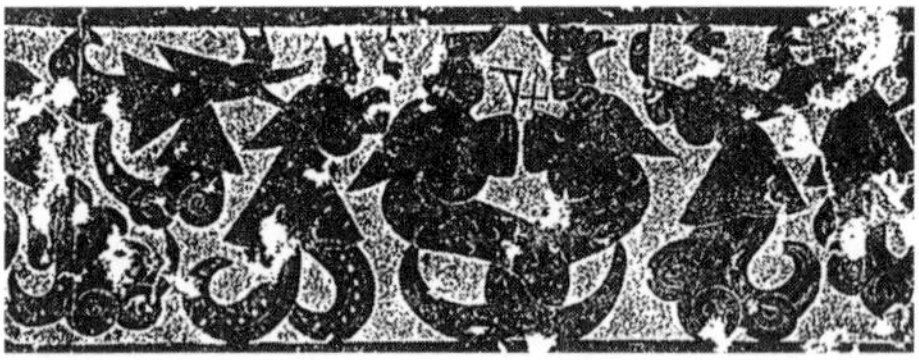

陰陽五行説創始の神・伏羲（左）と女媧（右）図（山東省武梁石室画像　後漢）

諏訪神社上社前宮の御室神事のミシャグジ神とソソウ神は、下半身蛇神の伏羲と女媧のことを示している。

中ッ原縄文公園の木柱列復元

のは、今から二五〇〇年前の縄文時代晩期最終末の頃、天竜川を上ってきた水神平式土器を携えて来た人々の頃ではないかと思う。

茅野市内にて宿泊して、道順で諏訪神社前宮→守矢神長官屋敷・資料館並びに敷地内にある御頭御社宮司総社→諏訪神社本宮の順に、最初から計画を立てたらよいと思う。「諏訪神」の何たるかを考える切っ掛けを得るに違いない。

平成二十八年は、二〇四回目の御柱祭の年に当るのである。

四　諏訪市立博物館にて穴場遺跡資料を見学

館内は、諏訪市の歴史を一覧する総合博物館となっている。受付ロビーの奥には、御柱祭を紹介するコーナーがあり、祭りの熱気が伝わる映像を見ることができる。

二階が考古資料の展示室になっていて、諏訪の歴史を時代別に展示説明されていて分かりやすい。この展示室で見逃してならないのが、穴場遺跡出土の釣手形土器である。この土器が出土した住居址では、数々の遺物が出土した特殊な遺構であって、土器機能を考える数少ない貴重な考古資料となっている。釣手部には、猪と蛇との顔が合体した「猪蛇文《いのへびもん》」を数個表現した秀品であろう。

神長官守矢史料館（茅野市）

展示室より渡り廊下を進んだ先に、生涯を考古学にかけた人間探究の考古学者「藤森栄一」先生のコーナーがある。『かもしかみち』『心の灯』など考古学エッセイや、『銅鐸』『縄文農耕』など、多くの研究書を世に出し、考古学ファンをとりこにした。幅広い業績が一目で分かる内容の展示室になっている。是非立ち寄ってほしい。

五　岡谷美術考古館にて顔面把手付土器を見る

昭和四十五年に岡谷蚕糸博物館に併設して誕生したが、時代のニーズに応えるべく「文化を核とした街づくり」の拠点として、近年商店街の童画館通りに開館している。

この施設は、旧呉服店の店舗を再利用して設備しているため博物館らしくはないが、カット写真のごとく童画館通りのイメージ通りの外観となっている。美術館と併設であり、諸々の企画展示会が開催できる施設である。

童画館通り中ほどに建つ市立岡谷美術考古館の外観

考古館は、二階フロアーに常設展示されており、必見は、海戸遺跡出土の国重要文化財に指定された顔面が外向きになる把手付土器である。平成十四年、ベトナム国立歴史博物館で開催された「日本文化」展に海外出展され好評を博している。もう一点の必見は、目切遺跡出土の「壺を抱いた小型土偶」である。今回訪ねて分かったのは、出版物掲載の土偶がレプリカであったことである。本物は出土の時の姿である分離されたまま、レプリカと共に展示されていた事である。適正な展示方法であると思う。

この考古館で感心したのは、解説員がいたことである。考古館の役割を充分熟知しての方策であろう。

六　塩尻市立平出博物館を訪ねる

旧名の「平出遺跡考古博物館」は、平出遺跡の考古資料のみならず、塩尻市全域の考古資料を網羅し展示する施設となり「塩尻市立平出博物館」と名称を改め開館している。博物館も充実したが、かつては平安時代の復元家屋が一棟のみであったが、現在は縄文集落群と平安時代集落復元によって立派に再現され、史蹟公園化が図られた。

館内展示で特に注目してほしいのは、命名の元となった「平出第三類A」の土器についてである。大小の二個体が展示公開されている。筆者が前章で注視して記述した「ストロー状施文具」による半截の平行細沈線文について、いかなる植物の茎を施文具としたのか、考えてみてほしいからだ。平出三類A土器は、主にキャリパー

塩尻市立平出博物館の正面ファサード

形の煮沸用の土器として存在し、強い制約によって平行細沈線文と連鎖状隆帯文からなる薄手土器で、勝坂式での精製土器に対し、粗製土器として存在するのである。

私は、長江流域から伝来した稲作とは異なり、黄河中流域で発達した仰韶文化の栽培種が、縄文前期に日本列島に伝わった中の「ムギ」ではないかと推理している。

塩尻市大門出土の柴宮銅鐸について

平出博物館の展示物の中に、異彩を放つ「柴宮銅鐸《しばみやどうたく》」がある。この銅鐸は、大門神社境内一角に保育園建設の時、偶然発見した三遠式銅鐸である。昭和三十五年の出土以来今日まで、研究・検討されてきているのだが、本来の存在意義・意味を論じた研究は、いまだかつて皆無である。半世紀を経た現在、銅鐸の正体を解明してくれる研究者を待っているのである。そのように私には思える。

謎の一端を明かそう。柴宮銅鐸は、諏訪神領域の西入口に陰陽五行思想「火気」の一地点として埋設されていたのである。諏訪上・下社の戌の方角に僻邪《へきじゃ》の力を示す神器として埋設・埋納されていた。この事は邪悪の者を寄せ付けない呪術具として寅と午と合せて三方へ火気の領域（諏訪の神域）として銅鐸が埋められている可能性がある。（図参照）一辺が二四kmの正三角形の火気の三方が「大門《だいもん》」地名に

平出遺跡の縄文時代中期の復元住居群

戸隠山（天白神）
北極星の位置

大門神社境内 銅鐸出土地

白樺湖 大門峠

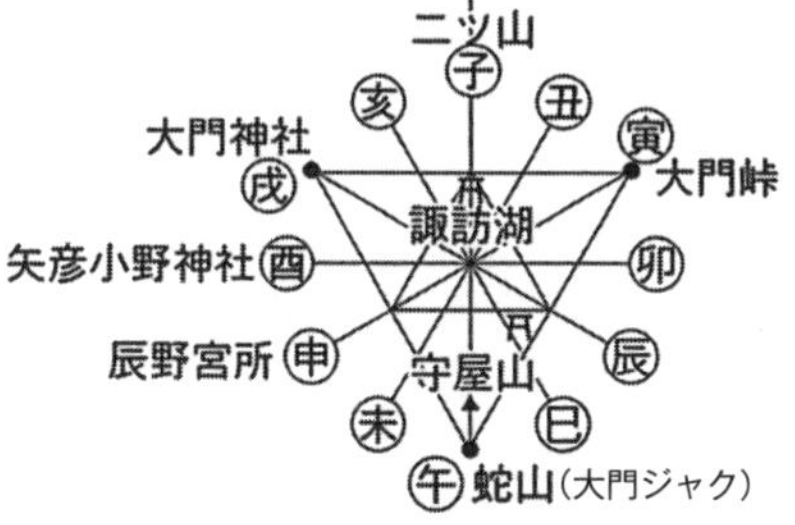

柴宮銅鐸
（柴宮出土：弥生時代）

大門地名から測定する寅・午・戌の大正三角形

陰陽五行の哲理が弥生時代に実行された証

より示されていた。古代より現代まで、それぞれの地点が、諏訪神領域への出入口部として伝えられた証であろう。詳細は次回単行本にて発表したいと考えている。博物館より東八〇〇m地点が大門神社である。

七　朝日村の熊久保遺跡を訪ねる

平成十二年の第10次発掘調査の折、第六号住居址より出土した井戸尻Ⅲ式期から梨久保B式（古）期に移行する時期の土器資料が、一括展示されている。この住居址は、生活用具としての土器の他に、有孔鍔付土器、筒形横帯隆線文土器などの特殊土器類に混じって、外向き顔面把手部が出土し、住居内で行なわれていた焼畑農耕に関係する「釣手土器」の祭祀を匂わす住居跡と考えられる。

なお展示土器の大半は、唐草文系土器の秀品が展示されており、一見の価値がある。唐草文土器は、勝坂式文化に続く曽利式土器と諏訪盆地を境にして、松本平から伊那谷方面にて多用された土器様式の総称である。

朝日村歴史民俗資料館の入口

朝日美術館と併設展示されている。

唐草文土器の系譜については、中部高地系の井戸尻式とは繋がらず、大木式の文様要素が越後の馬高式に入り、火焔土器を形成した後に信州に入ったのが正しい成立過程である。中期後葉への変遷に馬高式の文化要素を受容した背景に、何が原因しているのか考えさせられる。

二日目の日程は、熊久保にて終了し、信州の観光地で有名な「安曇野《あずみの》」にて宿泊先としたらいかがだろうか。

三日目の見学地として、伊那谷の上伊那方面に向かう。松本ICから高速道路にて「伊北IC」まで行き、辰野町の荒神山にある「辰野美術館」展示の泉水出土仮面土偶を観賞しよう。絵画展示を主としているため考古資料は少ないが、この地域の主だった出土品を展示している。

次に、国道一五三号線を南下し、南箕輪村出土の「ドクロ面付有孔鍔付土器」を見に行こう。この土器は人気があり、各地開催の考古展に貸し出しされるので注意しよう。

八　伊那市創造館で重要文化財を見学しよう

二泊三日の「考古学の旅」の最終見学地には、伊那市の「創造館」をお勧めする。展示物の顔面付釣手形土器は無論だが、国の重要文化財指定になる「神子柴《みこしば》型石器」六六点が一括展示されている。上伊那郡南箕輪村の神子柴の舌状台地より、昭和三十三年に発掘出土した石器類である。

石器はどれも優美であり、旧石器時代から縄文草創期への過渡期の全国出土例の内で、最も均整のとれた美しい石器である。なお、縄文時代の始まりを考える切っ掛けをつくった標式遺跡であり、重要考古資料となっている。

神子柴遺跡出土の石器類の一部（創造館収蔵展示）

遺跡見学の方は、国道一五三号線を北に「神子柴」地籍まで行き、大清水川左岸を二km西方に向かうと、遺跡の台地突端部が見えて来る。現地見学し位置確認してはどうだろうか。

「考古学の旅」執筆にあたり、現地に実際に出向いて確認し、取材した紀行案内文である。平成年代に入り世の中の動きが活発化し、それに伴ない考古館の充実を図る展示規模を拡張したり、手狭なため他に移転し、施設名称を変更したりと、随分とかわっていたのを実感した。

このように、内容の充実は格段良くなっているのだが、その反面、施設に行くまでの道案内の「誘導サイン」の無いことが目に付いた。事実、考古博物館の附近までは行くことはできるが、そこから先の施設位置の案内がなされていないのである。現在ある案内表示で見学者は来ていただける、事足りると思うだろうが、はじめて訪れる方々は迷ってしまうのである。私も今回二ヶ所の考古館で迷い時間を浪費してしまった。もっと来訪者側に寄る配慮が必要である。そしてまた、外国の方々にも考古学ファンが増加すると思われるから、英文表記も必要かと思う。

今回の遺跡を巡る旅の下調べにて、改めて考古学上の最重要地域であることを再認識した。縄文草創期の問題から、土偶に関する諸研究、そして、諏訪神に関連した弥生時代の重要課題（銅鐸・陰陽五行説）を内在する謎を秘めた土地であった。

本文にて使用した造語の解説

本文執筆にあたり、従来にはない考察のため、新たな考古学造語を使用した。論文内では解説不足の部分を補充して説明を加えた。文面がより分かりやすいようにするための解説文である。

地母神土偶《ちぼしんどぐう》

土偶研究における従来にない分類上の名称である。勝坂式文化の土偶型式の総称であり、顔面の造形から顔面把手付土器から分離、発展したと考えられる土偶である。下腹部に対称弧刻文を施した縄文パンツを表現している。なお、妊娠表現がみられるのもこの土偶の特徴であって、大地の精霊である地母神を表現した女神の像容を成している。代表的な土偶として「縄文のビーナス」が、豊穣祈願の呪具として機能したと考えられる。縄文中期初頭末から井戸尻Ⅰ（Ⅱ）期まで盛んに使用され、井戸尻Ⅲ期末には消滅する短期間使用の土偶であった。

筒形横帯隆線文土器《つつがたおうたいりゅうせんもんどき》

土器名称は、器形、文様帯施文をそのまま特徴として表現した造語である。井戸尻式Ⅲ期の顔面把手付土器から継承発展された貯蔵機能を具備した筒形土器である。長野県の茅野和田遺跡東9号住居址の出土例に顔面把手付の筒形横帯隆線文土器が出土していて、顔面把手付土器から継承・発展されて誕生していることが理解される。顔面把手付土器は、従来説として「煮沸用」との解釈であったが、この土器の形態から貯蔵器としての役割が推察され、種子壺であろうことが推量されるに至っている。縄文中期中葉末から後葉Ⅰ期に製作され、中部高地井戸尻Ⅲ式から梨久保B式及び曽利Ⅰ式期の集落跡に、一〜二点と極く少数の出土例が見られる。加曽利EⅠ式期にみる関東圏の遺跡では、加曽利E式Ⅰ期の土器組成の中に異系統土器として散在している。横帯状の隆線にて文様がなされているため、選別は容易である。

シコロ状装具《しころじょうそうぐ》

戦国時代に武将が着帽した兜鉢の下に付ける「𩊱《しころ》」より応用して命名した。人体装飾付土器の後頭部に、頭部と肩との間を装う一種の装具として見られる。現在肩に付けられた「肩パット」とされているが、正確には首の後ろの位置に表現されている。

戦国の世には、兜鉢下の左右後ろに垂れて首を守る防備のためにあるが、縄文のシコロ状表現は、シャーマンが化身し仮装の際、後頭部と肩とを繋ぎ隠す装具であったと推察される。人体装飾付土器にみる人体レリーフ文は、実在したシャーマンの姿を土器に写したものだろう。

縄文中期初頭から藤内Ｉ式の土器口縁部に、背面向き人体文として散見される。富士見町藤内遺跡より出土の「神像筒型土器」（国の重要文化財）は、シコロ状装具を装備した造形が優れた土器である。

ストロー《すとろー》状《じょう》施文具《せもんぐ》

従来は「竹管・半截竹管文」としての表記であった。文様を観察すると、竹管工具ではみられない繊細な施文があり、それらを分別するため「ストロー状施文具」によるものとした。ストローとは吸引に使用するビニール製の筒状のものだが、かつては麦の茎が代用されていた。

文様である平行細沈線文、円環刺突文、押し引き文などは、ストロー状施文具から描き出された土器文様であって、今後の研究によっては、栽培種の選定に「ムギ」が係わると予見する。中部地方のみにみられる「平出第三類Ａ」土器の文様構成は、ストロー状施文具から成立していて、土器の存在理由に大きく関連するとみられる。

麦の茎＝ストローが適切な名称として使用した。


以上、本文と重複する部分もあるが別項として記した。

◎資料協力一覧（順不同）

北海道函館市教育委員会
青森県八戸市埋蔵文化財センター是川縄文館
岩手県立博物館
岩手県北上市教育委員会
宮城県仙台市教育委員会
福島県文化財センター白河館
福島県福島市教育委員会
新潟県長岡市教育委員会
新潟県糸魚川市教育委員会
栃木県教育委員会
群馬県板倉町教育委員会
群馬県東吾妻町教育委員会
埼玉県鴻巣市教育委員会
千葉県千葉市教育委員会
千葉県船橋市飛ノ台史跡公園博物館
東京都町田市教育委員会
神奈川県厚木市教育委員会
山梨県立考古博物館
山梨県都留市教育委員会
山梨県笛吹市教育委員会
釈迦堂遺跡博物館
山梨県甲州市教育委員会

山梨県南アルプス市教育委員会
山梨県北杜市教育委員会
長野県中野市教育委員会
長野県安曇野市教育委員会
長野県松本市教育委員会
長野県朝日村教育委員会
長野県富士見町教育委員会
井戸尻考古館
長野県茅野市教育委員会
長野県茅野市尖石縄文考古館
長野県原村教育委員会
長野県辰野町教育委員会
長野県伊那市教育委員会
長野県中川村教育委員会
長野県駒ヶ根市教育委員会
長野県宮田村教育委員会
名古屋市博物館
株式会社　現代書館

あとがき

土偶に関心を持ち始めたのはいつの頃であろうか。昭和五十年代は、農業構造改善事業により、事前発掘調査が盛んに行われた時であった。縄文土器に混じって数個体の土偶が出土し、観察したのが最初のきっかけとなった。

土偶の顔面が、どう見ても仮面を装着した形状になっていたのである。土偶の側面はよりリアルに「仮面の土偶」の姿を見せていたのである。この時以来、土偶は正面からではなく、より側面を重視するようになっていった。

あれから三十年、土偶を観賞・観察するたびに、土偶は女性シャーマンが仮面を被って神に化身した姿であり、その女神のミニチュア版が、仮面土偶と確信したのだ。

神に化身するため「仮面」は必須アイテムであった。

今回、「仮面の女神」が国宝指定となるのを機会に、記念編集として本書の出版を計画したのである。もう一方の国宝土偶「縄文のビーナス」は、正式な型式名がないために、未だに愛称で呼ばれている。このままでは研究の妨げになると感じ研究した結果、仮面土偶とは別系統となる「地母神土偶」の型式名を設定したのであった。

思えば、仮面土偶の分類が新たに「地母神土偶」の分類を可能にしたと言えるのではなかろうか。そして、仮面土偶の分析からは、縄文後期以降にシャーマンが実際に被る仮面を、より簡素化し単純形へと移行して行く様が、土偶の顔面より読み解けるのである。

地母神土偶の分類と把握は、顔面把手付土器の存在が取っ掛かりとなった。この顔面把手を観察し検討して行くと、土偶の型式名とした「地母神」像として表現していることが理解されたのである。なお、地母神土偶の仲間を分類するのに「対称弧刻文」が目安となることも分かってきたのである。特徴的なこれら地母神土偶は、縄文中期前半の勝坂式文化圏内における勝坂式期の重要な文化要素となることが、理解できるのである。

勝坂式後半期の井戸尻式期になると、顔面把手部分は釣手土器に姿を変えるのであった。初期の釣手土器の形態を注意深く観察すると、そのことがよく分かるのだ。顔面把手の顔部をくり抜き、空洞とすれば、もはや釣手土器そのものに変化するのだ。顔面把手付土器から釣手土器への移行は、地母神像から「火の女神」へと、より具体性を示すのである。その背景に「焼畑」農耕が関係していることが見えてくるのである。

私の考古学の歩みは、まず唐草文土器の研究からであった。伊那谷の縄文遺跡を発掘すると、必ず見出されるのが住居址入口の床面に埋設した唐草文土器が出土する。一時期、この「埋甕《うめがめ》」の研究が盛んに論じられ、用途論として「胎盤収納及び幼児埋葬棺としての施設」が提起され、仮説として支持されている。自説では、唐草文土器は出産習俗に関係する容器であって、受胎確認と同時に製作され、産湯の儀礼などに使用された後に、胎盤収納容器ないし死産児の甕棺としての役割を推理している。このような習俗をみると、自然植物食品の採集から、すでに栽培植物食品の農耕段階に入っていると考えられる。埋甕の習俗は再生の理念であるとされる。種を蒔き、実を苅り取り、一部を種子として大切に保管する。この一連の行為と思考の中に、埋甕の理念が重なるのである。

すでに縄文農耕は始まっていたのある。

有孔鍔付土器は、実験の結果「酒造器」と確信している。名称の呼び名にもある独特な器形を成す「有孔と鍔」の関係については、孔は発酵ガス抜き孔であると同時に酒の注ぎ口であり、鍔は酒を一点に集める注口の役目を果たす機能を有していた。このような酒造具の完成度をみるとき、酒造原料は野生の果実酒ではなく、栽培種の穀物酒であろうと思われるのだ。有孔鍔付土器の初期形態の有孔土器は、黄河流域の仰韶文化から粟酒醸造技術と共に流入しており、縄文時代の酒造は、最初から穀物酒であったと考えられるのである。このように捉えると、後期にみる注口土器は、陸稲による禾稲酒を注ぐ容器と推定され、したがって中期の大形有孔鍔付土器での酒造は、麦を原料とした麦酒ではなかったかと推量されるのである。酒造具の器形改良は、酒造原料の変化をも示していると考えられるのである。

唐草文土器から有孔鍔付土器の研究、更に地母神土偶へと、土器それぞれに有する機能や、土偶による地母神信仰など思いを巡らすと「焼畑」による栽培種の問題が浮上してくるのである。最近、縄文中期の土器に豆の圧痕のみられる種実などが混入された土器が見出されて話題になった。これからも未知の発見は続くとみられる。
出版にあたり、ほおずき書籍の木戸ひろし社長には大変お世話になった。文末ながら感謝の意を表したい。

平成二十七年十月

田中　清文

著者紹介

田中　清文（たなか　きよふみ）

1948年　長野県に生まれる。少年期から郷土史研究に専念する。
1972年　広告デザイン会社を設立し、45年間、事業のかたわら考古学、民俗学を研究する。
なお、研究成果を月刊郷土誌『伊那路』に発表している。
現在、上伊那郷土研究会『伊那路』編集委員、駒ヶ根市文化財審議会副委員長、長野県考古学会・日本考古学協会会員、（社）高遠石工研究センター副理事長
主な著書　『邪馬台国への旅路―九州縦貫広域説』、高遠石工『石匠列伝』、『伊那谷の石工』（Ⅰ）（Ⅱ）ほか

口絵 写真提供者

写真家 **滋澤　雅人**（しげさわ　まさと）

東京都在住。縄文土器を独自の技法で撮影する写真家。全国各地にて縄文遺産写真展「縄文の夜神楽　豊の創成《むすひ》」を精力的に開催している。
（氏のご厚意により魅力的な口絵となったことに感謝申し上げる）

「仮面の女神」国宝指定記念編集

仮面の土偶

2015年12月29日　発行

著　者　田中　清文
発行者　木戸 ひろし
発行所　ほおずき書籍株式会社
〒381-0012　長野県長野市柳原2133-5
☎026-244-0235
www.hoozuki.co.jp
発売所　株式会社星雲社
〒112-0012　東京都文京区大塚3-21-10
☎03-3947-1021

ISBN978-4-434-21517-9